LANZAROTE

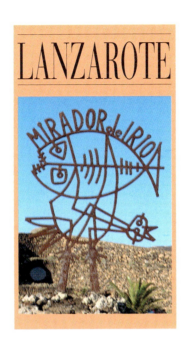

D1666700

abenteuer und **reisen**

LANZAROTE

VON

GOTTFRIED AIGNER

abenteuer
und reisen

INHALT

INHALT

Im Inselsüden bilden die Playas del Papagayo ein herrliches Baderevier.

Will

ommen auf Lanzarote!

Das Meer bestimmt immer noch den Gang der Dinge auf Lanzarote. Während am Strand von El Golfo die Boote der Ausfahrt entgegendämmern (1), donnert gleich nebenan die Brandung an die Steilküste (3). Im Hafen von Puerto del Carmen (2) gibt der Wassersport den Ton an.

Und im Restaurant „Placido" in El Golfo (4) kommt auf den Tisch, was in den Fischerhäfen – hier die Mole in Orzola (5) – anlandet.

Kakteen und kahle Bergrücken recken sich über der Playa de Cofete auf Fuerteventura in den Himmel.

Die Spuren der Gewalt der Erde sind allgegenwärtig, und die Natur steht im dauernden Kampf mit den Elementen. Die Kakteen sind aufs Überleben in der kärglichen Umgebung eingestellt (1), auch das Greiskraut (3) hat sich mit den harten Lebensbedingungen arrangiert. Die Gischt nagt mit Donnern und Tosen bei Los Hervideros (2) an den Lavafelsen, in der Cueva de los Verdes (4) wird dank der natürlichen Akustik eine Tour zu einem einzigartigen Erlebnis.

4

Stimmungsvoller Sonnenuntergang über den Salinas de Janubio.

Eine Welt für sich

Lanzarote ist einzigartig. Denn es bildet eine Welt für sich. Die schwarze, schroffe Insel unterscheidet sich nicht nur von ihren kanarischen Nachbarn – sie ist einmalig unter den Inseln dieser Erde.

Üppige Flora und sprießende Vegetation sind ihre Sache nicht, und liebliche Wälder, saftige Wiesen oder fruchtbare Täler wird man vergebens suchen. Ihre Faszination, ihr Zauber geht vielmehr aus von einer wilden, bizarren, unwirtlichen Kargheit. Die Urkräfte des Erdinneren haben eine aufregende, futuristisch-fremdartige Landschaft geschaffen, die jedem Besucher sofort den Atem verschlägt.

Noch im 18. Jahrhundert hat sich die Erde aufgetan und aus dreihundert Kratern glühend heiße Magma über die Oberfläche gegossen. Hundert Vulkane haben Staub und Asche auf fruchtbares Land geworfen und ganze Dörfer mit dickflüssiger, zäher Lava bedeckt sowie Gärten und Äcker verschüttet. Das Zentrum dieser zerstörerischen Schöpfung, der Nationalpark Montañas de Timanfaya, ist heute eine weltweite Sensation – eine beeindruckende und Respekt gebietende Basaltwelt, vielfarbige, karstige Berge inmitten einer trostlosen Ödnis.

Und doch hat das Leben längst damit begonnen, sich die Insel zurückzuerobern: Grüne Tabaiba-Büsche leuchten auf dunklen Aschekegeln, pralle Sukkulenten bedecken große Flächen des Bodens, und die Flechten verrichten ihr Zersetzungswerk an den Basaltfelsen.

Die Lanzaroteños leben in und mit dieser fremden Welt. Sie haben sich die aus der Tiefe der Hölle herausgeschleuderten Lavamassen zu Nutze gemacht und bearbeiten mit bewundernswerter Ausdauer und Fantasie den kargen Boden. Feigenbäume und Reben, Kartoffeln und Melonen, Mais und Opuntien wachsen dank ihrer unermüdlichen Arbeit aus der erkalteten Lava.

Im Norden wiegen sich tausend Palmen im ständigen Wind, leuchten weiße Dörfer in den Tälern, während dazwischen die Wüste hartnäckig ein kleines Stückchen verteidigt. Im Nordosten recken sich die Famara-Klippen sechshundert Meter in den Himmel und bergen in Spalten und hinter windgeschützten Felsbrocken manch blühendes Wunder.

Und über allem wölbt sich ein strahlender Himmel. Der Mensch atmet tief durch auf dieser Insel. Und er genießt das saubere Wasser, das die Insel umspült. Winde und Meeresströmungen sorgen für ein außergewöhnliches Klima, das einen Hauch von ewigem Frühling schafft.

Urlaubsträume gehen vor allem an den zauberhaften Stränden in Erfüllung, jeder von ihnen bietet auf seine Art Erholung: Familien mit Kindern zieht es in die flachen und windgeschützten Buchten von Puerto del Carmen und in die Region um Playa Blanca, die windigen Strände rund um Costa Teguise sind das Traumrevier für Wassersportler, die ihre Segel in den Wind halten wollen, und in die stürmische See vor der Playa de Famara wagen sich nur die Wellenreiter und Profis unter den Windsurfern.

Zu der reinen Luft und den sauberen Stränden kommt noch eine weitere Attraktion hinzu: Die Lanzaroteños hegen ihre Insel mit viel Liebe und großer Sorgfalt. Selbst die Kanarier von den Nachbarinseln geben neidlos zu, dass Lanzarote die gepflegteste Insel des Archipels ist. So wurde ihr auch eine außergewöhnliche Auszeichnung zuteil: Die UNESCO erklärte Lanzarote zum „Weltschutzgebiet der Biosphäre". Geehrt wurde damit die Harmonie, in der Mensch und Natur auf der Insel zusammenleben und in der – das ist die Verpflichtung für die Zukunft – „die Voraussetzungen für eine behutsame Weiterentwicklung in besonderem Maß" gesichert sind.

Diese Auszeichnung hat Lanzarote nicht zuletzt einem Mann zu verdanken: dem Künstler, Architekten und Naturschützer César Manrique, dem wohl berühmtesten Sohn der Insel. Jahrzehntelang galt sein Wirken dem Erhalt der außergewöhnlichen Landschaft und der Pflege der inseltypischen Architektur. Manriques Engagement ist deshalb so wertvoll, weil er rechtzeitig erkannt hat, dass die Inselbewohner, die jahrhundertelang in Armut lebten, letztendlich nur dann vom Tourismus profitieren, wenn sie zugleich ihre Insel vor ihm schützen. Wo es ging, stellte sich Manrique der schnell grassierenden Betonierwut entgegen und versuchte die Bausünden, wie man sie von so vielen anderen Urlaubsrevieren kennt, zu verhindern – in den meisten Fällen mit Erfolg!

Kein Gebäude auf der Insel solle höher als eine Kanarische Dattelpalme sein, so lautete Manriques Maxime. Ihr wurde inselweit Rechnung getragen. Historische Bauformen, vor allem die kubischen Häuser mit ihren weißen, die Sonne reflektierenden Mauern dominieren das Bild. Fensterläden, Türen und Balkone präsentieren sich im traditionellen Grün, allerdings mischen sich – es lebe der Kontrast! – zunehmend auch Blau und Braun darunter. Böschungen und die Mittelstreifen der Straßen, die auf die schmucken Dörfer und Städtchen zuführen, wurden mit Lavagestein geschmückt, die Pflanzen stammen vorwiegend aus dem kanarischen Raum, Palmen und Drachenbäume herrschen vor, Euphorbien und Natternkopfgewächse wechseln sich mit Geranien und Weihnachtssternen ab.

Den Urlaubern auf der Insel begegnet die sanfte, behutsame Hand des Künstlers auf fast allen Wegen. Kaum ein landschaftlicher Höhepunkt, der nicht mit dem Namen César Manrique in Verbindung steht. Viele Urlauber, die zunächst nur Sonne, Meeresluft und Strände gesucht haben, sind Manriques Kunstwerken begegnet und von ihnen seltsam berührt worden. Viele werden sich an die Insel erinnern als ein einzigartiges Kunstwerk, das entstanden ist durch das Zusammenwirken von Mensch und Natur. Lanzarote ist eben eine Welt für sich.

1

2

3

Tradition und Moderne: Die typische Bauweise (1), die Pflege der Handwerkskunst wie hier in Haría (2) und die riesigen Windräder im Parque Eólico (3) stehen auf der Insel einträchtig nebeneinander.

Impressionen von einer immer noch landwirtschaftlich geprägten Insel: Bauern ernten Kartoffeln (1), Hirte mit seinen Schafen (2), Pflege der Melonen (3), Bewässerungsleitung (und Windkraft (5).

Rettungsanker Tourismus

Dem Boden wenigstens kärgliche
Erträge abzuringen, bestimmte
immer das Leben auf der Insel.
Erst der Fremdenverkehr
brachte gesicherten Wohlstand.

Jahrhundertelang war die karge Insel ohne Bodenschätze ausschließlich von der Landwirtschaft abhängig. Die Bauern betrieben dabei pure Monokultur, was sie immer wieder in große wirtschaftliche Schwierigkeiten brachte. Nach dem Export der Orseille-Flechte für die Färbereien Europas wurde die Weinwirtschaft das Standbein. Bis die Weinreben von Reblaus und Mehltau befallen wurden, florierte das Geschäft mit dem Malvasier, der besonders in England sehr begehrt war. Zwischenzeitlich brachte die Koschenille, deren Farbstoff in Europa stark gefragt war, einen Aufschwung, doch die Entdeckung der Anilinfarben warf auch diesen Exportartikel fast auf den Nullpunkt zurück. Und als 1898 Spanien die letzten

Kolonien – Kuba, Puerto Rico und die Philippinen – verlor, erlebte die Wirtschaft auf den Kanaren ihren Niedergang. Lanzarote konnte die in dieser Zeit registrierten 15.500 Menschen nicht mehr ernähren. Auswanderungen war die Folge.

Während sich die kanarischen Schwesterinseln nach verschiedenen Flops an der Wende zum 20. Jahrhundert mit Bananen und später mit Tomaten über Wasser halten konnten, mussten die lanzaroteñischen Bauern bei diesen Produkten passen: Vor allem Bananen benötigen viel Wasser, das jedoch auf Lanzarote kaum vorhanden ist. Außerdem weht ein ständiger Wind, aber der Bau von Schutzmauern und Abdeckungen in großem Stil überstieg die finanziellen Möglichkeiten der Einheimischen. Gleichzeitig hätten zu hohe Investitionen in die Landwirtschaft jegliche Rentabilität von vornherein in Frage gestellt.

Wiederholte Hungersnöte – während des Ersten Weltkriegs und während des Spanischen Bürgerkriegs – und der Verlust Spaniens als Absatzmarkt, bedingt durch den Zweiten Weltkrieg, taten ein Übriges. Die Folge: Auch nach den Weltkriegen konnte Lanzarote seine Bewohner nicht mehr ernähren, der geringe Niederschlag reichte gerade für den Anbau von Kartoffeln, Tomaten und Gemüse, aber die Erträge reichten nur für wenige Familien. Wieder wurden die Inselbauern in die Emigration getrieben.

Erst als der Tourismus auf Teneriffa und Gran Canaria in den 60er Jahren mit großem Schwung begann und Arbeitsplätze schuf, überlegten sich einige Inselpolitiker, wie sie für ihre geplagten Bürger von diesem Kuchen ein Stück abschneiden könnten. Das große Problem aber war der Wassermangel. Schon seit den 50er Jahren setzte die Regierung für die Versorgung der Bevölkerung Wassertankschiffe ein, die das kostbare Gut von Gran Canaria herüberschipperten.

Nach erheblichen finanziellen Anstrengungen wurde Lanzarote im spanischen Herrschaftsbereich Pionier bei der Entsalzung von Meerwasser: Bereits 1964 stand die erste Anlage, die täglich 2000 Kubikmeter Süßwasser produzierte. Doch trotz des sich anbahnenden Fortschritts war die Abwanderung nicht zu stoppen. Die jungen Leute glaubten nicht an große Veränderungen, wanderten aber nicht mehr nach Venezuela oder Kuba aus, sondern verließen die harte Arbeit zwischen Lava und Basalt, um auf Teneriffa und Gran Canaria im Tourismus mit weniger Anstrengung ihr Geld zu verdienen.

Auch die Entsalzungsanlage war zu niedrig dimensioniert, wie sich schnell herausstellte: Mit täglich 70 Liter Wasser pro Person kamen – damals noch – die Einheimischen aus, pro Urlauber musste mit täglich mindestens 200 Liter gerechnet werden, mehrfaches Duschen, Poolbenutzung etc. einberechnet. (Inzwischen rechnet man in guten Vier-Sterne-Hotels sogar mit einem Tagesverbrauch von 400 Liter pro Gast, auch der Tagesbedarf der Inselbewohner ist auf 300 Liter gestiegen.)

Doch allmählich wurde auf der Insel der Pioniergeist wach. Die Lanzaroteños begannen die Ärmel hochzukrempeln. José Ramírez Cerdá unterstützte bis 1974 als Inselpräsident und ab 1975 als Senator von Madrid aus die Entwicklung. Heute produzieren die verschiedenen Anlagen genügend Trinkwasser für den täglichen Bedarf, der bei 37.000 Kubikmeter liegt. Es sind sogar noch gewisse Kapazitäten frei.

Ein großes Problem der auf Naturschutz ausgerichteten Insel ist, dass die meiste Energie noch mit importiertem Dieselkraftstoff produziert werden muss. Hoffnung bringt die Windkraft, der Parque Eólico bei Los Valles liefert bereits 30 Prozent der für die Entsalzung des Meerwassers benötigten Energie. Für die Nutzung der ebenfalls reichlich vorhande-

---

Lanzarote in Zahlen

Größe: 795 km²; größte Nord-Süd-Ausdehnung: 62 km, größte West-Ost-Ausdehnung: 21 km
Bevölkerung: 90.000 Einwohner
Inselhauptstadt: Arrecife
Lanzarote liegt 115 km westlich der Küste Afrikas.

Fuerteventura in Zahlen

Größe: 1653 km²; größte Nord-Süd-Ausdehnung: 92 km, größte West-Ost-Ausdehnung: 31 km
Bevölkerung: 46.000 Einwohner
Inselhauptstadt: Puerto del Rosario
Fuerteventura liegt 94 km westlich der Küste Afrikas.

Beide Inseln gehören zur Ostprovinz der autonomen Kanarischen Region, deren Hauptstadt Las Palmas de Gran Canaria ist.

nen Sonnenenergie besteht aber noch kein brauchbares Konzept.

Inzwischen leben auf Lanzarote rund 80 Prozent der Bevölkerung vom Tourismus. Schon wieder eine Monokultur! Doch die Hoffnung auf einen dauerhaften Wohlstand ist groß. Denn die Landwirtschaft hat durch den neuen Industriezweig neue Impulse erhalten. Die Hotels sind regelmäßige Abnehmer der inseleigenen Produkte, vorwiegend Zwiebeln und Kartoffeln. Andere Produkte, die bisher auf der Insel nicht gediehen, werden in Versuchsanstalten akklimatisiert und Zug um Zug den Landwirten angeboten. Die EU beteiligt sich an diesen Investitionen mit hohen Summen. Vor allem nach der unnachgiebigen Haltung des spanischen Ministerpräsidenten Aznar beim Gipfel

zur „Agenda 2000" und der Bestückung des Kohäsionsfonds – das ist der dicke Topf für Bauern-Subventionen (18 Mrd. Euro) – kann die spanische und damit auch die kanarische Landwirtschaft auf viele mehr oder weniger harte Euros hoffen.

Der Tourismusaufschwung konnte auch den Niedergang der Fischerei stoppen. Zwar arbeitet nur noch eine Fischkonservenfabrik in Arrecife – dies jedoch mit guten Aussichten, der Bedarf an frischem Fisch steigt. Ähnliche Perspektiven sind ebenfalls in der Ziegenhaltung zu beobachten: Die Qualität des auf der Insel produzierten Ziegenkäses ist hervorragend, schon wird er exportiert, aber auch in Hotels und Restaurants ist er immer mehr gefragt. Und Zicklein gibt es aufgrund des frühlingshaften Dauerwetters das ganze Jahr über.

Prosperität ist also angesagt auf Lanzarote. Noch schlägt diese Zukunftsperspektive jedoch nicht auf die Beschäftigungssituation durch: Immerhin rund 20 Prozent der Erwerbstätigen haben keine Arbeit. Trotz des Zuwachses im Tourismus musste Personal eingespart werden, menschliche Arbeitskraft ist auch auf den Kanaren (zu) teuer geworden. In Zahlen bedeutet das, dass in der inzwischen auf 90.000 Bürger angewachsenen Bevölkerung – die Hälfte lebt in der Inselhauptstadt Arrecife – mehr als 27.000 erwerbstätig sind, davon über 18.000 im Tourismusbereich. Doch rund 5500 Lanzaroteños im Erwerbsalter stehen auf der Straße.

Manche hoffen auf eine Ausweitung des Tourismus, die auch schon in Aussicht gestellt ist. Zwar ist derzeit die Anzahl der Fremdenbetten durch den Baustopp von 1991 auf 55.000 eingefroren. Der Bebauungsplan PIOT (Plan Insular Ordenación Territorial) genehmigt für touristische Objekte nur noch eine geringe Ausweitung der Kapazitäten in Puerto del Carmen, etwas umfassender in Costa Teguise und Playa Blanca.

Doch der PIOT sieht nur auf den ersten Blick so vernünftig aus! In Wirklichkeit akzeptiert er für das erste Jahrzehnt des neuen Jahrtausends eine Verdoppelung der Touristenbetten. Der Zuwachs im Tourismus einerseits und die hohe Arbeitslosigkeit andererseits fördern diese Tendenz. Die Zahlen sprechen für den neuen Boom: 1996 kamen noch 1,3 Millionen Urlauber auf die Insel, 1998 waren es bereits 1,7 Millionen, und schon ist die 2-Millionen-Marke in Sicht. Der neue Aeropuerto, der auf das Doppelte seiner bisherigen Kapazität erweitert worden ist, wurde bereits 1999 eingeweiht.

Costa Teguise gilt als touristisches Vorzeigeobjekt.

Sicher ist auch nach Aufhebung des Baustopps nur, dass der Risco de Famara und die Playa de Famara sowie die Playas de Papagayo im Süden absoluten Schutz vor Bebauung genießen werden. Alles andere steht in den Sternen bzw. auf den Papieren, die schon in den Schubladen des Cabildo, der Inselverwaltung, liegen.

Zur Mahnung, den Naturschutz ernst zu nehmen und wildes Bauen auch für die Zukunft auszuschließen, wurde die Insel 1994 durch die UNESCO zum „Weltschutzgebiet der Biosphäre" ernannt. Im Text der Verleihungsurkunde betont die UNESCO, dass auf Lanzarote „die Voraussetzungen für eine behutsame Weiterentwicklung unter Berücksichtigung der natürlichen Ressourcen in besonderem Maße gegeben sind".

Fraglich ist, ob die bereits in den Startlöchern kauernde Baubranche mit Naturschutzgesetzen in Zaum gehalten werden kann. Profitstreben und Arbeitslosigkeit sind erfahrungsgemäß Gegner des Maßhaltens. Und der Titel eines Weltschutzgebietes ist kein Garant für eine Insel, so wie sie César Manrique vorgeschwebt hat. Die UNESCO besitzt nämlich keinerlei Einflussmöglichkeiten, als Lanzarote im Fall von Verstößen gegen die Auflagen die Auszeichnung wieder abzuerkennen!

Die Entscheidung, welchen Weg Lanzarote gehen wird, hängt zum großen Teil von der Inselregierung selbst ab. Die Abhängigkeit und damit der „Gehorsam" gegenüber Befehlen aus dem fernen Madrid hat stark abgenommen. Seit 1978 bereits hat der Archipel ein Kanarisches Parlament, und seit 1982 gilt er als autonome Region. Viel Eigenverantwortung wurde auch den einzelnen Inseln gewährt, so ist der Inselrat Lanzarotes (Cabildo Insular) zuständig für den Straßenbau, die Wasserversorgung, das Gesundheitswesen und die Kultur. Andere Fragen müssen mit der Provinzverwaltung in Las Palmas de Gran Canaria abgesprochen werden, die wieder gegenüber dem Inselparlament verantwortlich ist. Doch diese weitreichende Selbstständigkeit reicht den Lanzaroteños immer noch nicht. So erzielt der Partido de Independientes de Lanzarote (PIL), die Unabhängige Partei Lanzarotes, bei jeder Wahl die Mehrheit. Die PIL fordert, dass sich der Archipel mehr an Afrika anbindet, dass die Insel aber gleichzeitig direkt und ohne den Umweg über Madrid mit der EU über Zuteilungen aus dem Subventionstopf verhandelt.

Die geologische Entstehung Lanzarotes

Vor 20 Millionen Jahren toste dort, wo heute die Kanaren aus dem Meer ragen, nur der unendlich weite Atlantik. Doch dann auf einmal entstand an der Stelle des heutigen Fuerteventura Bewegung: Eine Insel hob sich aus der blauen Tiefe, und schon vier Millionen Jahre später nördlich davon eine nächste – Lanzarote. Und weitere sollten bald folgen.

Über die Entstehung der Inseln wurden immer wieder neue Theorien entworfen. Grundlage aller ist die Annahme, dass sich die Atlantische Kontinentalplatte (auf der Amerika liegt) und die Afrikanische Platte auseinander bewegen, getrieben von Magma, das durch einen Riss im Mittelatlantischen Rücken aus dem Erdinneren drängt.

Lange Zeit dominierte die Hot-spot-Theorie, der zufolge das Magma immer dort, wo sich in der nach Osten ziehende Afrikanische Platte ein Spalt auftat, nach oben schoss, im Meer erkaltete und eine Insel bildete.

Demzufolge hätten von Ost nach West zuerst Lanzarote, dann Fuerteventura, danach Gran Canaria usw. aus dem Wasser ragen müssen. Untersuchungen haben jedoch ergeben, dass Fuerteventura älter ist als Lanzarote – die Hot-spot-Theorie war damit widerlegt und neue Entstehungsmodelle gefragt.

1986 publizierten Ramón Ortiz und Vicente Araña vom Institut für Vulkanologie und Geophysik in Madrid ein Modell, das heute weitgehend anerkannt ist.

Nach dieser Anschauung sind die Kanarischen Inseln nicht ursächlich durch das nach oben strömende Magma entstanden, sondern sie sind ein Ergebnis des allmählichen Auseinanderdriftens von Atlantischer und Afrikanischer Kontinentalplatte.

Denn während ihrer Wanderung in Richtung Osten prallte die Afrikanische Platte vor etwa 40 Millionen Jahren auf die Asiatische Platte und wurde an ihrem nordöstlichen Rand blockiert. Bei dieser Stauchung entstanden gigantische, unvorstellbare Druckverhältnisse, die dazu führten, dass am westlichen Ende der Afrika-Platte der zunächst 450 Kilometer breite, brüchige Teil des Atlantikbodens um 40 Kilometer auf 410 Kilometer zusammengepresst wurde. Auf dieser Strecke bildeten sich nun vor der afrikanischen Küste keilförmige Schollen. Die Keile, die unten schmaler waren, wurden nach oben, und diejenigen, die oben schmaler waren, wurden nach unten gedrückt – aus einem der nach oben gedrückten Bruchstücke entwickelte sich dann beispielsweise Lanzarote. Auch die anderen Kanarischen Inseln sind in ihrem Kern nach oben gepresste Schollen. Die nach unten gedrückten Keile bilden den Grund der großen Meerestiefen zwischen den einzelnen Inseln.

Fuerteventura und Lanzarote, die östlichsten Inseln, sind mit 20 beziehungsweise 16 Millionen Jahren die ältesten des Archipels. Da diese beiden Inseln an der ersten Bruchstelle liegen und dem höchsten Druck unterlagen, sind sie lang gestreckt und liegen parallel zur afrikanischen Küste. Alle übrigen Kanaren haben im Gegensatz dazu noch eine runde beziehungsweise dreieckige Form.

Der gravierendste Unterschied dieser neuen Theorie gegenüber dem Hot-spot-Modell: Erst als die Inseln aus dem Meeresboden hochgedrückt worden waren, stieg Magma durch die Bruchstellen der gehobenen beziehungsweise gesenkten Keile und bildete die kanarischen Vulkane; aus ihnen ergoss sich flüssige Basaltlava nach allen Seiten und verlieh den Inseln ihre heutige Gestalt.

Zuerst wurden die Gebirgsstöcke hochgedrückt, im Fall von Lanzarote die Los Ajaches im Süden und der Risco de Famara im Nordosten. Danach legten die Vulkane eine Pause ein. Vor etwa einer Million Jahre dann brachen weitere Vulkane aus und bildeten die Mitte und den Süden Lanzarotes. Vor etwa 5000 Jahren wurde im Norden der Monte Corona aktiv und schuf dabei in Richtung Osten etwa drei Kilometer neues Land. Zwischen 1730 und 1736 schließlich wurde das fruchtbare Land im Südwesten von etwa hundert Vulkanen mit Lava bedeckt.

Die letzten Ausbrüche ereigneten sich 1824. Seitdem ist es ruhig auf Lanzarote. Doch dass der Prozess der geologischen Entwicklung noch nicht abgeschlossen ist, beweist der Ausbruch des Teneguía auf La Palma im Jahr 1971.

Flora und Fauna – Leben in der Lava

Es regnet selten auf Lanzarote. Die Berge sind zu niedrig, als dass sie die feuchten Passatwolken anzapfen könnten. Nur die Famara-Klippen mit ihren rund 600 Metern Höhe bekommen einiges an Feuchtigkeit ab. Doch zwischen November und Januar führen die Wolken mehr Wasser mit sich, und es kann auf der gesamten Insel zu heftigen Regengüssen kommen. Der Niederschlag reicht zwar nicht aus, die Zisternen zu füllen, genügt aber, um in der schwarzen Lavalandschaft ein wahres Wunder zu bewirken: Wenige Tage nach dem Regen überzieht ein grüner Hauch, ein zarter

Rote Mittagsblume.

Grünschleier die Schlackenberge und Lavaebenen. Gräser sprießen zwischen den Vulkanbrocken und schießen aus jeder Ritze. Die knorrigen Wolfsmilchbüsche schieben spitze Blättchen durch die Rinde, und wie grüne Wuschelköpfe zieren sie die schwarzen und braunen Hänge der Lanzarote-Landschaft.

Dieses Phänomen ist auf der gesamten Insel, im fruchtbaren Nordosten wie im lebensfeindlichen Süden, zu beobachten. Die nördlichen Gebiete bieten dabei die besten Voraussetzungen für den Pflanzenwuchs, wie das „Tal der tausend Palmen" rund

um das hübsche Städtchen Haría. Hier wachsen die stolzen Exemplare der bis zu 20 Meter hohen **Kanarischen Dattelpalme** (Phoenix canariensis), und in der Nähe des höchsten Berges, des Peña del Chache (671 m), wird das Bosquecillo liebevoll gepflegt, ein Wäldchen mit wilden Oliven, Akazien und einigen Kiefern.

Zur Zeit der Eroberung durch die Spanier im 15. Jahrhundert soll zumindest der Nordteil Lanzarotes mit Wald bedeckt gewesen sein. Jedenfalls gibt es einen deutlichen Beweis dafür, dass die nördlichen Inseln der Kanaren früher grüner und feuchter gewesen sind: An vielen Stellen, zum Beispiel im El Jable rund um Sóo, auf La Graciosa und auf Fuerteventura im Dünengebiet von Corralejo sowie im El Jable der Jandía Peninsula sind die fingergliedgroßen Urnennester der hummelähnlichen Pelzbiene (Anthophora plagiata) zu Millionen zu finden. Sie kann in trockenen Gebieten nicht leben und hat die Inseln, als diese auszutrocknen begannen, verlassen.

Bei einem Streifzug über die karstige Insel mag man kaum glauben, dass hier 570 Pflanzenarten gedeihen. Viele von ihnen sind Überlebenskünstler und speichern Wasser in Blättern, Ästen und Wurzeln. Die Euphorbien werfen beispielsweise ihre Blätter ab, um die Verdunstung zu reduzieren, andere Arten ziehen sich in den Boden zurück oder suchen windgeschützte Felsnischen, wo sie die Sonne nicht erreicht. So macht sich beispielsweise die glitzernde **Kristall-Mittagsblume** im Sommer rar. Erst

wenn ein Regen über der Insel niedergeht, entfaltet sie schnell ihre Pracht. Wie ein roter Teppich überzieht dann die Pflanze, die früher zur Sodaherstellung gesammelt wurde, die Landschaft – ein Meer kleiner, karminroter Blüten, geschmückt mit funkelnden Wärzchen, die die Feuchtigkeit speichern. Im Volksmund wird die kleine, fleischige Schönheit auch **Sodapflanze** oder Salzkraut genannt, ihr wissenschaftlicher Name lautet Mesembryanthemum crystallinum.

Ein weiteres Lanzarote-Wunder ist in den von Magma übergossenen Landschaften der Insel zu entdecken, allerdings nur, wenn man den Boden genauer unter die Lupe nimmt: Mehr als hundert Arten von **Flechten** – eine Symbiose von Pilzen und Algen – haben begonnen, langsam, aber stetig das rissige Lavagestein zu zersetzen und es in Humus zu verwandeln. Am häufigsten ist die hellgrüne Stereocalum vesuvianum und die rostrote Krustenflechte (Xanthoria parientina) zu finden. Im Famara-Gebiet wächst noch vereinzelt die **Orseille**-Flechte, auch „Orchilla-Flechte" genannt – sie lieferte den Grundstoff zum Färben von Wollstoffen und Seide.

Wie gut die Flechten arbeiten, den Basalt zersetzen und den Boden für höhere Pflanzen vorbereiten, ist im Timanfaya-Gebiet zu entdecken. In kleinen, windgeschützten Grotten wachsen zierliche Farne, am Rand der Pisten steht der dornige Busch des **Strauch-Dornlattichs** (Launaea arborescens) mit seinen gelb strahlenden Blüten neben dem endemischen **Dornginster** (Aulaga majorera), an den dunklen Felsen kleben die hellgrünen Rosetten mit py-

Im Fokus

Weihnachtsstern, eine Euphorbie.

ramidenförmigen gelben Blüten eines endemischen Dickblattgewächses, das mit dem Gewelltblättrigen Aeonium (Aeonium undulatum) verwandt ist.

Und überall auf der Insel drücken sich die zwei wichtigsten Vertreter der **Wolfsmilchgewächse** durch Vulkanbrocken und Aschenfelder: An erster Stelle die buschige Balsam-Wolfsmilch (Euphorbia balsamifera), auf den Kanaren Tabaiba genannt. Sie wurde während der Guanchenzeit zu Heilzwecken und zur Mumifizierung verwendet. Die Milch der lichten Stumpfblättrigen Wolfsmilch (Euphorbia obtusifolia) mit hellgelben Blüten wurde von den Altkanariern zur Betäubung von Fischen gewonnen. Etwas seltener, als Wildform vorwiegend in

Gartenanlagen zu sehen, wächst ein drittes Wolfsmilchgewächs, das meist mit einem Kaktus verwechselt wird: die fünfkantige, mit Dornen versehene Kanaren-Wolfsmilch (Euphorbia canariensis), wegen ihrer Form auch Kandelaber-Wolfsmilch genannt.

Groß ist die Zahl der Pflanzen, die in Lanzarote erst eingeführt wurden. Sie sind heute nicht mehr von der Insel wegzudenken und dekorieren die vielen Straßenböschungen, Aussichtspunkte und Dorfplätze.

Aus der Gruppe der Bäume gehört der **Kanarische Drachenbaum** dazu, den es in wilder Form auf Lanzarote und Fuerteventura nicht mehr gibt, die aus Südamerika stammende Araukarie, auch Andentanne genannt, der australische Eukalyptus, der indische Lorbeerbaum und zahlreiche aus Afrika importierte Palmenarten.

Von den Blütenpflanzen sind inzwischen die violette Bougainvillea, der tief rote Hibiskus, der vielfarbige Oleander und die mit ihrer kerzenförmigen, orangeroten Blüte imponierende Aloe heimisch geworden. Obwohl als kanarische Souvenir-Blume bekannt geworden, stammt auch die **Strelitzie**, die Paradiesvo-

gelblume, ursprünglich aus Südafrika. Der Stachelige Natternkopf dagegen, der Straßenränder und Mittelstreifen schmückt, hat keinen so weiten Weg zurücklegen müssen. Er gedieh ursprünglich wild auf Teneriffa, La Gomera und El Hierro, wurde domestiziert und nach Lanzarote gebracht.

Die Tierwelt ist auf Lanzarote nur in einer bescheidenen Auswahl vertreten. Von den Säugetieren veranstalten lediglich **Hase** und **Igel** ein kaum beachtetes Wettrennen. Für alle Wanderer erfreulich: Es gibt auf Lanzarote weder giftige Schlangen noch Skorpione. Was herumkreucht, sind bestenfalls Blindschleichen, Geckos und die endemische Purpureidechse. Auch Grillen und Heuschrecken bekommt man zu Gesicht.

Die Lüfte werden bevölkert von Schmetterlingen und einer Reihe von Vögeln. Darunter finden sich bekannte Singvögel wie Amseln, Blaumeisen und Finken, im felsigen Küstengebiet ziehen Möven ihre Kreise, auch Falken und Bussarde, Wildtauben und Raben suchen auf den Feldern nach Nahrung.

Und dann hausen hier auch noch Spatz und Kanarienvogel. Die ornithologische Besonderheit dabei ist, dass man auf den Kanaren beide Vogelarten kaum auseinander halten kann. Die Lösung: Der **Kanarienvogel** in Wildform, eine Girlitzart, sieht recht unscheinbar aus und kann auch nicht singen. Was bei man bei uns als gelben Kanarienvogel kennt, ist eine europäische Züchtung. Tiroler Bauern, die einst in den Harz auswanderten, haben durch zahlreiche Kreuzungen dem unscheinbaren Vogel Farbe verliehen und ihn zum Singen gebracht. Deshalb nennt man ihn auch „Harzer Roller".

Drachenbaum und Kanarische Dattelpalme bei San Bartolomé.

Ende der Durststrecke

Nie ging es den Lanzaroteños so gut wie heute. Nach Jahrhunderten der Not haben sie es sich auch redlich verdient.

Die Geschichte Lanzarotes beziehungsweise der Kanarischen Inseln kennt eigentlich nur zwei glückliche Epochen: Die erste Periode war die Antike, als die Schriftsteller von den „elysischen Gefilden" (Homer, ca. 800 v. Chr.), den „hesperidischen Gärten" (Hesiod, ca. 700 v. Chr.) oder den „Inseln der Glückseligen" schwärmten (Plutarch, 1. Jh. n. Chr.). Allerdings gelang es nie, diese mythischen Regionen eindeutig zu lokalisieren, nur Vermutungen von Forschern sehen in ihnen die Kanaren. Das zweite Goldene Zeitalter ist die Gegenwart, beginnend mit dem Tod Francos; sie fällt zusammen mit dem Aufstieg des Tourismus, der Lanzarote den lange ersehnten Wohlstand brachte und die Insel zuversichtlich in die Zukunft blicken lässt.

Die Zeit zwischen Homer und uns war erfüllt von Piratenüberfällen und Eroberungen, Unterdrückung und Sklaverei, Hungersnot und Auswanderung. Doch das Schlimmste war: Kaum hatte sich die Existenz der „glückseligen Inseln" in Europa herumgesprochen, wurden sie schon ein Opfer der königlichen und päpstlichen Machtgelüste, hat man die Kultur der Altkanarier zerstört und durch die Missionierung ihre ethnische Identität ausgelöscht. Doch kein Chronist begleitete die europäischen Konquistadoren, und erst als die Guanchenkultur ausgerottet war, konnten die Geschichtsschreiber ein paar Fakten sammeln – beste Voraussetzungen für Spekulationen und Vermutungen! Doch neueste Recherchen und Ausgrabungen beginnen das Bild der Altkanarier genauer zu zeichnen

Den Phöniziern als mutigem Seefahrervolk ist zuzutrauen, dass sie die Welt des Mittelmeeres verließen und um 1100 v. Chr. die günstig in der Drift des Nordostpassats liegenden Kanaren erreichten. Sicher ist, dass sie die Orseille-Flechte für die Herstellung von Purpur verwendeten, die im Norden Lanzarotes reichlich vorkam.

Symbole der Guanchen im Kunstzentrum La Oliva (Fuerteventura).

◀ *Die Burg des Königs Zonzamas stand einst fern der Küste nahe dem heutigen Tahíche.*

Möglich auch, dass die Phönizier aufsässige Stämme oder Völkerteile auf die Inseln verfrachteten, die dort in Zwangsarbeit die wertvollen Flechten sammeln mussten. Zum Lebensunterhalt gab man ihnen Ziegen und Schafe, Gerste und Emmer, eine Weizenart, mit auf den Weg.

Vielleicht kann man diese Phase auch erst in die Römerzeit datieren. Ihre Anwesenheit um die Zeitenwende jedenfalls lässt sich durch Funde römischer Amphoren nachweisen. Römische Initiativen werden spätestens durch Berichte von Plinius d. Ä. (23 – 79 n. Chr.) belegt, der von einer Expedition König Jubas II. berichtet. Dieser König des von den Römern besiegten Maureta-

Die entweder zwangsversetzten oder freiwillig aus Nordafrika eingewanderten Volksgruppen konnten in Ruhe ihre eigene Bauernkultur aufbauen. Dass die ersten Siedler aus Nordafrika stammten und berberischen Ursprungs waren, ist weitestgehend nachgewiesen. Aufgefundene Schriftzeichen, die Art des Hüttenbaus, kultische Altäre und Ähnlichkeiten im Aussehen sowie in der Sprache sind einige der deutlichen Hinweise auf eine etymologische Verwandtschaft.

Rätselhaft bleibt nur, weshalb die Altkanarier bei ihrer Entdeckung durch die europäischen Mächte keine Boote kannten. Wie sollen sie auf die Inseln gekommen sein? Der Ethnologe Thor Heyerdahl, Spezialist in Fragen prähistorischer Navigation, vermutet, dass sie vor ihrer Wanderung nur den Bau von Booten aus Binsen kannten. Und die gibt es kaum auf den Kanaren.

In den Blickwinkel der mittelalterlichen europäischen Mächte gerieten die Kanaren im 13. Jahrhundert, als die Suche nach einem Seeweg über den Atlantik und in die Fernen Osten begann. Die Inselgruppe wurde das Ziel von Abenteurern, Sklavenjägern und von Kaufleuten, die mit

Die Guanchen gewannen aus der Tabaiba heilende und betäubende Säfte.

nien wurde in Rom erzogen und widmete sich vorwiegend wissenschaftlichen Themen. Ihm wird nachgesagt, auf der heutigen Insel Gran Canaria große Hunde angetroffen und damit den Namen der Insel geprägt zu haben (lat. canis = Hund, Gran Canaria = Große-Hunde-Insel). Im 2. Jahrhundert n. Chr. legte der griechische Naturforscher Ptolemäus (100 – 160 n. Chr.) eine erste Weltkarte an, die Gradeinteilungen enthielt. Auch die Kanarischen Inseln tauchten dort auf, der Nullmeridian streifte den Westen der Insel Hierro. Noch im 3. Jahrhundert hinterließen die Römer Spuren: Aus dieser Zeit wurden auf La Graciosa römische Amphoren gefunden.

Mit dem Untergang des Römischen Reiches gerieten die Kanarischen Inseln in Vergessenheit.

dem Farbstoff der Orseille-Flechte Geschäfte machten. In friedlicher Absicht landete 1312 der genuesische Kaufmann Lancelotto Malocello auf der nördlichsten Insel. Er blieb bis 1330, und nach seiner Rückkehr erschien die Insel auf den Weltkarten mit seinem Namen: Lanzarote.

Ab 1340 begann eine Zeit, in der vor allem Portugiesen, Kastilianer und der Papst die noch nicht entdeckte Welt untereinander aufteilten. Die kanarische Bevölkerung wurde der Willkür von Seeräubern, Sklavenhändlern sowie offiziellen und selbst ernannten Gouverneuren ausgesetzt.

Mit dem Normannen Jean de Béthencourt begann die Eroberung: 1402 landete er auf Lanzarote, allerdings mit einer durch Meuterei dezimierten Mannschaft. Das zwang ihn, mit dem

Die Guanchen

Selbstbewusste Lanzaroteños nennen sich „Mazigios". Der Name leitet sich von „Amazigh" ab, der Bezeichnung für die älteste, auch heute noch in Nordwestafrika lebende Bevölkerungsgruppe, zu der die Berber und Tuaregs zählen. Mazigio bedeutet übersetzt „freier, edler Mann". Für die Ethnologen der Insel besteht kein Zweifel darin, dass die Mazigios mit den Berberstämmen im marokkanischen Atlasgebirge, in der algerischen Kabylei und mit den Tuaregs der Zentralsahara verwandt sind.

Nach der Besiedlung lebten die Guanchen Lanzarotes und Fuerteventuras ziemlich isoliert. (Der Name Guanche wurde früher nur für die Altkanarier Teneriffas verwendet, heute gilt er bei einheimischen Wissenschaftlern für die ehemaligen Bewohner aller Inseln). Mit den anderen Inseln hatten sie keinen Kontakt. Auf Lanzarote bauten sie sogenannte „Casas hondas" (span. hondo = tief, hondón = Boden), in den Boden eingelassene, an der Oberfläche mit Bruchsteinen aufgeschichtete Häuser. Ähnliche Konstruktionen findet man auch in Nordafrika. Die Häuser standen in Gruppen, was eine Art von Dorfstruktur vermuten lässt. (Von Teneriffa etwa sind dagegen nur einfache, einzeln liegende Höhlenwohnungen bekannt.)

Die auf einer jungsteinzeitlichen Kulturstufe lebenden Menschen bauten Gerste, Weizen und Hülsenfrüchte an, die Grundbestandteile für den kräftigenden Gofio. Die Körner wurden in steinernen Handmühlen zermahlen. Felder bearbeiteten sie mit Holzhacken und an Stöcken befestigten Ziegenhörnern. Metall kannten sie nicht, auch nicht Rad oder Töpferscheibe.

Die von Hunden begleiteten Hirten hüteten Ziegen, Schafe und Schweine. In Ermangelung von Booten fischten die Altkanarier vom Ufer aus mit Netzen, mit Speeren, deren Spitze ein Ziegenhorn war, oder sie trieben die Fischschwärme in eine Bucht und betäubten sie mit dem Saft der Tabaiba, einem Wolfsmilchgewächs. Außerdem sammelten sie Muscheln und Napfschnecken, wie die Concheras in Guanchendörfern beweisen (siehe S. 156). Für ihre Kleidung verarbeiteten sie Felle von Ziegen und Schafen. Zur Zeit vor der Eroberung am Beginn des 15. Jahrhunderts lebten etwa 400 Menschen auf Lanzarote. An ihrer Spitze stand der Guanarteme, der König. Die Familienstruktur war geprägt von der „Poliandría": Drei Männer teilten sich eine Frau, jeder übernahm in monatlichem Rhythmus abwechselnd die Rolle als Ehemann und als Hirte. Die Gründe für diese Familienstruktur lagen darin, dass die Insel wenig Nahrung bot, dass Überbevölkerung vermieden werden musste, und weil durch den Raub von Frauen, die als Sklavinnen verkauft wurden, ein Männerüberschuss herrschte.

Die Guanchen verehrten den Gott Abora, auch „Acron" genannt. Sie glaubten wohl auch an ein Weiterleben nach dem Tod, weil sie ihre Toten mumifizierten – für die Wissenschaftler ein ungelöstes Rätsel bzw. eine hypothetische Verbindung zum alten Ägypten.

Guanchenschädel mit Umhüllung aus Binsen und Ziegenleder.

Guanchenherrscher Guardafía einen Pakt zu schließen. Béthencourt versprach Schutz vor den Piraten, dafür durfte er im Rubicón ein Kastell und eine Kirche bauen. Bald kam es jedoch zu Auseinandersetzungen mit den etwa 1000 Ureinwohnern. Neue Truppen aus Spanien besiegelten in der Folgezeit ihr Schicksal. Guardafía trat zum Christentum über, seine Leute halfen, das benachbarte Fuerteventura einzunehmen (1405). Auch El Hierro und La Gomera wurden erobert.

Als Béthencourt 1405 in die Normandie zurückkehrte, überließ er Lanzarote seinem Neffen Maciot, der bald Teguise, die Tochter Guardafías, heiratete. Danach begann er, die Einwohner als Sklaven zu verkaufen. Seinem Treiben wurde erst 1418 durch die kastilische Krone ein Ende gesetzt, Maciot ging nach Madeira in die Verbannung. Doch noch von dort aus verkaufte er Lanzarote an die Portugiesen, die einschneidende Veränderungen im Wirtschaftsleben – unter anderem Einführung portugiesischer Maße und Gewichte – vornahmen. Dagegen lehnte sich die Inselbevölkerung auf. In dieser bewegten Zeit riss die kastilische Krone das Besitzrecht wieder an sich und übergab die Insel dem Feudalherren Diego García de Herrera, der die Bauern ausbeutete: Mit brutaler Härte trieb er den „Fünften" ein.

1479 entstand das Königreich Spanien (durch die Heirat von Isabella von Kastilien und Ferdinand von Aragón). Bis 1496 wurden alle Kanari-

Altkanarische Siedlungsreste auf Fuerteventura.

schen Inseln dem aufstrebenden Großreich einverleibt. Von den einst 30.000 Guanchen lebten Ende des 15. Jahrhunderts auf den Inseln nur noch 6000 Ureinwohner.

Das 16. Jahrhundert war geprägt von Piratenüberfällen. In den ruhigen Phasen wurde Landwirtschaft betrieben, sogar der Handel, vorwiegend mit Iberern und Genuesen sowie einigen Holländern und Engländern, blühte zwischenzeitlich auf. Es herrschte Arbeitskräftemangel, und schwarzafrikanische Sklaven mussten in der Landwirtschaft helfen. Aus den Altkanariern, den Europäern und den Afrikanern entstand die ethnische Mischung der „Majos". So nannten sich die Ureinwohner der beiden Inseln Lanzarote und Fuerteventura nach ihren Höhlenwohnungen (Majos oder Mahod). Heute gilt der daraus abgeleitete Begriff „Majo-

Nach Funden in den Guanchenhöhlen wurde dieses Mühlespiel rekonstruiert.

reros" nur für die Einwohner Fuerteventuras, während die Lanzaroteños „Conejeros" heißen, Kaninchenjäger.

Auch im 17. und 18. Jahrhundert wechselten die Überfälle durch Abenteurer und Sklavenhändler mit ruhigen Zeiten, die allerdings wieder von Hungerperioden durch Trockenheit und dadurch bedingte Auswanderungswellen geprägt waren. Um das Leid noch zu steigern, wurde dann auch noch der Südwesten Lanzarotes zwischen 1730 und 1736 durch Vulkanausbrüche zerstört, was eine neue Auswanderungswelle nach sich zog. Das Drama des Exodus wiederholte sich nochmals zwischen 1768 und 1771, als die Insel von einer anhaltenden Dürre heimgesucht wurde.

Erst um 1800 zeichnete sich eine neue Blüte ab, denn die Kanaren konnten zunehmend ihre strategisch günstige Lage auf der Route in die Neue Welt nutzen. Der Handel nahm eine wichtige Rolle ein, Gran Canaria und Teneriffa stritten um die Inselhoheit. 1836 erhielten die Kanarischen Inseln endlich eine neue Verfassung.

Auf Lanzarote erlosch in diesen Jahren die Herrschaft der Feudalherren. Im Zug dieser Umwälzung verlor auch das feudale Teguise den Sitz als Inselhauptstadt, die See- und Handelsstadt Arrecife erhielt den Zuschlag. Die Inseln wurden zur Freihandelszone erklärt. Lanzarote erlebte seit 1830 einen Boom durch die Zucht der Schildlaus auf Opuntien, deren Larven den in Europa begehrten Farbstoff Karmin liefern (siehe auch Kasten auf S. 153). Die Bauern investierten, die Kinder mussten bei der Ernte mithelfen, so dass der Analphabetismus auf 90 Prozent stieg.

Ende des 19. Jahrhunderts schlug dann eine Katastrophe nach der anderen zu: 1870 war der Schildlaus-Boom durch die Entdeckung der Anilinfarben zu Ende, 1872 erlebte der Weinbau durch Reblaus und Mehltau ein abruptes Ende,

und 1877/78 legte eine verheerende Wasser- und Hungersnot die Insel völlig lahm. Als Folge wanderten 8000 Lanzaroteños nach Kuba und Venezuela aus, die Wirtschaft brach völlig zusammen.

Im 20. Jahrhundert blieb Lanzarote, während auf den anderen Kanaren durch den Anbau von Bananen und Tomaten ein neuer Aufschwung eintrat, zunächst weiterhin das Armenhaus der Inseln. Dürreperioden, Franco-Diktatur und Zweiter Weltkrieg bedeuteten für die Ostinseln bestenfalls Stillstand, in der Praxis aber weiterhin Hunger. Ein Ausweg, das Glück wie die vorherigen Generationen in Amerika zu suchen, war

Die Landwirtschaft auf der Insel ist auch heute noch eine mühselige Arbeit.

ihnen verwehrt, weil der Diktator die Auswanderung verboten hatte.

In den 70er Jahren begann dann auch auf Lanzarote der Tourismus Fuß zu fassen. Einen wesentlichen Anteil an der Förderung dieses neuen Wirtschaftszweiges war dem Künstler César Manrique zuzuschreiben. Seit dem Tod Francos (1975), der Einführung der Demokratie (1978) und der Autonomie (1982) stieg die Wirtschaftskraft Lanzarotes von Jahr zu Jahr, sogar viele Auswanderer beziehungsweise deren Nachfahren kehrten zurück. Die Inselregierung setzte voll und ganz auf Tourismus, denn nur mit diesem Wirtschaftszweig konnten die Lanzaroteños ihre Existenz sichern und ein Leben in Wohlstand führen.

Geschichte in Zahlen

Die erste Besiedlung der Kanaren liegt im Dunkel der Geschichte. Erst mit den Eroberungen der Europäer, dem Wettlauf zwischen Portugal und Spanien um die Vorherrschaft auf den Weltmeeren und der Missionierung durch Päpste und Gegenpäpste traten die Altkanarier, die Guanchen, in die Geschichte ein.

3000 – 1000 v. Chr.
Erste Besiedlung von Nordafrika aus, wofür allerdings schlüssige Beweise fehlen. Für die Zeit um 1100 wird die Entdeckung und Besiedlung der Kanaren durch die Phönizier vermutet, die andere Völker auf den Inseln zwangsansiedelten.

400 v. Chr.
Vereinzelte archäologisch nachweisbare Spuren legen eine Besiedlung der Kanaren aus dem nordafrikanischen Raum nahe.

35 n. Chr.
Älteste gesicherte Funde, vor allem römische Amphoren, die auf eine römische Besiedlung von Lanzarote und Fuerteventura hinweisen.

1312
Der Italiener Lancelloto Malocello entdeckt die Kanaren und bleibt bis 1330 auf Lanzarote. Nach Lancelloto – unter Einfluss der portugiesischen Lautverschiebung von L zu R – bekommt die Insel ihren Namen.

1341
Der portugiesische König Alfons II. beauftragt den Florentiner Angiolino del Tegghia mit der exakten Kartografierung des Archipels.

1344
Der Kastilier Don Luís de la Cerda erkauft sich vom Gegenpapst Clemens VI. gegen Gold das Königtum über die Kanaren. Protest der Feinde Kastiliens. Abenteurer und Piraten rauben die Inseln aus und versklaven die Bewohner, die wenig Widerstand leisten können.

1352 – 1387
Expeditionen der Krone von Aragón auf die Insel, angeblich zum Zweck der Missionierung. Ihnen ist allerdings aus Finanznot wenig Erfolg beschieden.

1402
Im Juli ankert der Normanne Jean de Béthencourt in der Meerenge El Río zwischen La Graciosa und Lanzarote. Er schließt mit dem eingeborenen Herrscher Guardafía, der sich von ihm Schutz gegen die Piratenüberfälle verspricht, einen Friedenspakt.
Von Puerto de la Peña (Ajuy) aus nimmt Béthencourt Fuerteventura ein, gründet die Siedlungen Vega de Río Palmas und das nach ihm benannte Betancuria. Béthencourt erhält von Heinrich III. von Kastilien den Titel „Señor de las Islas Canarias". Nach Ausbootung seines Partners Gadifer de la Salle kommt er von einem Besuch in Sevilla mit zahlreichen Handwerkerfamilien, Soldaten und Adligen zurück. Diese siedeln sich, in friedlicher Koexistenz mit den Insulanern, auf den Inseln an.

Im „Mundo Aborigen", dem nachgebauten Guanchendorf auf Gran Canaria.

1406

Béthencourt verlässt die Inseln, lässt sich von König und Papst feiern, dann heiratet er in Frankreich, wo er 1425 stirbt. Auf den Inseln regiert sein Neffe Maciot, der Teguise heiratet, die Tochter von Guardafía. Nach Wirren und Kämpfen zwischen Eingeborenen und Maciot, der inzwischen zum Sklavenhandel übergegangen war, wird dieser im Auftrag der Krone vom Grafen von Niebla vertrieben. Von seinem Exil auf Madeira aus verkauft Maciot Lanzarote an mehrere Interessenten, was zum Streit zwischen den Herrschern Portugals und Kastiliens führt.

1440 – 1477

Der Clan der Peraza und Herrera eignet sich während der Wirren neben den Inseln La Gomera und El Hierro auch Lanzarote und Fuerteventura als Lehen an. Im Süden Lanzarotes wird in großem Stil Getreide angebaut.

1496

Teneriffa wird als letzte der Kanarischen Inseln blutig unterworfen. Die großen Inseln werden der Krone direkt unterstellt, während die Inseln Lanzarote und Fuerteventura bis ins 19. Jh. Lehen (señorio) bleiben.

16. Jh.

Das Leben auf Lanzarote ist in diesem Jahrhundert geprägt durch ständige Überfälle von Piraten, die für Europas Herrscher Sklaven gefangen nehmen: 1551 wütet der französische Korsar Pie de Palo auf der Insel; 1569 verschleppt der Pirat Calafat 200 Bewohner als Sklaven; 1571 fällt der berberische Pirat Dogan über Lanzarote her; 1586 zerstört der algerische Pirat Morato Arráez in Arrecife das Castillo de San Gabriel, und

1593 besetzt der Algerier Xabán de Arráez Fuerteventura sechs Monate lang und zerstört vor seiner endgültigen Vertreibung noch Betancuria und das dort lagernde wertvolle Archiv.

17. Jh.

Weitere Piratenüberfälle durch Franzosen, Holländer, Engländer und Nordafrikaner, darunter unter anderem im Jahr 1618 der Überfall der Algerier Tabac und Soliman mit 30 Schiffen. Große Auswanderungswelle nach Südamerika. Um 1650 leben nur noch 300 Lanzaroteños auf der Insel.

1730 – 1736

Verheerende Vulkanausbrüche auf Lanzarote.

1760

Blütezeit unter Karl III. Die Kanaren bilden die letzte Versorgungsstation des Schiffsverkehrs in die Neue Welt.

19. Jh.

Zusammenfassung aller Kanaren zu einer Provinz, Santa Cruz de Tenerife wird Provinzhauptstadt. Auf den Protest der Bewohner von Gran Canaria hin erfolgt später, im Jahr 1927, eine Aufteilung in zwei Provinzen. Lanzarote und Fuerteventura werden der östlichen Kanarenprovinz Las Palmas de Gran Canaria zugeschlagen.

2. Hälfte des 19. Jh.

Die Kanarischen Inseln werden Freihandelszone. Aufschwung durch den Weinhandel, auf Lanzarote aber auch durch Koschenille (Schildlaus für Farbstoff). Anilinfarben machen jedoch in der zweiten Hälfte des 19. Jh. die Koschenilleproduktion unrentabel. Die Weinfelder werden durch Reblaus und Mehltau vernichtet. Trockenpe-

rioden und Hungersnot, große Auswanderungswelle, bevorzugte Ziele sind vor allem Venezuela und Kuba.

1898

Spanien verliert seine letzten Kolonien.

1920

César Manrique wird in Arrecife geboren.

1936

Franco fliegt von Gran Canaria aus auf das Festland, wo er den Bürgerkrieg beginnt.

Ab 1970

Wie in Teneriffa und Gran Canaria beginnt auf Lanzarote und Fuerteventura der Tourismus.

1975

Tod von General Franco, Juan Carlos I. wird spanischer König.

1982

Die Kanaren erhalten den Autonomiestatus.

1986

Spanien tritt der EG bei, die Kanaren erhalten Sonderstatus.

1992

Volle Integration der Kanaren in die EU, allerdings bleiben die Zollbestimmungen wie für Nicht-EU-Länder weiterhin in Kraft.

1993

Die UNESCO erklärt Lanzarote zum Biosphärenreservat.

1998

Mehr als 1,7 Mio. Touristen besuchen die Insel.

1999

Die Kapazität des Flughafens wird verdoppelt, Einweihung am 12. März.

Eine Insel

Der Maler Tayó aus Uga schafft farbenfrohe Werke.

Der Deutsche Wilfried Leitz, mit Künstlernamen „Veno", fängt mit seinen Gemälden die Stimmung auf der Insel ein

die inspiriert

Die eigentümlichen Farben und bizarren Formen der Lavalandschaft animieren die Kreativität vieler Künstler.

Manrique-Windspiel am Flughafen von Lanzarote.

D ie ersten Kunstgegenstände auf Lanzarote dienten nur kultischen Zwecken und die altkanarischen Künstler wählten dafür natürliche Materialien wie Tonerde und Lavagestein. Aus Ton schufen sie unter anderem den Zauberer (El Brujo), eine Furcht einflößende Gestalt, die der Künstler **Juan Brito** nachgeahmt hat und das im Archäologischen Museum im Castillo de San Gabriel in Arrecife zu besichtigen ist. Kultische Guanchenfiguren aus Sandstein und Lava in Form kleiner, naiver weiblicher Fruchtbarkeitssymbole dagegen hat das kleine Museo de Arqueología in Betancuria in Fuerteventura gesammelt.

Mit Fruchtbarkeit und Fortpflanzung haben auch die „Brautleute von Mojón" (siehe Kasten auf S. 87) zu tun. Die Töpfer von Mojón, einem kleinen Dörfchen östlich von Teguise, haben die altkanarische Töpfertradition fortgeführt und ohne Töpferscheibe Krüge, Schüsseln und Schalen gefertigt. Mit den „Brautleuten" haben sie auch den Fruchtbarkeitskult der ersten Inselbewohner fortgeführt.

Die Töpferei der Insel blickt auf eine lange Tradition zurück. Bekannte Kunsthandwerker waren die Großmutter und Mutter der bekannten **Dorotea Armas**, die ihr ganzes Leben lang dieses Erbe pflegte und in die Gegenwart hinüberrettete. Sie selbst wurde von den Menschen respektvoll „Großmutter der Töpferkunst" genannt und ist 1997 im Alter von 98 Jahren gestorben. Doch sie hat ihr Wissen weitergegeben und über

35

ihre Tochter Dolores an ihren Enkel Marcial de León überliefert. Nach traditioneller Art töpfert León jeden Tag im Casa Museo del Campesino bei San Bartolomé und formt dort unter anderem die sogenannten Brautleute von Mojón.

Zu den Künstlern, die sich der Tradition verpflichtet fühlen, gehört auch der schon erwähnte **Don Juan Brito Martín**, ebenfalls ein Schüler von Dorotea. Inspiration aus der Urlandschaft, aber auch aus der Geschichte entdeckt man in seiner Kunst. Er liebt die einfache Form, besonders martialische Figuren aus dem Barro der Insel sind sein Markenzeichen. Barro heißt übersetzt „Schlamm" oder „Ton" und bezeichnet aus dem Meer emporgehobene Sedimente, die je nach gewünschter Struktur oder Farbe mit braunen oder schwarzen Lapilli, Vulkankörnern, vermischt werden.

Erstaunlich scheint es, dass sich die Kunstformen der Ureinwohner trotz der Eroberungen über die Jahrhunderte hinweg bis heute erhalten konnten. Sicherlich haben mündliche Tradierung und eine gewisse insulare Resistenz gegen die fremden Einflüsse dazu beigetragen.

Die spanischen Herren zeigten nämlich wenig Sinn für altkanarische Sitten, Kunst und Gebräuche. Allerdings bescherten sie der Insel etwas Neues: die Kirchenkunst. Dazu gehören zum Beispiel die wundervollen Holzdecken, teils bemalt und kassettiert, so wie sie in vielen Kirchen Lanzarotes als **Mudéjar-Stil** zu bewundern sind. Als die Spanier die Kanaren eroberten, hatte dieser Stil gerade seinen Höhepunkt erreicht. Er wurde kreiert von maurischen Künstlern, die nach der Reconquista in Spanien bleiben und dort weiter arbeiten durften, und hat von ihnen seinen Namen erhalten. Mit den Missionaren kamen auch Kirchenarchitekten nach Lanzarote, und in ihrem Gefolge Kunsthandwerker. Letztere fanden vulkanische Materialien vor, die ihnen bislang unbekannt waren, und verwendeten sie für ihren neuen, kanarischen Stil: Sie fertigten Kirchenportale aus rotem Trachyt, bearbeiteten Lava und Basalt für schmückende Elemente an Hausecken und Türen oder schufen aus Lava und Basalt Pfeiler und Fußböden für Lanzarotes Gotteshäuser.

Dann legte Lanzarote für mehrere hundert Jahre eine Kunstpause ein, der Kampf um die nackte Existenz ließ keine Zeit für „brotlose" Beschäftigungen. Aus diesem Dornröschenschlaf erwachte die Insel erst wieder 1968, als der damals 49-jährige, in Arrecife geborene Künstler **César Manrique** auf seine Heimatinsel zurückkehrte. Vorher hatte er mit seinen abstrakten Gemälden in der ganzen Welt, vor allem in Madrid und New York, Lorbeeren gesammelt (siehe Kasten auf S. 39 – 41). Sein Anliegen war es, auf der noch armen Insel, die gerade in das Zeitalter des Tourismus eintrat, den Schutz von Natur und menschlicher Tradition mit seiner Kunst zu verbinden. Er wollte das „Gesamtkunstwerk Lanzarote" schaffen. Trotz, oder gerade weil sich der erste Bauboom abzeichnete, forderte Manrique ein harmonisches Miteinander von Natur, Architektur und Kunst. Zusammen mit dem Architekten Luís Ibáñez Margalef entwickelte er das Konzept, das u. a. eine einheitliche Farbgebung vorsah: Alle Bauten sollten weiß, Fensterrahmen, Türen und Balkone dunkelgrün gestrichen sein.

Mit dieser Idee erntete Manrique weltweite Beachtung, und der Ruf der Insel als von Menschenhand gestalteter und gestylter Naturgarten inspirierte viele lanzaroteñische Künstler. Sie fühl-

Bis zu ihrem Tod führte Dorotea die Töpfertradition der Guanchen fort.

ten sich dazu ermuntert, in der urzeitlichen Lavawelt nach magischen Kräfte zu suchen und ihrer Kreativität freien Lauf zu lassen.

Ein Künstler, der bereits auf der Insel beheimatet war und durch die Rückkehr Manriques neuen Schwung erhielt, war **Ildefonso Aguilar**. Der damals 22-Jährige verstand es, seine vielseitige künstlerische Begabung zu nutzen. Eine Produktion des Malers und Komponisten kann man in der Jameos del Agua erleben, wo er die Multivisionsschau kreiert hat. Der stille Künstler hat seiner Arbeit selbst sein Motto vorangestellt:

„Mein Werk ist der Entstehung der Insel gewidmet, dem Feuer, dem Wind und dem Meer" – die Aufführung wird zu einem beeindruckenden Erlebnis, dessen Zauber sich kaum ein Besucher entziehen kann.

Aguilar war im gleichen Maße wie César Manrique bemüht, die Kultur Lanzarotes zu erhalten und der Welt die Schönheit der Insel zu zeigen. 17 Jahre lang, zwischen 1968 und 1985, arbeitete er als Direktor des Kulturamts der Inselregierung. Doch immer stand er im Schatten Manriques. Nach dessen Tod lehnte es Ildefonso

Die wichtigsten Galerien

Bei den nachfolgend mit einem Stern (*) markierten Galerien ist eine Verkaufsausstellung integriert.

Fundación César Manrique
❂❂❂
Taro de Tahíche
Carretera San Bartolomé
Tel. 928 84 31 38.
Ständige Ausstellung mit Werken von César Manrique und anderen Künstlern (siehe auch S. 86/87).

* Galería Yaiza ❂
Am südlichen Ortsausgang von Yaiza an der Carretera Playa Blanca.
Tel. 928 83 01 99.
Ausgestellt sind Werke des Besitzers Veno sowie Bilder, Skulpturen und Keramiken anderer Künstler, die aus Lanzarote stammen oder sich auf der Insel niedergelassen haben. (Siehe auch S. 134.)
Mo – Sa 17 – 19 Uhr.

Casa Benito Pérez Armas
Yaiza
Casa Cultura, Plaza de los Remedios.

In der Galerie werden Werke unbekannter Inselkünstler gezeigt, aber auch Bilder von César Manrique und Ildefonso Aguilar.
Mo – Sa 10 – 13 und 16 – 19 Uhr.

* Atelier Honerkamp
Uga
Calle El Ganchillo 5
Tel. 928 83 04 55.
Werke des Künstlers Christian Honerkamp.
Mo – Fr 17 – 19 Uhr.

* La Galería
Calle Victor Feo 6
Teguise
(Kein Tel.)
Tapas-Bar und Galerie. Ausstellungen von verschiedenen Künstlern (siehe S. 101).
Tgl. 10 – 22 Uhr.

* Galería La Villa
Plaza Clavijo y Fajardo
Teguise.
Wechselnde Ausstellungen in einem restaurierten Bürgerhaus.

* Galería Espiral
Puerto del Carmen
Calle Toscon, Centro Comercial Montaña Tropical
Fax 928 51 26 54.
Kunstgalerie mit Werken verschiedener Künstler.

Mo – Fr 11 – 13.30 und 20 – 22 Uhr.

Museo Internacional de Arte Contemporaneo
Castillo de San José
Carretera de Naos
Arrecife.
In prachtvollen Gewölben präsentieren sich Werke von Miró, Millares, Mompó, Oscar Dominguez, Gerardo Rueda, Eusebio Sempérez, Agustín Cárdena und César Manrique (siehe auch S. 68).
Tgl. 11 – 21 Uhr.

* Galería del Arte El Aljibe
El Almacén
Calle José Betancort 33
Arrecife.
Wechselnde Ausstellungen kanarischer Künstler in der alten Zisterne.
Bei Ausstellungen tgl. 11 – 14 und 20 – 23 Uhr.

Casa de Los Arroyo
Avenida Coll
Arrecife.
Wechselnde Kunstausstellungen im Centro Científico Cultural Blas Cabrera; Sala Pancho Lasso, Ausstellungen der Werke des Bildhauers Pancho Lasso (1904 – 1973), dem Lehrer Manriques.
Mo – Fr 10.30 – 13.30 und 16 – 19 Uhr.

aber ab, seine Nachfolge anzutreten. Neben organisatorischen Aufgaben widmete er sich weiterhin seiner Malerei, überwiegend monochrome Bilder sind sein Markenzeichen: Wie andere Künstler auch verwendet er natürliche Materialien – etwa Vulkanasche, zerbröselte Lava oder flimmernde Sandkristalle – und bringt damit seine Heimatinsel buchstäblich auf die Leinwand.

Die Kunstszene wesentlich geprägt hat auch ein inselfremder Künstler, der Yaiza zum Zentrum seines Schaffens wählte und dort ein Bauernhaus mit weiß leuchtenden Mauern, die Türen, das Gatter und die Fensterläden grün gestrichen, restaurieren ließ – ganz nach der Maßgabe von Manrique und Luís Ibáñez. Besitzer der Galerie ist **Wilfried Leitz**, besser bekannt unter seinem Künstlernamen **Veno**. Er lebt seit 1979 auf Lanzarote. Ihn reizte an seiner neuen Heimat vor allem die große Ursprünglichkeit, Schönheit und Ruhe, aber ebenso ihre kühle Unnahbarkeit und Einsamkeit. In Venos Gemälden gehen Braun- und Rottöne in Ocker und Gelb über, mit flimmerndem Violett und brachialem Schwarz empfindet er die Erde Lanzarotes nach. Lava, Vulkanasche und Sand Lanzarotes sind die Grundmaterialien seiner eigenwilligen Kunst.

Sensibilisiert für die Besonderheiten der Natur und damit für die inseltypischen Ausdrucksformen, entwickelte sich Veno zum Förderer lanzaroteñischer Kunst. Ganz besonders unterstützte er den Nachwuchskünstler **Tayó** aus dem benachbarten Uga. Im Stil der naiven Malerei

Mick Gonnel macht Kunst aus Schrott.

zaubert dieser kindhafte Kreationen auf die Leinwand, spielerische Fantasien, die Jung und Alt gleichermaßen fröhlich stimmen. Tayó hat an der Fakultät der Schönen Künste in La Laguna, Teneriffa, sein Studium begonnen und in Barcelona abgeschlossen. In seinen spielerischen Kreationen und schematischen Figuren spiegelt sich Urweltliches wider und klingt seine Guanchenherkunft an.

In der Ursprünglichkeit der lanzaroteñischen Landschaft begegnet der Mensch der Schöpfung, hier kann er die Geburtsstunde der Erde, den Schöpfungsakt seiner Lebenswelt nachempfinden. Es ist eine Erfahrung, die ehrfürchtig macht und zum Nachdenken anregt. Die Farbenpracht vulkangeborener Steine regt aber auch die Kreativität an und ihre Unberührtheit stimmt friedlich. Diese Landschaft lockt immer wieder Künstler aus aller Welt an.

Ein weiterer Treffpunkt für Künstler ist die alte Hauptstadt Teguise. Hier wurde der Maler **Manuel Perdomo Ramírez** geboren, der zu Lanzarotes bekanntesten Künstlern gehört. Seine Malereien sind großflächig mit fantasievollen Formen und zurückhaltenden, gedeckten Farben. Manuel will Verborgenes augenfällig machen, Winziges vergrößern und Grandioses verkleinern. Um Erfahrungen und Gedanken auszutauschen, trifft er sich mit Kollegen in der Bar „La Galeria", einem beliebten Treffpunkt in Teguise.

Zu den Kunstwerken, die dort zu sehen sind, gehören auch lustige Blechfiguren und seltsame Tiere, alles Schöpfungen aus einer fremden Welt. Sie stammen von **Mick Gonnel**. Was diese skurrilen Metallskulpturen mit der Insel zu tun haben, erkennt man erst auf den zweiten Blick: Der humorvolle Mick verwendet für seine Kompositionen nur Gegenstände, die er auf der Insel findet: etwa alte Kühlschränke, Autowracks oder kaputte Matratzen. Der französische Metallkünstler kam mit dem Boot aus der Bretagne und blieb dann auf der Insel hängen. Er bezeichnet sich als Künstler und Umweltschützer, weil er alles in seine Werkstatt räumt, was die Lanzaroteños achtlos in die Landschaft werfen. Recycling als moderne Kunst.

Noch ist aber Mick ein Einzelgänger. Es dauert eben noch eine Weile, bis alle Inselbewohner begriffen haben, was César Manrique mit seinem Motto gemeint hat, Natur, Architektur und Kunst zu einem harmonischen Miteinander zu verbinden.

César Manrique – Künstler, Architekt und Naturfreund

César Manrique, Lanzarotes berühmtester Künstler, 1919 in Arrecife geboren, schöpfte seine ersten Impulse aus der Natur an den Küsten von Famara, wo die Familie jeden Sommer Ferien machte: „Ich nahm die Farben auf", so erinnerte er sich später, „von allem, was mich umgab, vom Meer, dem Himmel und den Wolken genauso wie von Flora und Fauna und dem Gefüge des Sandes. Es war während dieser glücklichen Sommer meiner Kindheit, als ich mich das erste Mal zu Kunst und Natur hingezogen fühlte."

Als César 1945 an der Universität der Schönen Künste in Madrid studierte, gesellte sich zur Begabung der „Komplex" hinzu: Er glaubte, mit Lanzarote eine ganz besondere Herkunft vorweisen zu können. Doch die Kommilitonen lachten ihn aus. Dieser Fliegendreck auf der Landkarte sei doch nichts anderes als ein wertloser Aschehaufen, so der Tenor der Reaktionen. Der Lanzaroteño fühlte sich tief getroffen und schwor sich damals, die ganze Welt auf die Schönheit seiner Insel aufmerksam zu machen. Er suchte die Seele seiner Heimat, verlieh ihr mit Pinsel und Spachtel sichtbare Formen und charakteristische Farben. Die Kunstwelt be-

gann mit des Künstlers Augen ein berstendes, vulkanisches Land zu sehen, eine kleine Welt im farbenfrohen Licht.

1964 folgte Manrique einer Einladung von Nelson Rockefeller, der einige seiner Bilder erworben hatte, nach New York. Aus dem Aufenthalt wurden fruchtbare Jahre in der Neuen Welt. Und Manrique konnte sich auf dem internationalen Kunstmarkt einen Namen machen. Doch auch in der Fremde blieb er mit Leib und Seele Lanzaroteño und verfolgte konsequent sein Konzept, die Heimatinsel und ihre einzigartige Natur berühmt zu machen. Der Künstler hatte erkannt,

Lanzarotes großer Künstler und Architekt, der verstorbene César Manrique.

Im Fokus

dass der expandierende Tourismus eines Tages auch seine Heimatinsel erfassen würde, und er erkannte, dass nur eine verbesserte Wirtschaftslage neue Auswanderungswellen verhindern konnte. Nach Jahrhunderten mit Missernten und Hungersnot versprach die neue Industrie Zukunft für die verbliebenen Einwohner.

Im Jahr 1968 kehrte er endgültig auf seine Insel zurück, realisierte das Objekt **Jameos del Agua** und baute sich ein spektakuläres Haus in fünf Lavablasen. Zum Künstler gesellte sich der Architekt hinzu. Mit dem **Taro de Tahíche** (Taro = Hirtenhütte aus Lavagestein), nördlich von Arrecife, erfüllte sich der Künstler seinen lang gehegten Traum, sich ein Zuhause zu schaffen, das zugleich den Mikrokosmos von Lanzarote symbolhaft darstellen sollte: eine scheinbar unfruchtbare Insel, eine Einöde, das Produkt von Vulkanausbrüchen, karg und trist in den Augen der Unwissenden, in Wirklichkeit aber ein Platz voller Leben und Schönheit.

In der Zwischenzeit realisierte Manrique Zug um Zug die Idee eines sanften Tourismus. Zusammen mit seinem Jugendfreund und Inselpräsidenten **José Ramírez Cerdá** wandte er einige unkonventionelle Mittel an, um die fremden Einflüsse abzuwehren. So wurde damals etwa kolportiert, dass die Feuerberge im Süden, diese schöne Mondlandschaft, von Spekulanten aufgekauft werden sollten.

Emblem aus Manriques Hand.

Denn Cerdá und Manrique hatten Grenzsteine entdeckt, die Zeichen einer Aufteilung! Doch in einer Nacht-und-Nebel-Aktion ließen Politiker und Künstler die Markierungen verschwinden. Gleichzeitig akzeptierte die Inselregierung Manriques Vorschlag, die Vulkanlandschaft zu schützen. Und 1974 wurde das Timanfaya-Gebiet Nationalpark.

Am wichtigsten aber war es dem Landschaftsschützer und Künstler César Manrique, seine geliebte Insel und ihre Dörfer vor Verbauung und Verschandelung zu schützen. Lanzarote sollte durch seinen eigenen, im Lauf der Jahrhunderte entwickelten Stil und durch seine Selbstbeschränkung neue Signale setzen. Die „Volksarchitektur" wurde auch in den Tourismus einbezogen. Außerdem sollte sich die Höhe der Gebäude an der Höhe der Palmen orientieren. Mindestens außerhalb der touristischen Zentren ist heute zu entdecken, dass der Appell Früchte getragen hat. Denn bereits zu einer Zeit, als die Schlagwörter „Ökologie" und „Umwelt" noch nicht in Mode waren, erreichte Manrique, dass die Regierung der hemmungslo-

Im Fokus

Leben in den Lavablasen: Raum in der Fundación César Manrique.

Aber auch an vielen Orten Lanzarotes zeigt sich noch heute, welche Vision dem Künstler vorgeschwebt hat. Selbst nach seinem Tod blieb Manrique Mentor einer weitgehend vor Zerstörung und Spekulantentum geschützten Insel. Sein Einsatz zeigte langfristige Erfolge: Im Jahr 1994 wurde Lanzarote von der UNESCO zum biosphärischen Schutzgebiet erklärt. Die Gruppe „El Guincho", übersetzt „Fischadler", ein Umweltschutzverein, dem Manrique ehedem als Mitglied angehörte, hat inzwischen großen Zulauf. Posthum wurde der Verstorbene zum Ehrenpräsidenten ernannt. Und „PIOT", der neue Flächennutzungsplan der Insel, wird von Politikern und vom Präsidenten der Fundación César Manrique, Don José Juan Ramírez, mit aller Energie verfolgt.

sen Landverbauung einen Riegel vorschob. Er setzte sogar eine Bestimmung durch, wonach in der Architektur nur die Farben Weiß und Grün verwendet werden dürfen. Später wurden dann auch die Farben Blau und Braun akzeptiert.

Doch der Boom in der Mitte der 80er Jahre überrollte rücksichtslos die besonnenen Vorstellungen des ersten Grünen auf Lanzarote. Den Bauherren ging es nur darum, mit möglichst wenig Geld möglichst viele Betten zu produzieren. Puerto del Carmen sowie Playa Blanca in Teilen, Costa Teguise sind fast durchweg Mahnmale für die Bausünden auf der Insel.

Ungekrönter König der schützenswerten Insel ist César Manrique bis zu seinem Tod im September 1992 geblieben. Auf dem Gipfelpunkt eines arbeits- und erfolgreichen Lebens fand César Manrique auf tragische Weise den Tod. Zu diesem Zeitpunkt hatte die von ihm gegründete Stiftung

ihre Tore geöffnet, in Barcelona zeigte die Kunstgalerie „Maria Salvat" seine Werke, und in Sevilla eröffnete anlässlich der Expo' 92 eine Galerie mit 75 Werken des Künstlers ihre Räume. Er hatte sein Ziel erreicht, Lanzarote weltweit als ein Gesamtkunstwerk, auf dessen kargem Boden die Phantasie wächst, bekannt zu machen.

César Manriques Werke

1968 Jameos del Agua, Haría

1968 Taro de Tahíche, Tahíche

1969 Casa del Campesino, San Bartolomé/Mozaga

1970 Restaurant „El Diablo", Nationalpark Timanfaya

1971 Pool-Landschaft Martiánez, Puerto de la Cruz/Teneriffa

1973 Mirador del Río, Haría

1974 Museum für zeitgenössische Kunst im Castillo San José, Arrecife

1977 Konzertsaal Jameos del Agua, Haría

1982 La Vaguada, Madrid

1989 Mirador de la Peña, Valverde/El Hierro

1990 Jardín de Cactus (Kaktusgarten), Guatiza/Teguise

1991 Mirador del Palmarejo, Valle Gran Rey/La Gomera

1992 Playa Jardín, Puerto de la Cruz/Teneriffa

1995 Parque Marítimo, Santa Cruz de Tenerife (posthum)

1998 Playa Martiánez, Puerto de la Cruz/Teneriffa (posthum)

Genussfrisch aus dem Meer

Der Atlantik spendet eine Fülle an wohlschmeckenden Fischen. Die fruchtbare Lavaerde ergänzt den Speiseplan mit Gemüse, Obst und einem köstlichen Wein.

Wer auf Lanzarote dem internationalen Hotelbüffet den Rücken kehrt, stößt auf reichlich Unbekanntes. Das beginnt schon beim **Gofio**, dem gerösteten Mais-Weizen-Mehl, das es auch als Paste gibt und mit dem sich bereits die Altkanarier stärkten. Als nächstes sollte man **Papas** kennen lernen. Das kanarische Wort für Kartoffeln stammt aus der Ketschua-Sprache der Inkas, die Festlandspanier sagen Patata. Das Ungewohnte sind aber nicht die Papas, sondern die **Mojo**, eine scharfe Soße, die zu den Kartoffeln gereicht

wird oder den **Puchero**, den Gemüseeintopf, verfeinert. Zur **Cazuela** hingegen, dem traditionellen Fischtopf, passt wieder der Gofio.

Der **Fisch** verlangt – abgesehen von Kräutern und ein paar Papas und Salat – keine weiteren Zutaten. Seine Frische allein garantiert schon einen exzellenten Geschmack. Geliefert wird er zum großen Teil von den Fischern der Isla Graciosa, die in großer Zahl mit ihren kleinen Booten auf Fang gehen, vorwiegend in dem Naturschutzgebiet, das bis zur Isla Alegranza reicht. Groß ist dort die Artenvielfalt von Meeresfischen. Typisch für die Gewässer sind Salemas (Goldstriemen), Bossi negro, Sama (Brasse) und die klassische Vieja (Papageienfisch). Die Vieja geht vor allem im Sommer, ab etwa April, ins Netz, wenn sie das warme, ruhige Wasser in Küstennähe lockt.

Was das Meer alles zu bieten hat, sieht man auf den opulenten Fischplatten, wie sie die Restaurants in den „Frischfischdörfern" Orzola, Ar-

rieta, Caleta de Famara, El Golfo und auch Playa Blanca präsentieren: Dort wölbt eine dicke Rotzunge (Gallo) ihren kräftigen Rücken und verbirgt hinter dem knochigen Gerüst viele leckere Fleischstückchen; der Bossi negro, für den niemand eine deutsche Übersetzung findet, ist schlank und das Fleisch kräftig; die Scheiben des Pfauenlippfisches (Peto) sehen appetitanregend aus; der rotbraune Oktopode (Pulpo) krümmt seine Arme und hat kräftige, knackige Saugnäpfe. Salat, Tomate, Zwiebeln und dicke Zitronenscheiben verzieren die Mahlzeit (zu dem Thema Speisefisch siehe auch die Kästen auf S. 131 und 172).

Ein anderer Leckerbissen sind **Lapas**, Napfschnecken, die von den Sammlern bei Ebbe von den Lavafelsen gepflückt werden. Wer Meeresfrüchte schätzt, wird diese Vegetarier auf Platz eins seiner Delikatessen-Liste setzen. Geschmort werden sie auf einer flachen Eisenpfanne im eigenen Saft unter Hinzugabe einer **Mojo de Cilantro**, Mojo mit frischem Koriander.

Frisch ist ebenfalls das Gemüse, das in Lanzarotes Küchen verarbeitet wird. Und was die Lanzaroteños nicht selbst anbauen, erhalten sie von den Nachbarinseln. Canarios zaubern die besten Eintöpfe der Welt. Doch Vorsicht: Eintopf ist nicht gleich Eintopf!

Der **Puchero canario** ist der König der Eintopfgerichte und kommt sonntags fast überall auf die lanzaroteñischen Tische: Mindestens drei Sorten Fleisch – Rind, Hammel, Schwein oder Huhn – gehören dazu, außerdem würzige Blut- und Paprikawurst, zum Beispiel **Chorizo**. Dann purzeln Kartoffeln, Bataten (Süßkartoffeln), Kichererbsen, Karotten, grüne Bohnen, Stachelgurken (Chayotefrucht), Bubangos, ein zucchiniähnliches Gemüse, Kürbis, Mais, Kohl und Zwiebeln in den Topf. Gewürzt wird mit Knoblauch, Safran, Kreuzkümmel oder Petersilie und – typisch kanarisch – mit Gofio und mit **Mojo picante**, der scharfen Paprikasoße. Wer es milder wünscht, sollte ersatzweise zur weniger Schweiß treibenden Variante, der **Mojo verde**, greifen, die aus den Grundbestandteilen Koreanderkraut oder Petersilie gewonnen wird.

Der **Potaje canario** hingegen fällt etwas dünner aus und wird deshalb auch oft als Vorspeise serviert. Er besteht aus verschiedenem Gemüse und Kartoffeln, manchmal angereichert durch Linsen, Kürbis und Bataten. Steht **Potaje de berros** auf der Karte, schwimmen Kürbiswürfel, Kartoffeln, weiße Bohnen und gehackte Brunnenkresse in der Brühe.

Der klassische Eintopf mit Fisch heißt **Cazuela de pescado** oder auch **Zarzuela**. Dazu werden Kopf und Schwanz des Tieres, kräftig mit Knoblauch gewürzt, in einem Sud aus Tomaten, Paprika und Zwiebeln sowie Olivenöl und Weißwein geköchelt. In feineren Restaurants verwendet der Chef Scheiben von Barsch, Brasse und Kabeljau. Die Fischkarte wird noch erweitert durch die einfache **Caldo de pescado**,

Spezialität mit Tradition: Napfschnecken.

eine reine Fischsuppe, und den **Sancocho**, der aus gegartem Stockfisch, Süßkartoffeln und Zwiebeln besteht.

Bei Fleischgerichten sind Zicklein und Lamm inseltypisch, **Cabrito** und **Cordero**. Am besten schmeckt das Fleisch, wenn es vorher in einer kräftigen Beize geruht hat. Dann findet man es auf den Speisekarten unter „Cabrito frito en adobo" oder, wenn Kaninchen die Fleischbasis bildet, „Conejo en salmorejo". Die klassische Beize dafür besteht aus Knoblauch, Meersalz, Kreuzkümmel, Oregano, Lorbeer, Petersilie, lanzaroteñischem Weißwein, Essig, Maisöl von den Kanaren, Pfefferkörnern und Thymian.

Oft serviert der Ober zu diesen Gerichten **Papas arrugadas**, in Salzwasser gedämpfte „Runzelkartoffeln" mit Mojo. (Hinweis: Papas arrugadas werden oft auch als Vorspeisen angeboten. Also sofort bei der Menüauswahl abklären, welche Beilage zur Hauptspeise gereicht wird!) Pa-

Eine Delikatesse frisch aus dem Meer: der Papageienfisch (vieja).

pas arrugadas müssen übrigens klein, mit dunkler Haut und – richtig zubereitet – mit einer feinen Salzschicht überzogen sein. Man isst sie mit der Schale, indem man das dampfende Knöllchen auseinanderbricht und es in die Mojo picante oder Mojo verde taucht.

Ein gutes Restaurant hat den passenden **Wein** zu jedem Gericht. Wer weniger anspruchsvoll ist und nicht fragt, bekommt meist billigen Rioja-Wein vom Festland kredenzt. Wer Wert auf Landestypisches legt, muss den in der Regel etwas teureren Inselwein verlangen. Traditionsbewuss-

te Häuser lagern ihn im Keller. Den typischsten Inselwein aus der Malvasiertraube, auf schwarzer Lava gewachsen und gereift, gab es bis vor einigen Jahren nur feurig, süß und schwer. Dem europäischen Geschmack entsprechend, wird er jetzt auch halbtrocken und trocken gekeltert.

Ein paar Empfehlungen für eine harmonische Abstimmung von Speis und Trank: Trockener Malvasier (Malvasia seco) eignet sich als Aperitif, zu Meeresfrüchten und kurz gebratenem Fisch (à la plancha), aber auch zu Reis mit Meeresfrüchten; halbtrockener Malvasier (semidulce)

Restaurant-Tipps

Punta Fariones
Orzola
Calle La Quemadita 8
Tel. 928 84 25 58.
Eines der besten Fischrestaurants, köstliche Lapas.

Fischrestaurant „Punta Fariones".

Amanecer
Arrieta
Calle La Garita 46
Tel. 928 83 54 84.
Einfach, aber gut, Spezialität: Seezunge.

El Cortijo
Haría
am südlichen Ortsrand in Richtung Los Valles
Tel. 928 83 50 06.
Typisch kanarische Küche, rustikal eingerichtet.

Mirador de los Valles
Los Valles

An der Hauptstraße LZ 10,
km 13
Tel. 928 52 80 36.
Kanarische Speisen in einem alten Bauernhaus, schöner Blick.

Casa Ramón
La Caleta de Famara
Ortsmitte
Tel. 928 52 85 23.
Einfaches Restaurant, gute Fischgerichte.

La Tahona
Teguise
Calle Santo Domingo 3
Tel. 928 84 53 49.
Kanarische Gerichte in einem historischen Gebäude.

Neptuno
Costa Teguise
Avenida de Jablillo s/n
Tel. 928 59 03 78.
Gute Fischgerichte, schöner Patio.

Portonao
Arrecife
Avenida de Naos 12
(ohne Telefon).
Einfache Fischerkneipe, immer frischer Fisch.

El Campesino
San Bartolomé/Mozaga
Casa Museo del Campesino
Tel. 928 52 01 36.
Beste kanarische Küche nach traditionellen Rezepten.

El Fondeadero
Puerto del Carmen
Plaza del Varadero s/n
Tel. 928 51 14 65.
Erstklassige Gaststätte der Hotel- und Restaurant-Fachschule.

Bodega
Uga
an der Hauptstraße LZ 2
am östlichen Ortsrand
Tel. 928 83 01 32
(Tel. der Lachsräucherei).
Gemütlich, in einem alten Bauernhaus, geräucherter Lachs, diverse Spezialitäten vom Kamel.

Jardines La Era
Yaiza
hinter der Kirche
Tel. 928 83 00 16.
Kanarische Spezialitäten in einem geschmackvoll umgebauten Bauernhaus.

Placido
El Golfo
Ortsmitte
Tel. 928 17 33 01.
Einfaches Fischrestaurant mit Terrasse am Meer, stets frischer Fisch.

Almacén de la Sal
Playa Blanca
Avenida Marítima 20
Tel. 928 51 78 85.
Kanarisch-spanische Küche, historisches Gebäude.

passt zu Gänseleberpastete, Gerichten mit süß-
sauren Soßen (z. B. Curry), zu Fisch und einigen
Nachspeisen; süßer Malvasier (dulce) ist speziell
zu süßen Nachspeisen, auch als Aperitif und
ebenfalls zur Gänseleberpastete zu empfehlen;
Muskateller (Moscatel) macht sich zu allen
Süßspeisen, zu Kuchen und Torten oder einfach
als Gläschen solo gut; ein Rosé (Rosado) gehört
zu geräuchertem Fisch und zu zartem Fleisch, etwa zu Kalbfleisch; Rotwein (Tinto) dagegen eignet sich zu Fleischgerichten, Wurstwaren, halb-
reifem Käse sowie zu Gemüse und Hülsenfrüch-

ten; Malvasier aus dem Barrique-Fass sollte als
Aperitif, zu Meeresfrüchten, gedämpftem Fisch
und Reis mit Meeresfrüchten auf den Tisch kommen (zu Wein siehe auch S. 85 und 89).

Aus all diesen Zutaten entsteht eine feine Mojo picante.

Auch bei den Nachspeisen, den **Postres**,
kann man sich an typisch Kanarisches halten.
Schleckermäuler sollten etwa **Frangollo canario**, eine Art Maispudding, probieren, bei dem
die Geschmacksknospen regelrecht aufblühen.
Die Mischung hat es in sich: Anis, zerlassene
Butter, gemahlener Zimt, Orangeat, Zitronat,
Zucker, Salz, Eigelb, Sultaninen und Korinthen,
alles mit Milch unter grobes Maismehl gemischt
– nichts für die Frühjahrsdiät! Doch damit nicht
genug der Kalorienbomben: Auch die **Torrijas
conejeras**, mit Pfannkuchen vergleichbar, und –
dies ist für viele süße Schleckermäuler der
Höhepunkt – der **Bienmesabe**, wörtlich übersetzt „Schmecktmirgut", eine Köstlichkeit aus
gerösteten Mandeln, Honig oder Zucker und
Wasser, runden ein lanzaroteñisches Mahl ab.

Da bleibt nur noch, „buen provecho" zu wünschen – und ein wohliges Plätzchen für die Ver-
dauungssiesta hinterher!

Papas arrugadas

In einem Topf kleine Kartoffeln zur Hälfte mit Wasser
bedecken. Auf zwei Kilo-
gramm Papas drei Teelöffel
Meersalz streuen. Deckel
drauf oder nach kanarischer
Art ein Leinentuch über den
Topf legen. Bei starker Hitze
dämpfen, bis alles Wasser
verbraucht ist. Das Salz am
Boden fängt dann zu knis-
tern an. Jetzt Deckel abneh-
men und auf kleine Hitze
zurückdrehen. Topf mehr-
mals mit dem Inhalt schüt-
teln, bis der letzte Wasser-
rest verdampft ist. Nun
muss die Haut der Papas
mit einer feinen Salzschicht
überzogen sein. Dazu eine
Mojo picante servieren,
eventuell etwas Käse dazu.

Scharfe Sache

Mojo picante, die scharfe
Soße, gehört zu fast jedem
Essen: Rote Peperoni kau-
fen und eine Woche lang in
Weinessig einlegen. Essig
abgießen und aufbewahren,
die Paprikaschoten zur Paste stampfen. Im Mörser
Knoblauch mit Kümmel und
Salz zerdrücken, unter die
Paste mischen und in Oli-
venöl aufbewahren. Paste
und Essig sind die Grundlage für eine frische, pikante
Mojo. Um die Mojo tisch-
fertig zu machen, mischt
man etwas Paste und Essig,
verrührt die Masse mit
Olivenöl und gemahlenem
Paprika. Je nach gewünschter Schärfe mit mehr
Olivenöl und Brühe (Fisch-
sud, klare Gemüse- oder
Fleischbrühe) verdünnen.

Beim hellen K

Die Huesera (oben) darf bei den Tänzen ebenso wenig fehlen wie die bunten Röcke. Ausgelassenheit regiert bei

ng der Timple

Viele Inselfeste sind religiösen Ursprungs, werden aber sehr lebensfroh gefeiert. Und überall spielt die Timple zum Tanz auf.

L anzaroteños sind keinesfalls feurige, heiße Südländer, wie man voreilig vermuten könnte. Im Gegenteil, sie gelten als besonders spröde und zurückhaltend. Um so mehr überrascht ihre oft spontane Fröhlichkeit, begeistern die Melodien und Tänze ihrer Folklore, und man ist erstaunt über das Durchhaltevermögen bei ihren kirchlichen wie weltlichen Festen.

Folklore als Stück des Insellebens wird heutzutage intensiver, bewusster erlebt, wurde sie doch in der Franco-Zeit genau kontrolliert, der südamerikanisch inspirierte Karneval sogar verboten. Denn der spanische Diktator hatte Angst vor Separatismus, niemand sollte sich als Canario fühlen, jeder hatte Spanier zu sein. Immerhin, so ganz beugten sich die Inselbewohner auch unter Franco nicht. So wurde bereits 1958 in Arrecife die „Agrupación Folklórica de Coros y Danzas Arrecife" gegründet. Und als der Tourismus einsetzte, holte gewissermaßen jeder Bewohner seine alte Tracht aus der Truhe.

Um auch bei der Jugend folkloristisches Interesse zu wecken, wurde 1987 eine Folkloreschule gegründet. In ihren Räumen werden stän-

erdigung der Sardine" (rechts).

dig 30 Schüler unterrichtet, an Nachwuchs mangelt es also nicht. Unter Anleitung von Santiago Torres de la Fié lernen schon Elfjährige, die traditionelle Gitarre namens Timple, die einer Laute ähnliche Bandurrias und das Akkordeon zu spielen. Sorgfältig werden dort auch die Stimmen geschult, denn um beispielsweise die dramatische Folía zu singen, braucht man kräftige Stimmbänder.

Die für die kanarischen Inseln typischen Lieder und **Tänze** sind Isas, Folías, Seguidillas, Malagueñas und Sorondongo. Ob sie wirklich ursprünglich von den Inseln kommen, wird viel diskutiert. Geschichtsbewusste Canarios glauben in manchen Sprüngen sogar Tänze der Ureinwohner zu erkennen. Aber der Musikhistoriker Ceferini Erdozain hat klar nachgewiesen, dass die Folía ein alter portugiesischer Tanz mit Kastagnetten-Begleitung ist und dass es sich bei der Isa eigentlich um eine Jota handelt, die auf dem Festland, vorwiegend in Aragonien, üblich war. Auch die Malagueñas und Seguidillas stammen wohl, entgegen der allgemeinen Überzeugung, nicht aus Peru, sondern ebenfalls aus Portugal. Genau genommen ist nur der **Sorondongo** echt kanarisch. Bei rhythmischer Musik, die sofort ins Ohr geht, bildet die Gruppe einen Kreis, ein Tänzer nach dem anderen bewegt sich hinein und wieder heraus, alles verläuft wie bei einem lustigen Spiel.

In den **Liedern**, die den Sorondongo begleiten, wird Bezug auf die Insel genommen, auf das Leben der Bauern, Hirten, Fischer und auf die Liebe natürlich. In „El Sorondongo de los Marineros" heißt es etwa in einer Strophe: „Wie mein Vater, wie auch mein Opa, seit ich ein Bübchen war, bin ich Seemann." Und in einem anderen Lied bittet der Jüngling vor dem Beginn des Festes die Auserwählte: „Sprich mit deiner Mutter, damit sie uns erlaubt, zum Fest zu heiraten."

Echt kanarisch ist auch die kleine **Timple**. Selbst dem Laien fällt auf, dass das kleine, bauchige Zupfinstrument, einer Ukulele ähnlich, unter den Musikinstrumenten der kanarischen Orchester das lauteste ist. Besonders hell und klar tönt die Timple in den Jameos del Agua, den von Manrique zu einem spektakulären Unterhaltungskomplex gestalteten Lavahöhlen. Dort treten Folkloregruppen zweimal wöchentlich auf, und die Gäste aus aller Welt können sich vor Ort von der Musikalität der Frauen und Männer aus Arrecife überzeugen.

Wer etwas Spanisch versteht, kann sich auch noch am Inhalt der Lieder erfreuen. Die nichtssagenden Verse der Franco-Zeit sind längst verschwunden. „Inselpatriotisch" oder „nationalkanarisch" klingen jetzt die Verse der Folías. Sie erinnern an die Ureinwohner, lassen „die Guanchen, welche die Geburt der Königin Ico und Guardafías gesehen haben", wieder aufleben und enden mit pathetischen Versen wie „Der Guanche, der arm lebte ... vergoss all sein Blut, für die Kanaren kämpfend."

Weniger martialisch, aber ebenso voller Inbrunst und Ausdauer laufen die **Kirchenfeste** ab. Keine Woche, in der nicht irgendwo auf der Insel gefeiert wird. Immer ehrt irgendeine Gemeinde ihre Schutzheilige, die Schutzpatronin oder einen ihrer Dorfheiligen.

Bei einigen der Masken, die man auf den Festen gelegentlich sieht, sind außerkanarische Einflüsse unverkennbar. Die **Diabletes** in Teguise etwa, die Teufelsmasken, gelten als eine Mischung aus Gebräuchen der Ureinwohner, aus kastilischen Elementen und abergläubischen Riten afrikanischer Sklaven, die im 15. Jahrhundert auf die Farmen der Feudalherren verschleppt wurden. Die Furcht erregenden Gestalten treten in Teguise auch an Heiligabend bei der **Fiesta de Rancho de Pascua**, dem Fest des Hirtenlagers, auf. Allerdings sehen die Teufel eher Stieren ähnlich, was einfach zu erklären ist: Ursprünglich stellte die Maske einen Ziegenbock dar, das Symbol der Männlichkeit und Fruchtbarkeit. Dann wechselte sie in die eines Bullen mit Hörnern und heraushängender Zunge. Nur noch ein Schreck für Kinder, meinen viele. Andererseits sollen manche Inselbewohner doch intensiver dem Teufelsglauben anhängen, als offiziell zugegeben wird. Angeblich schlachten sie auf abgelegenen Bergkuppen Hammel, um damit Fruchtbarkeit und sichere Fahrt für die Seeleute zu beschwören.

Am meisten verbreitet sind Feste zu Ehren der Madonna, im Spanischen mit „Virgen", Jungfrau, oder „Nuestra Señora", unsere Herrin, bezeichnet. Der Marienkult gehört zur kanarischen Tradition und hat an Intensität bis heute nichts verloren. Vor allem Frauen und Mädchen zeigen mit Inbrunst und voll tiefer Verehrung ihre Frömmigkeit. Selbst das kleinste Dorf feiert sein Madonnenfest, seine Fiesta. Nach dem

Gottesdienst wird die mit Blumen geschmückte Sänfte mit der Madonna auf die Schultern der Männer gehievt und unter den lauten Klängen von Folkloregruppen und Glockengeläut sowie kräftigen Böllerschüssen langsam durch das Dorf getragen.

Am prunkvollsten ist die **Fiesta de Nuestra Señora del Carmen**, der Schutzpatronin der Seeleute und Fischer. Vor allem in Arrecife lohnt die Feier einen Besuch, sie findet dort um den 16. Juli herum statt. Der Ausgangspunkt ist die Kirche, wo fromme Teilnehmer mit Spenden für das glücklich verlaufene Jahr danken und für das nächste Jahr um Gesundheit und Glück bitten. Anschließend nimmt die Romería, die Wallfahrt, ihren Lauf durch die Straßen zum Hafen, wo alle Schiffe und Boote die Madonna hinaus aufs Meer begleiten. Die Ausfahrt wird begleitet von einem ohrenbetäubenden Lärm: Böller krachen, Autos hupen, und die Schiffssirenen heulen ohne Unterlass. Mit Blitz und Donner endet schließlich das Fest zu Ehren der Virgen del Carmen: Ein brillantes Feuerwerk erhellt die Stadt und das Meer.

Im Fokus

Die Luchada

Bei vielen Festen auf Lanzarote treten die Luchadores auf, die kanarischen Ringkämpfer. Viele Besucher hören bei solchen Gelegenheiten zum ersten Mal von der Lucha Canaria, dem Ringkampf, der bereits bei den Guanchen Brauch war. Die Lucha ist keine Volksbelustigung, sondern ein ernsthafter Sport, der bei der Olympiade 1992 in Barcelona erstmals der Weltöffentlichkeit vorgestellt wurde.

Heute hat fast jeder Ort auf den Kanaren einen „Terrero", wie die Kampfarenen heißen. Am Ende der Saison kämpfen die besten Teams der kanarischen Inseln um den Titel, an diesem Tag sitzen fast alle Männer und viele Frauen am Fernseher.

Die Lucha Canaria ist ein fairer Sport. Grundsätzlich kämpft jeder gegen jeden, und zwar drei Runden. Wer zwei Runden für sich verbucht, dessen Mannschaft bekommt einen Punkt gut geschrieben. Schläge und Tritte sind verboten. Sonst aber erlauben die Regeln alle Kniffe: Ziehen, Drücken, Hebeln, Heben oder Schleudern, an allen Körperteilen außer am Kopf.

Die Luchadores stehen sich zunächst gebückt gegenüber und fassen, sobald der Schiedsrichter pfeift, nach dem Saum der kurz gekrempelten Hosen. Die eine Hand zerrt an der Hose, die andere versucht, am gegnerischen Körper Halt zu finden. Die Schultern sind bereit, den Gegner hochzuheben, das Becken stemmt sich in die Weichteile. Bloße Kraft und ein praller Bizeps allein sind nicht ausschlaggebend, denn in dem Augenblick, in dem einer mit äußerster Kraftanstrengung seinen Gegner hochstemmt, verliert er auch seinen sicheren Stand und kann von einem flinken Klemmer zum Straucheln gebracht werden. Wer zuerst den Sandboden mit einem anderen Körperteil als den Fußsohlen berührt, hat den Kampf verloren. Ein Wettkampf dauert normalerweise eineinhalb bis zwei Stunden. Weil sich eine Mannschaft am Schluss zwei Punkte Vorsprung erkämpfen muss, bleibt die Austragung bis zur letzten Minute aufregend und spannend.

Wer im Urlaub diese kanarische Sportart erleben will, muss in den Dörfern in einer Bar danach zu fragen. Meistens werden die Wettkämpfe von Donnerstag bis Samstag ausgetragen, normalerweise um 21 Uhr.

Ringen nach Guanchenart: Lucha Canaria.

Festkalender

Höhepunkt eines Kirchenfestes ist immer die Prozession. Doch auch vor und nach diesem Tag gibt es viele Veranstaltungen im Ort. Wer das Leben der Lanzaroteños genauer kennen lernen und mit ihnen in Kontakt kommen möchte, sollte solche Gelegenheiten nutzen.

Im Folgenden werden regelmäßig wiederkehrende, lokale Feste aufgeführt. (Zu den gesetzlichen Feiertagen siehe den Kasten auf S. 209)

Januar

5. Januar
Arrecife: Bei der **Cabalgada de los Reyes** ziehen die Heiligen Drei Könige auf Kamelen durch die Innenstadt zum Parque Islas Canarias. Dort ist der Stall mit dem Christkind aufgebaut.

Februar

Eine ganze Woche lang wird in der Hauptstadt **Karneval** ✪ ge-

feiert. Höhepunkt ist der Umzug am Karnevalsmontag mit Karossen und Trachten. Am Karnevalsmontag führt er entlang der Küstenpromenade.

Den zweiten Höhepunkt bildet am Aschermittwoch das sogenannte „Begräbnis der Sardine", **Netter de la Sardin**: Ein gigantischer, rotmäuliger Fisch aus Pappmaché wird dann auf einem Wagen montiert; ihm folgt unter Wehgeschrei die Bevölkerung, jeder Teilnehmer als Witwe verkleidet. Dann wird die Sardine verbrannt und ihre Asche ins Meer gestreut. Die Sardinen-Beerdigung geht auf einen heidnischen Brauch zurück, nach dem das Feuer die Seele reinigen und von allen Sünden befreien soll. In Puerto del Carmen zieht die Karnevalsprozession erst am Samstag nach Karneval zwischen den Hotels „San Antonio" und „Fariones" die Küste entlang. Karneval wird ebenfalls in Teguise und Playa Blanca gefeiert. Auch in diesen Orten bemüht man sich immer mehr, alte Traditionen und Kostüme in das närrische Treiben einzubauen.

Auf heidnische Bräuche geht die „Beerdigung der Sardine" zurück.

März/April

Ostern
Ostern gehört auch auf der Insel zu den höchsten christlichen Feiertagen. Am Karfreitag finden in vielen Orten Prozessionen statt, in deren Rahmen das Kreuz Christi und ein symbolisches Grabmal durch die Straßen gezogen wird.

Mai

Fronleichnam
Prozessionen in Arrecife und Haría mit vielen bunten Blumenteppichen.

24. Mai
Fiesta de María Auxiliadora in Montaña Blanca.

Juni

13. Juni
Fiesta de San Antonio in Güime südwestlich von San Bartolomé.

24. Juni
Johannistag: Fiesta San Juan in Haría.

29. Juni
Fiesta de San Pedro in Máguez am Festtag von Peter und Paul.

Juli

7. Juli
San Marcial del Rubicón, ein wichtiges Fest für Lanzarote in Femés. San Marcial, einst Bischof von Limoges und heute Schutzpatron der Insel, war mit Jean de Béthencourt auf die Insel gekommen.

16. Juli
Die Fiesta de la Virgen del Car-

men wird in Arrecife, Teguise, Puerto del Carmen und Famara begangen, meistens eine ganze Woche lang um den 16. Juli herum. Vor allem auf der Insel La Graciosa wird das Fest mit viel Aufwand gefeiert (siehe auch den Kasten auf S. 171).

August

24. August
Fest zu Ehren des heiligen Bartholomäus in San Bartolomé.

25. August
Fest zu Ehren des heiligen Ginés in Arrecife.

30. August
Fest zu Ehren der Santa Rosa in Haría.

September

8. September
Fest zu Ehren der Virgen de los Remedios in Yaiza.

9. September
Fest zu Ehren der Nuestra Señora del Socorro in Tiagua.

15. September
Fest zu Ehren der Virgen de los Volcanes in Mancha Blanca, die den Ort angeblich im 18. Jh. vor den sich heranwälzenden Strömen der Lava bewahrt hat.

November

30. November
Fest zu Ehren des heiligen Andrés in Tao.

Dezember

4. Dezember
Fest zu Ehren der heiligen Barbara in Máguez, nördlich von Haría. Das Begleitprogramm ist bei diesem Fest besonders umfangreich: sportliche Wettbewerbe, Bingospiel, Holzspielzeug-Ausstellung, kanarisches Eintopf-Fest, Feuerwerk, Tanz, Kinderspiele, Theateraufführungen, Konditoreien-Wettbewerb mit Preisverleihung, Drachenbauen.

24. Dezember
Folkloristisches Fest „Rancho de Pascua" in Teguise (mit einer Prozession, feierlicher Mitternachtsmesse und Fiesta bis zum Morgen).

Feierlicher Umzug: die Santa-Barbara-Prozession in Máguez bei Haría.

Sport und Spiel

Wer Lanzarote besucht, erlebt bizarre Landschaften und Traumstrände. Der stetige Wind verwöhnt die Sportler zu Wasser und in der Luft.

Grob skizziert, lässt sich Lanzarote in drei Freizeitzonen einteilen: Im Norden und Nordosten bis hinunter nach **Costa Teguise** sollte man ein Segel, ein Surfbrett oder einen Flugdrachen dabei haben. Dieser Teil Lanzarotes liegt im ständigen Nordostpassat. Der Süden, vor allem rund um **Puerto del Carmen**, gehört den Badefans, den Sonnenanbetern und Sandburgenbauern. Hier dominieren kinderfreundliche, windgeschützte Strände. Der Südwesten mit **Playa Blanca** hingegen ist klein und schnuckelig. Die Strände in dieser Ecke verdienen ebenfalls das Prädikat „für Kinder sehr geeignet". Und noch ein Plus: Hier werden die meisten Sonnenstunden verzeichnet!

Fehlt eigentlich noch der Westen, dessen Küsten vorwiegend vom Fluss der Magma gestaltet wurden. Diese zerrissene Landschaft kennt keine Badegäste und hat keinen Einstieg für Windsurfer, sie gehört Wanderern einer ganz besonderen Spezies: Leuten, die Spaß daran finden, das Werk der Naturgewalten zu erforschen, sich in Lavatunnels, Vulkankratern und Jameos, nach oben offenen Lavagrotten, vorzuarbeiten.

Wo man auf der Insel welchen Sport ausübt, das wird schon am Flughafen deutlich: Die meisten Windsurfer schnallen ihre Bretter auf die Dächer von Bussen oder Pickups und düsen dann dem Wind entgegen in Richtung Nordost, eben nach Costa Teguise. Dort ist speziell für sie an der **Playa de las Cucharas** ein ganzer Strandabschnitt reserviert. Molen garantieren hier auch für Anfänger „sanftes" Gleiten, und nur wer mit dem Gabelbaum und dem Funboard vertraut ist, sollte vor der Mole den Kampf mit den Winden aufnehmen. Die erste größere Fahrt im Atlantik, jenseits der Mole, führt häufig mit dem Wind, vorbei an Arrecife, hinunter bis zur **Playa de Matagorda** südlich des Flughafens. Auf dem Rückweg nach Costa Teguise kann man dann seine frisch erworbene Technik im Kreuzen erproben. In Puerto del Carmen bietet noch eine Windsurfschule ihre Dienste an – hier reicht der Wind gerade noch, doch südwestlich der **Punta Montañosa** sind die Lüfte lau.

Wer es genauer wissen will: An der Costa de Matagorda herrscht vorwiegend Windstärke drei, im günstigen Fall vier. An der Playa de las Cucharas beginnt der Nordostpassat erst bei vier und erreicht oft ein herausforderndes Niveau von Windstärke sechs. Als Regel gilt: Vormittags ist Anfängerzeit, nachmittags gehen die Fortgeschrittenen hinaus aufs Meer. Die Windsurfsaison – mit Windgarantie! – reicht von April bis September.

Könner stellen ihre Segel auf Kurs Nord, denn je weiter in Richtung **Punta de Palo** bei Orzola das Brett surft, desto stärker werden Winddruck und Wellengang. Besonders Mutige fahren mit dem Auto zu den Jameos del Agua und steigen südlich der **Punta Escamas**, mit zackigem Lavariff und hoher Brandung kämpfend, ins Wasser. Spitzenkönner stellen sich auch jenseits des Famara-Massivs an der **Playa de Famara** den tosenden Gewalten – wer hier nicht alle Register zieht und die Halse nicht perfekt beherrscht, riskiert in den Brechern Schot- und Mastbruch oder sogar Hals und Kragen.

Weder Mast noch Segel benötigen die Wellenreiter, auch „Surfer" genannt. Ihnen reicht ein Brett, um sich als Herr der Wellen zu fühlen. Der Surfsport ist bei der Jugend Lanzarotes Mitte der 80er Jahre aufgekommen, und bald genoss die Insel den Ruf, das Hawaii Europas zu sein. Man kann die Brettsurfer vor allem an der Playa de Famara, vor dem Fischerdörfchen **La Caleta** und der westlich davon liegenden **Playa de San Juan** finden. Sie stehen dort mit dem Brett unter dem Arm im Wasser und lassen sich von einer zurückweichenden Welle hinausziehen. Draußen beginnt dann das große Warten: Mit Kennerblick

◀ *Für jeden etwas: Sport zu Wasser, zu Land und in der Luft.*

verfolgen sie die anrollenden Wellen. Sobald sich ein viel versprechender Wellenkamm aufbaut, schwingen sie sich elegant auf ihr Brett und reiten, immer auf der Suche nach Balance, unter der Schaumkrone dem Ufer entgegen.

Wer den Reiz verspürt, es ihnen gleichzutun, kann im Clubhotel „La Santa" einen Kurs absolvieren. Ist man soweit, den brausenden Wogen die Stirn bieten zu können, darf Regel Nummer eins nicht vergessen werden: Nie sich allein hinauswagen – es kann zu viel passieren, die Strömungen sind unberechenbar. Für Anfänger in Sachen Wellenreiten gibt es einen Einstieg, der Wellen garantiert, ohne dass Gefahren drohen: die **Playa la Garita** in Arrieta östlich von Haría.

Wer dann glaubt, mit den einheimischen Wellenreitern mithalten zu können, findet – zusammen mit den Windsurfern – an der **Playa de Famara** das richtige Revier. Oder weiter westlich in der Nähe der Clubanlage „La Santa", oder – mit bequemem Einstieg – an der **Playa de la Cantería** am westlichen Ortsrand von Orzola. Etwas schwerer ist das offene Meer vor der **Punta de Mujeres** zu erreichen: Dort muss man erst über die im Wasser verborgene kantige Lava waten, ehe das Wellenvergnügen beginnen kann! Und ohne Schuhe sollte man dies nicht tun, aber der Aufwand lohnt sich allemal!

Segelboote wiederum sind selten in den Gewässern Lanzarotes anzutreffen, eher sieht man Segeljachten gemächlich durch den Ozean pflügen. Sie finden an der Südküste der Insel einige Anlegestellen: in der Hauptstadt Arrecife, in Costa Teguise und unten im äußersten Südwesten in Playa Blanca. Noch wenig bekannt, aber gut auf Jachten vorbereitet ist der relativ neue Sporthafen **Puerto Calero**, ein paar Kilometer westlich von Puerto del Carmen (siehe den Kasten auf S. 141). Von dort aus lassen sich auch Tagesausflüge mit einem Segelkatamaran buchen. Und hier ist auch das Unterseeboot „Sub Fun 3" stationiert, das mit seinen Gästen in die Tiefen des Meeres hinabtaucht.

Die Unterwasserwelt wollen viele Urlauber lieber „hautnah" erleben. Für das Tauchen ist Lanzarote „rundum" geeignet. In Hotels und Clubanlagen der Urlaubszentren Puerto del Carmen, Costa Teguise, auch in Playa Blanca und oben im Norden in „La Santa" sieht man, wie Anfänger im hautengen Tauchanzug vorsichtig in den Pools untertauchen. Sie brauchen viel Geduld, denn die Bedingungen der internationalen Tauchverbände (CMAS, FEDAS, IADS, PADI etc.) sind streng – und nur solchen Tauchschulen, deren Lehrer nach den Regeln eines oder mehrerer dieser Organisationen ausgebildet wurden, sollte man sich anvertrauen. Die Auslese beginnt schon beim Alter: In Spanien darf man erst ab 16 Jahre den Sprung in die Tiefe wagen! Außerdem wird ein ärztliches Attest verlangt.

Eine ganze Woche dauert ein solcher Kurs, dessen Tauchgänge wiederum einer Beschränkung unterliegen: Es darf die Tiefe von zehn Metern nicht überschritten werden. Das genügt vollkommen, auch für Fortgeschrittene, denn der Reichtum von Flora und Fauna ist an der Küste Lanzarotes noch fantastisch. Die Reviere der bunten Fische sind in vielen Fällen direkt vom Strand aus zu erreichen, man muss also nicht erst mit dem Boot zu den „Jagdgründen" fahren. Südlich von Puerto del Carmen wurden im Unterwasserpark **Los Erizos** ein paar alte Fischerboote versenkt, deren Wracks von vielen Fischfamilien zur Heimstatt erkoren wurden. Zwischen Schiffsgerippen und Riffs schwimmen vorwiegend Barracudas, Engelshaie, Garnelen, Sardinen, Stachelrochen, Thunfische, Weißbrassen, Zitterrochen und Zackenbarsche. An der Küste vor dem Opuntiendörfchen **Mala**, oben im Nordosten auf dem Weg zu den Jameos del Agua, gibt es mehrere Unterwasserhöhlen, in deren Nischen auch die schlangenähnlichen Muränen aus Felsspalten heraus nach Beute spähen und die Neulinge unter den Tauchern erschrecken.

Etwas gefährlicher leben Fische, die sich nahe an die Klippen der Insel wagen. Dort lauern still und leise zahlreiche Angler, die mit Engelsgeduld ihre köderbestückten Ruten immer wieder in die Wellen werfen. Man findet sie überall, die Petri-Jünger, sei es an den flacheren Küsten

Sport aus dem Internet

Nützliche Adressen für Sportler

Unter der Internet-Seite www.abcanarias.com/Lanzarote/FreizeitSport.htm findet man eine Liste von Veranstaltern und Agenturen, die sich auf sportliche Unternehmungen konzentriert haben. Das Angebot reicht von Wandern bis Wellenreiten, von Speläologie bis Sportfischen und von Flugakrobatik bis Windsurfen.

des Nordens oder an den hohen Lavaklippen des unwegsamen Gebietes zwischen der **Punta Gaviota** und der meeresumtosten Landschaft von **Los Hervideros** im Westen, zumindest außerhalb des Nationalparks. Beliebt sind auch die Molen der Hafenorte, und in **Arrecife** sitzen sie am Rand der Halbinsel mit dem Castillo San Gabriel. Wenn man ihren Erzählungen traut, versorgen sie die Familie die ganze Woche über mit der notwendigen Menge an Frischfisch – Wahrheit oder Anglerlatein, es ist schwer zu sagen.

Hoch über den idyllischen Anglerplätzen haben die **Drachenflieger** ihr luftiges Revier. Hier malen sie zusammen mit den Gleitschirmfliegern ihre Kreise in die Luft, wobei sie bei günstiger Thermik manchmal bis zu 60 Stundenkilometer erreichen. Vor allem im Winter, wenn der Nordostpassat gleichmäßig und sanfter weht, und am Vormittag, wenn sich die Luft langsam erwärmt, ziehen die Herren der Lüfte lautlos ihre Bahnen. Lanzarote ist eines der beliebtesten Ziele für diesen Sport, doch nur Fortgeschrittene sollten den Sprung von den Bergen oder Klippen der Insel wagen. Turbulenzen und Fallwinde sind hier nicht auszuschließen, kein Jahr geht ohne Unfälle ab. Es ist also besser, sich Gleichgesinnten anzuschließen, die das Gelände bereits kennen.

Am begehrtesten bei Drachenfliegern ist als Startplatz die **Montaña Tinasoria** vier Kilometer nordwestlich des Urlaubsortes Puerto del Carmen beim Weiler **La Asomada**. Zu den „eher zahmen" Startplätzen gehört die Höhe über **Mala** in der Nähe des wegen eines Baufehlers ständig trockenen Staubeckens. Viel mehr Können gehört dazu, vom Grat des Risco de Famara in der Nähe des Mirador del Río oder nördlich von Teguise abzuspringen (zum Drachenfliegen siehe S. 109).

Die meisten Urlauber bleiben aber lieber auf festem Boden. Die sportlichen unter ihnen schwingen sich aufs Rad oder ziehen die Wanderstiefel an. Vor allem im Norden, in der Nähe des Sporthotels „La Santa", strampeln die Radler über die Straßen. Mit wenigen Ausnahmen ist Lanzarote flach, außerdem kühlt die permanente Brise die erhitzten Körper – ideale Voraussetzungen für die Pedalritter. Kein Wunder, dass es überall Radverleiher gibt, einige organisieren auch Touren. Zum Einstieg ist eine geführte Tour sicher das Richtige, und außerdem macht es viel mehr Spaß, sich die Insel in Gemeinschaft zu „erradeln".

Ähnliches gilt für Wanderer, die besser im Team in Vulkankrater klettern oder über Aschefelder stolpern. Mit einem kundigen Begleiter – Hotels und Agenturen vermitteln geführte Touren – erfährt man schließlich mehr von der wunderbaren Entstehung der Insel und ihrer Veränderung durch die Eruptionen der Vulkane.

Bei einer Wanderung lässt sich auch in der Lava Leben entdecken.

Ein Netz mit markierten Wanderwegen darf man sich allerdings nicht erwarten. Naturfreunde sind aber dabei, die alten „Caminos reales", Pfade der Altkanarier, herzurichten und das Wegenetz zu kartographieren. Dies dient auch dem Naturschutz, denn Hinweistafeln sollen dann die Wanderer von den empfindlichen Lavafeldern fernhalten. Zu häufig trampeln Besucher gedankenlos über die scheinbar leblosen Brocken und übersehen dabei, dass in den Spalten und Ritzen Flechten wachsen und Eidechsen, Marienkäfer und Grillen Nachttau aus dem porösen Vulkangestein saugen.

Schließlich müssen auch die Sportler und Aktiven daran interessiert sein, Lanzarotes einzigartige Natur zu erhalten!

Die schönsten Strände

Nachfolgend die schönsten Strände auf Lanzarote, aufgelistet im Uhrzeigersinn.

Mojón Blanco/Caleta del Mero

Die Strände gehören zur Dünenlandschaft „Caletónes" im Norden der Insel; mehrere weiße Sandstrände; östlich des Fischerortes Orzola gelegen. Mitten im Lavafeld, das an das Meer angrenzt. Starke Gezeiten. Kein Schatten!

Playa de la Garita

Kleiner, gepflegter Sandstrand am südlichen Ende des Fischerortes Arrieta.

Playa de los Charcos

Privater Sandstrand des Hotels „Meliá Salinas" in Costa Teguise.

Playa de las Cucharas

Sandstrand in der Ortsmitte von Costa Teguise in der Nähe des Sporthafens. Er wird stark frequentiert, Zentrum der Windsurfer. Viele Geschäfte, Bars und Restaurants. Flach abfallend, also auch für Kinder und Nichtschwimmer geeignet – das Gelände ist dem ständigen Wind ausgesetzt.

Playa del Jablillo

Costa Teguise.
Kleiner Sandstrand in der Nähe des Hotels „Teguise Playa".

Playa Bastián

Großer Sandstrand am Südrand von Costa Teguise; ruhiger als die anderen, man findet Schatten unter Palmen.

Playa del Reducto

Arrecifes neu hergerichteter Sandstrand; in einer windgeschützten Bucht südlich der Avenida Fred Olsen, gleich neben dem früheren Gran Hotel.

Playa de Matagorda

Puerto del Carmen.
Schmaler Sandstreifen, der aber erweitert werden soll; flach abfallend, für Kinder geeignet, auch für Surfer. Teils mit Sonnenschirmen und Liegen. Flughafennähe.

Playa de los Pocillos

Puerto del Carmen.
Große, tiefe Sandbucht; langsam abfallend, also auch für Kinder und Nichtschwimmer gut geeignet. Sonnenschirme und Liegen.

Playa Blanca

Puerto del Carmen.
Langer, heller Sandstrand im Zentrum zwischen den Hotels „San Antonio" und „Los Fariones". Für Kinder gut geeignet. Gepflegt, vom Boulevard mit Blumen und Büschen getrennt. Sonnenschirme und Liegen.

Playa de la Arena

Puerto Quemada.
Schwarzer, wilder Sand-/Kiesstrand, vorwiegend von Einheimischen frequentiert.

Playas de Papagayo ✪

Sammelbezeichnung für acht naturgeschützte Strände im Osten von Playa Blanca, die über Sandpisten zu erreichen sind (siehe auch S. 138). Die Reihenfolge von Südost nach Nordwest:
Playa Mujeres: mit 400 m der längste, mit dem Auto erreichbar, Parken am Rand erlaubt.
Playa del Caletón und Playa de las Ahogaderas: von der Playa Mujeres über Lavaklippen erreichbar, Vorsicht bei Flut.
Playa del Pozo: etwa 300 m lang, mit archäologischer Ausgrabungsstätte, mehrere Süßwasserbrunnen wurden restauriert.
Playa de la Cera: gleich nach der Playa del Pozo, ca. 300 m lang.
Playa de Papagayo: Namensgeber der Badereviere. Mit dem Auto bis zu dem alten Weiler fahren und dann abwärts steigen. Sehr windgeschützt, einer der wenigen Nacktbadestände.
Caleta del Congrio: hinter dem Papagayo-Strand; 100 m lang, windig. Erreichbar zu Fuß von der Playa de Puerto Muelas aus.
Playa de Puerto Muelas: etwa 100 m lang, direkt mit dem Auto anzufahren, das Parken am Rand ist erlaubt.
An den Stränden gibt es keine Vorrichtungen für Abfall, auch dürfen bis jetzt keine sanitären Anlagen gebaut werden. Jeder sollte deshalb unbedingt seinen Abfall selbst wieder mitnehmen.

Playa Dorada

Playa Blanca.
Künstlich angelegter, großer Sandstrand am Ostende von Playa Blanca. Leicht abfallend,

Die Playa Flamingo bietet Wassersport und Strandspiele.

auch für Kinder geeignet. Kein Schatten. Sonnenschirme und Liegen werden vermietet.

Stadtstrand Playa Blanca
Kleiner, natürlicher Strand unterhalb mehrerer netter Fischrestaurants. Bei Flut wird es am Strand sehr eng.

Playa Flamingo
Playa Blanca.
Künstlich angelegter Strand im Westen des Ortes; großes Becken, windgeschützt, flach abfallend, für Kinder sehr gut geeignet. Einige Schatten spendende Bäume. Sonnenschirme und Liegen werden vermietet.

Playa de Janubio
Den schwarzen Strand im Südwesten der Insel erreicht man von der Straße Yaiza – Playa Blanca aus (von der westlichen der zwei parallel verlaufenden Straßen). Die Salinas de Janubio lässt man rechts liegen, kurz darauf zeigt ein Wegweiser nach rechts. Nach einem Stück Schotterstraße erreicht man die Playa. Einsamkeit und wilde Natur.

Playa de la Madera
Abgelegener Strand an der Westküste (nördlich des Nationalparks) zwischen Lavafelsen. Erreichbar von Tinajo aus (siehe auch den Kasten auf S. 111).

Playa de Famara
Nördlich von Teguise, südwestlich von Haría an der Westküste. Für Schwimmer ist wegen der gefährlichen Unterströmungen äußerste Vorsicht geboten. Gutes Revier für Wellenreiter und Windsurfer.

Playa del Risco
Unterhalb des Mirador del Río im äußersten Norden gelegen. Der schöne, große Sandstrand ist nur mühsam über einen steilen Pfad erreichbar, dafür finden dort die Badenden garantiert Einsamkeit. Der Pfad beginnt etwas südlich des Miradors an der Straße nach Haría (siehe Kasten auf S. 155).

Buchten und Strände

Frischer Wind in den Straßen

El Charco, der alte Fischerhafen von Arrecife, im neuen Kleid.

Etwa die Hälfte der Inselbevölkerung lebt in der Hauptstadt Arrecife. Nach einem Facelifting präsentiert sich der einstmals schmucklose und geschäftige Hafenort heute mit viel Atmosphäre und Charme.

Wie ein weißer Wurm zieht sich die Stadt die Küste entlang, konturenlos. Kein Anhaltspunkt hilft bei der Orientierung. Fährt man auf der Autobahn von Puerto del Carmen aus ins Zentrum, wird man regelrecht in das Straßengewirr hineingespült. Und die Lanzaroteños hinter dem Steuer haben längst ihre Gemächlichkeit verloren. Nein, **Arrecife** ✪ macht dem Besucher die Annäherung nicht gerade leicht.

Da passt es auch ins Bild, dass man in der Regel verzweifelt nach einem Parkplatz suchen muss. Den findet man am besten in der Nähe des hässlichen Wahrzeichens, des einst als Gran Hotel erbauten Wohnturms. Auch wenn dieser architektonische Schandfleck dann beim Schlendern durch die Gassen verschwindet, einen gewissen Anhaltspunkt bietet er eben doch. Schließlich markiert er den Westen der Stadt – und beim zweiten Besuch freut man sich über das missratene Bauwerk, weil es als Wegweiser einen wertvollen Dienst leistet.

Einen besseren Überblick gewinnt, wer vom Norden auf die Hauptstadt zufährt, etwa von Tahíche aus. Beim Näherkommen erkennt man dann sofort, wie sehr der Hafen den östlichen Teil Arrecifes dominiert. Schon von weitem ist das Gedränge der Fischerkähne auszumachen.

Auch das Castillo de San José gewinnt zunehmend an Konturen. Noch weiter im Osten geht Arrecifes Industriezone mit ihrem typischen Betonquader-Gesicht in die Muelle de los Marmoles, die Marmormole, über. Und noch ein Stück weiter östlich ist schon das Urlaubszentrum Costa Teguise zu erkennen.

Egal, aus welcher Richtung sie kommen, viele Urlauber machen einen Fehler: Sie besuchen Arrecife erst relativ spät am Tag. Denn wer mittags am **Parque Islas Canarias** den Erkundigungsbummel beginnt, findet die Stadt verlassen. Zur Siesta-Zeit nämlich verkriechen sich die Einheimischen in ihren kühlen Häusern und versammeln sich hinter ihrer Kartoffelschüssel. Zwischen 13 und 16 oder 17 Uhr sind auch die meisten Geschäfte geschlossen, ebenso pflegt der Portier des Castillo de San Gabriel seine wohl verdiente Ruhepause, und die Auskunft am Parque Municipal hält ebenfalls ihren Mittagsschlaf.

Nein, Arrecife muss in der Morgenluft entdeckt werden oder am späten Nachmittag beziehungsweise am Abend. Man muss schon den Hausfrauen zur Markthalle folgen können und mit ihnen den Fischmarkt besuchen, den sie erst nach ausgiebigem Einkauf, in jeder Hand eine prall gefüllte Plastiktüte schleppend, wieder verlassen.

Blick von der Mole auf die Puente de las Bolas und das Castillo San Gabriel.

Um diese Zeit, wenn die Mama noch nicht gerufen hat, erlebt man auch die lärmenden Jugendlichen, die von der Mole zwischen dem Club Náutico und der Avenida General Franco unermüdlich immer wieder ins Wasser springen. Die ein paar Schritte weiter westlich liegende **Playa Reducto**, ein wunderbarer Sandstrand, verschmähen sie – er ist ihnen zu flach und zu langweilig. Beim Sprung von der Mauer können die Jungen den Mädchen halt eher imponieren und Pluspunkte sammeln.

Morgens und abends zeigt auch Arrecifes Glanzstück, der **Charco de San Ginés**, mehr Bewegung als in der trägen Mittagssonne. Dann landen die Fischer mit ihren Booten an, oder sie pinseln die am Strand kieloben liegenden Kähne mit wasserfester Farbe an. Der Charco liegt gleich

hinter der Pfarrkirche San Ginés. Die Neugestaltung des Binnensees ist dem in Arrecife geborenen Künstler César Manrique zu verdanken. Arrecifer behaupten sogar, dies sei Césars liebenswertestes Werk. Auf seinen Wunsch hin wurde der Teich gereinigt, wurden die ihn umgebenden Häuser geputzt, und es entstand eine neue Fußgängerzone mit ein paar Restaurants und Bars sowie einem romantischen Ruheplatz.

Viele der alten Fischer mussten frühzeitig „in Pension gehen", weil die Fangflotte kleiner wurde.

Blau leuchtet die Lagune, und blau sind die Holzgeländer gestrichen, die den Bummelplatz vom Charco (was eigentlich „Pfütze" heißt) abgrenzen. Im Hintergrund, terrassenförmig angeordnet, umrahmen weiße, kubische Fischerhäuser den See – weiße Würfel, die sich glitzernd im fast glatten Wasser spiegeln. Am östlichen Ende ist eine kleine Brücke zu sehen, hier hat die Lagune Verbindung zum Meer. Früher wurden bei Flut die Thunfische in die Charco-Falle getrieben und bei Ebbe blutig niedergemetzelt.

Insider News

Bootsleute und Hochseefischer

Arrecifes „Heimatpfleger", der Schriftsteller Martín Hormiga, möchte die Erinnerung an das Leben der einfachen Menschen Lanzarotes wach halten. Für sein Buch „Barquilleros y roncotes" (Bootsleute und Hochseefischer) sammelte er deshalb alte Fotos, Postkarten und andere Zeugnisse der Stadtgeschichte.

„Die jungen Leute können sich nicht mehr vorstellen, wie arm die Menschen der Insel waren, als sie nur von den Früchten der Felder und vor allem vom Fischfang lebten." Auch die Kinder mussten mithelfen. Ein junger Lanzaroteño erzählt im Buch, wie er schon im Alter von neun Jahren jeden Morgen um fünf Uhr aufstand, um zu den Fischhallen, den Cachuchas, zu gehen. Dort nahm er die noch zappelnden Fische in Empfang, ging dann zur Plaza und verkaufte sie. Wer das karge Leben der Fischer aus Arrecife nachempfinden möchte, findet in dem Band interessante Einzelheiten.

Hormigas Buch wird in den Buchgeschäften der Insel angeboten.

Historiker Martín Hormiga.

An Samstagen findet am Charco eine Art Flohmarkt statt, der vorwiegend von afrikanischen Händlern genutzt wird. Einheimische und Urlauber betrachten sich die Schnitzereien aus angeblichem Ebenholz, bleiben vor den über dem blauen Geländer hängenden Decken und Teppichen stehen und lassen sich gepunzte Ledergürtel zeigen. Zunächst vermisst man einheimische Händler und Waren. Doch blickt man über den Charco aufs Meer, beginnt man zu ahnen, wie sehr die Afrikaner auf diesen Markt gehören: Irgendwo im Dunst hinter dem verwaschenen Horizont liegt Afrika – Lanzarote gehört geografisch zum Schwarzen Kontinent.

Eine andere Bummelzone mit Flair ist der **Parque de la Marina**, auch „Parque Municipal" ge-

nannt. Auf dieser schattigen Uferpromenade ist auch das Informationsbüro für Touristen untergebracht. An Manriques Gestalten aus Lava und Eisen, dem himmelstrebenden „Seemann" und dem rostigen „Barlovento", schieben sich Armeen von Flaneuren vorbei. Immer noch überwiegen hier die Einheimischen. Vereinzelt hocken Pärchen eng umschlungen auf der Ufermauer, und ein paar Männer haben in einer Bar ihre Einkaufstüten abgestellt und genießen ein Gläschen Wein. Sie gehören zur zweiten Welle der Einkäufer und holen nur die Beilagen zum Fisch, die nicht lange vorbereitet werden müssen. Zwischen 12 und 1 Uhr tragen sie dann die Köstlichkeiten nach Hause zu Muttern, die schon längst mit ihren erfahrenen Händen das Mittagsmahl zubereiten.

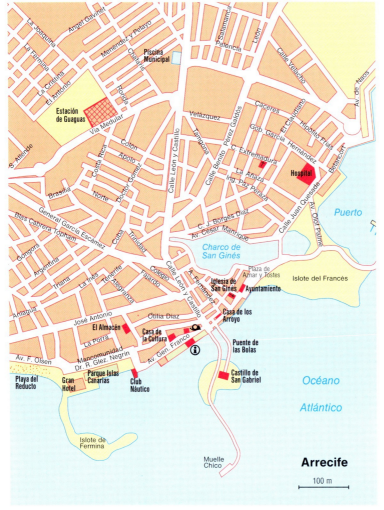

Im Hintergrund des kleinen Parks thront das **Castillo de San Gabriel**, in dem das etwas lieblos gestaltete Archäologische Museum von Lanzarote eingerichtet wurde. Zwei Brücken verbinden die Festung mit dem Ufer-Boulevard; diejenige mit der kleinen Zugbrücke, die Puente de las Bolas, ist den Fußgängern vorbehalten.

Das „Dach" der Festung zu erklimmen und sich von oben einen Überblick über die flache Hauptstadt zu verschaffen, kostet nur wenig Schweiß. Von hier oben zeigt die einst als hässliches Entlein geltende Metropole, dass sie sich in einen schönen Schwan verwandelt hat.

Weiß und harmonisch leuchten die Häuser am Strandboulevard herüber, und der Parque de la Marina setzt mit seinem vielen Grün einen deutlichen Akzent. Mitten aus dem Häusergewirr ragt keck der dunkle Turm der **Iglesia de San Ginés** heraus. Rechts von der Kugelbrücke wurde inzwischen die Avenida nach Osten weitergeführt, die Häuserzeile jenseits dieser Straße wurde frisch hergerichtet. Sofort fällt die zweistöckige Fassade der **Casa de los Arroyo** ins Auge. In dem restaurierten Haus mit den typisch kanarischen Holzläden finden regelmäßig Ausstellungen statt. Ein paar Schritte weiter folgt das neue **Rathaus** (1998), das sich harmonisch in die Häuserzeile einfügt.

Von soviel architektonischer Harmonie angetan, schweift der Blick dann nach Westen – wo sich ihm unsanft das fünfzehnstöckige **Gran Hotel** aufdrängt, das in den 60er Jahren von Baulöwen plump hingeklotzt wurde. Ob mit oder gegen Manriques Einverständnis, seiner Ästhetik entspricht das einzige Hochhaus der Insel jedenfalls nicht. Der Bausünde war dann auch wenig Glück beschieden: Die Gäste blieben aus, 1989 wurde der Koloss geschlossen, und 1994 brannte er gar aus. Seitdem spaltet das Betongerippe Arrecife in zwei Lager: Abreißen, fordern die Ästheten, renovieren und den Bau als Denkmal erhalten, verlangen die anderen.

Auch westlich von diesem architektonischen Makel wurde in den letzten Jahren Facelifting betrieben: Der vergrößerte Stadtstrand, die **Playa del Reducto**, vorerst nur wenig in Anspruch genommen, lacht strahlend herauf zum flachen Dach des Castillo. Dahinter beginnt eine neue form- und farbenschöne Architektur, zwei ockerfarbene Bauten in neoklassizistischem Stil, der neue Sitz des Cabildo Insular, der Inselregierung. Und als suche man gleich nach einem Kontrapunkt: Auf dem großen Platz direkt vor dem Regierungszentrum zerbröckelt ein überdimensionaler Bau zur Ruine. Geschäftstüchtige Arre-

cifer hatten hier eine große Diskothek hingestellt – ohne Genehmigung! Der Bau musste geschlossen werden, denn Arrecifes Stadtrat hat gegen verschandelnde Bauten zum Sturm geblasen, als er merkte, dass das Gesicht der einst wenig ansehnlichen Stadt doch verschönert werden kann.

Lange genug hat es ja auch gedauert, bis der berühmte Sohn Lanzarotes, der Architekt und Künstler César Manrique, die Verantwortlichen zur Besinnung bringen konnte. Bis in die 70er Jahre, als bereits der Tourismus zu boomen begann und an den Stränden mit viel Geld neue Siedlungen aus dem Sand sprossen, dümpelte die Hauptstadt noch rostend und bröckelnd als Aschenputtel vor sich hin. Die Urlauber aus aller Welt ließen sie einfach links liegen.

Die Besinnung auf eine behutsame und der Insel angepasste Architekur und die Förderung der Kultur waren Manrique zu verdanken. Er erst weckte die Beamten auf, machte ihnen begreiflich, dass nur mit einer schönen, gepflegten Insel der neue Wirtschaftszweig Tourismus Erfolg haben könne. Ihm war klar, dass eine Hauptstadt, die für Besucher keinen Anreize bietet, ein Mangel im Inselangebot sein muss.

Als erstes Projekt schlug Manrique einen Tempel für die Kunst vor, denn ohne Kunst gebe es keinen anspruchsvollen Tourismus. Er wählte dafür das prachtvolle **Castillo de San José** aus. Das am nördlichen Rand der Stadt hinter dem Handelshafen liegende Kastell, auch „Castillo de Hambre", Hungerkastell, genannt, ließ König

Das Castillo de San José liegt am nördlichen Stadtrand von Arrecife.

Karl III. von Spanien Ende des 18. Jahrhunderts ohne militärische Notwendigkeit bauen. Es war eine Art Arbeitsbeschaffungsmaßnahme, um die durch Dürre und Hunger geplagte Bevölkerung von der Inselflucht abzuhalten und Unruhen vorzubeugen. Wie so vieles in der damals ungepflegten Hauptstadt war auch die Festung heruntergekommen und verwahrlost.

Das Ergebnis der Anstrengungen kann sich sehen lassen: In der nach Plänen Manriques restaurierten Festung wurde das **Internationale Museum für zeitgenössische Kunst** eingerichtet. In den sorgfältig renovierten Gewölben präsentieren sich seit 1974 Werke von Miró, Millares, Mompó, Oscar Dominguez, Gerardo Rueda, Eusebio Sempérez, Agustín Cárdena – und natürlich von Manrique selbst.

Allmählich begriffen auch andere Bürger der Stadt, was dem Künstler vorschwebte. Häuser wurden renoviert, Fassaden gestrichen, Bürgersteige und Plätze angelegt, junge Menschen bekamen den Mut, Boutiquen, Bars und Cafés zu gründen.

Seit Beginn der 90er Jahre bummeln die Menschen gern an der neuen Strandpromenade entlang, gönnen sich in der Shoppingmeile, der **Calle León y Castillo**, einen Besuch der oft aus der Jahrhundertwende stammenden Geschäfte und sitzen gegenüber dem Club Náutico in einem kleinen Straßencafé, beispielsweise in der „Heladeria Isla Italiana", um zu testen, ob es hier wirklich die beste Eiscreme der Stadt gibt. Hier sitzt man mitten zwischen den Geschäftsleuten, die sich eine Pause gönnen, und jungen Müttern, die ihre Kinder „spazierensitzen". In solcher Stimmung stört sich auch niemand daran, dass neben den Straßencafés unaufhörlich die Autos und Mopeds vorüberrasen. Man ist sich einig, Arrecife ist schöner und lebenswerter geworden.

Surfer in den Wellen vor Costa Teguise.

Wie schnell eine Stadt ohne strenge Bauaufsicht aus den Fugen und zur reinen Zweckarchitektur geraten kann, zeigt das in unmittelbarer Nähe von Arrecife aufgebaute Urlaubszentrum **Costa Teguise**. Dieser Moloch ohne jeden Ortskern, ohne gemütliche Gassen oder anheimelnde Boutiquenzeilen, bietet wenig Anreiz für einen Stadtbummel. Die breiten Straßen und kalten Hotelfronten wirken frostig, man fühlt sich nicht geborgen, es fehlen Atmosphäre und Flair.

Allerdings: Costa Teguise zeichnet sich im Vergleich zum lebhaften Puerto del Carmen durch seine Ruhe aus. Und das Angebot an Geschäften, Restaurants sowie sportlichen Betätigungen ist beispielhaft. Kinderfreundlich fallen Strände wie die Playa Bastián, Playa del Jablillo, Playa de las Cucharas, Playa de los Charcos ins Meer ab. Windsurfer finden Schulen und Verleihstationen sowie einen guten Wind. Golfer putten auf einem Platz mit Blick zum Meer ein. Das Urlaubsleben in Costa Teguise spielt sich denn auch vorwiegend an den gepflegten Stränden ab, während das Gesellschaftsleben an den gut bestückten Bars der Hotels stattfindet.

Mancher Inselbesucher wird sich fragen, weshalb César Manrique gerade hier seine Vorstellungen nicht verwirklichen konnte. Als der Hotelbau „Las Salinas" mit viel Beton hingestellt war, trat Manrique sofort auf den Plan und konnte wenigstens noch im Innenhof und vor allem mit der Garten- und Poolanlage Akzente setzen. Der Weiterentwicklung der Urlauberstadt wollte er dann noch deutlicher seinen Stempel aufdrücken. Der Präsident des spanischen Konzerns Río Tinto, der größten Baugesellschaft, akzeptierte Manriques Konzept auch: Die „Volksarchitektur" sollte in den Tourismus einbezogen werden. Das kubische Haus, das je nach Notwendigkeit um zusätzliche, einen Patio umrahmende Kuben erweitert werden konnte, bildete die Basis von Manriques architektonischen Planungen. Das **Pueblo Marinero** sollte als Mustersiedlung entstehen. Die Höhe der Gebäude orientierte sich an der Höhe der Palmen. Harmonisch fügten sich die Einzelheiten – Türen, Fenster, Dächer, Kamine und Innenhöfe – in die weiß gekalkten Häuschen ein.

Als aber andere Bauherren das Konzept der Reißbrett-Siedlung zu verändern begannen und nur mehr Bettenmassen und Gewinn zählten, da wurde Manriques Anliegen buchstäblich vom Beton erschlagen. Ein Moloch ohne urbanes Zentrum und ohne Lokalkolorit wuchs heran.

Ein Trostpflaster wurde nachträglich verabreicht: Nach dem Plan Insular müssen neue Gebäude der Landschaft und der traditionellen Inselarchitektur angepasst werden. Ob Costa Teguise dadurch ansehnlicher wird, bleibt allerdings abzuwarten. Bis dahin wirbt die Urbanisation mit Ruhe, seinen Stränden und vor allem mit seinem unablässig wehenden Wind, der die Surfer übers Meer treibt und den Strandbesuchern Sandkörnchen in die Augen bläst.

Im Fokus

Meerwasser-Entsalzung

Auf dem Weg von Arrecife entlang der Küstenstraße in Richtung Costa Teguise, vorbei an den alten Salinen und dem Großhafen, fällt ein kubisches, graues Gebäude auf. Es sind die Meerwasser-Entsalzungsanlagen Lanzarote I – III und Inalsa I und II. Mit Beginn des Tourismus mussten Wege gefunden werden, die vielen Besucher mit Trinkwasser zu versorgen. Denn das bei den wenigen Regengüssen in Zisternen aufgefangene Wasser konnte in der alten Zeit gerade ein paar Bauern versorgen. Ganz am Anfang der touristischen Entwicklung brachten noch Tankschiffe das kostbare Nass von Gran Canaria auf die Insel. Bald aber wurde klar, dass nur die Entsalzung von Meerwasser in großem Rahmen die Versorgung gewährleisten kann.

Die Entsalzungsanlagen auf Lanzarote stehen direkt an der Küste, um den Druck des Meeres zu nutzen. Die Tanks für die Aufnahme des Meerwassers wurden hinter den Felsen unter dem Meeresspiegel in den Fels gebaut. Mit der Kraft des Meeres wird Salzwasser durch die porösen Basaltfelsen in die Behälter gepresst und damit erstmals gefiltert.

In den oberirdischen Anlagen findet eine zweite Filterung durch Sand statt, der nachfolgende Metallfilter hält im Rahmen eines dritten Reinigungsprozesses den im Wasser schwebenden Sand zurück. In großen Röhren erfolgt dann die Reduzierung des Salzgehalts nach dem umgekehrten Osmose-Verfahren, man benötigt dazu sechs Durchläufe mit 60 bar Druck.

Das Meerwasser bei Lanzarote enthält 35 Gramm Salz pro Liter, die ins Meer zurückgeführte Lake ist mit 50 Gramm angereichert. Das in den Anlagen industriell produzierte Trinkwasser dagegen hat nur noch 0,15 Gramm (150 mg) Salz pro Liter. Zur Anlage gehört auch die Mineralwasser-Fabrik Chafari.

Unter der Internet-Adresse www.interlan-stc.es/inalsa findet man genaue Erklärungen der Entsalzung, dazu chemische Analysen und Fotos; daneben bieten sich auch die Themenbereiche Windenergie (Eólicas) und Recycling an.

Informativ zwar, aber leider nur in Spanisch!
Neben dem Komplex in Arrecife arbeitet auch noch eine alte Anlage auf der Insel La Graciosa, allerdings nach dem älteren System der MSF-Verdampfung, das erstmals 1956 in Kuwait Anwendung fand. Diese Anlage wird erhalten und gepflegt, um in Notfällen einzuspringen. Eine Unterwasserleitung von Lanzarote versorgt die Inselbewohner auf La Graciosa mit frischem Trinkwasser.
Eine weitere Anlage tut im Süden, an der Playa de Janubio, ihren Dienst.
Auch an der stürmischen Küste am Ende der schwarzen Playa de Janubio im Südwesten steht etwas deplaziert und fremdartig der rechteckige Klotz der Anlage Inalsa Sur. Leider können technische Notwendigkeiten nicht immer Rücksicht nehmen auf die Gebote der Ästhetik: Gerade an der Playa de Janubia herrscht der für die Anlage erforderliche Wasserdruck – und schließlich muss Inalsa Sur den Ort Playa Blanca mit Trinkwasser versorgen.

Arrecife ✪

Allgemeines

Die Inselhauptstadt hat sich in den letzten Jahren zu einer akzeptablen Schönheit entwickelt, jedenfalls im Bereich der Uferpromenade, der dahinter liegenden Shopping-Meile und dem Viertel, das bis hinüber zum romantischen Charco de San Ginés, dem alten Fischereihafen, reicht. Rund 40.000 Einwohner leben in der Hafenstadt, die in ihrem Erscheinungsbild immer freundlicher und einladender wird.

Verkehr

Die Verbindungen in die Hauptstadt sind von allen touristischen Zentren aus vorbildlich, Busse verkehren meist im Halbstunden-Takt, am Wochenende stündlich. Letzte Fahrt von Arrecife nach Puerto del Carmen: 21.50 Uhr, nach Costa Teguise: 23.15 Uhr. Günstig gelegen ist die Bushaltestelle an der Avenida Fred Olsen.

Die neue Busstation Arrecifes liegt im Norden der Stadt in der Nähe des Sportstadions (Via Medular, Ecke Carrer Alcalde Ginés de la Hoz). Wer nach der Busstation fragt, sollte das auf den Kanaren für den Bus übliche kubanische Wort „Guagua" benutzen (das G wird nur gehaucht, das klingt dann wie „huahua"). Gut angebunden an das Busnetz der Hauptstadt sind der Flughafen, Puerto del Carmen und Costa Teguise, etwas weniger der Urlaubsort Playa Blanca im Südwesten.

Bei den nicht vom Tourismus geprägten Dörfern richtet sich der Fahrplan nach den Bedürfnissen der Dorfbewohner: morgens nach Arrecife, abends zurück. Aber allmählich wird auch der Transport während des Tages ausgebaut. Busfans können sich also von Arrecife aus auch während des Tages auf eine etwas umständliche, aber erlebnisreiche Fahrt machen, und zwar in alle folgenden Orte: Arrieta, Conil, Femés, Guatiza, Haría, La Asomada, La Caleta de Famara, La Santa, Los Valles, Máguez, Mala, Orzola, Tahíche, Teguise, Tiagua, Tinajo, San Bartolomé, Sóo, Uga, Yaize.

Von Norden und Westen führen breite, autobahnähnliche Straßen ins Zentrum.

Selbstfahrer sollten entweder in der Nähe der Ruine des „Gran Hotel" einen Parkplatz suchen oder beim Castillo de San Gabriel (mit Parkwächter; Bezahlung nach Lust und Laune). Parken am Straßenrand ist nur in der blauen Zone (mit blauen Streifen gekennzeichnet) gestattet. Parkschein aus dem Automaten ziehen, maximale Parkzeit: 2 Stunden. Wer überzieht, kann sich mit 300 Peseten „freikaufen".

Sehenswürdigkeiten

Castillo de San Gabriel/Museo Arqueológico

Hinter der kleinen Zugbrücke Puente de las Bolas.

Trutziges Verteidigungsfort auf einer kleinen Insel, direkt gegenüber dem Parque de la Marina; vom Festungsarchitekten Torriani zwischen 1590 und 1599 in der heutigen Form erbaut. Vor dem Tor stehen zwei große Kanonen, vom Söller schöner Blick auf das Meer und die Stadt.

Kein Ruhmesblatt für Arrecife: das leer stehende „Gran Hotel".

Die Iglesia de San Ginés in der Nähe des Charco ist einen Besuch wert.

Im Archäologischen Museum viele Funde aus der Guanchenzeit, gemischt mit Schöpfungen des Bildhauers Juan Brito. Wegen der fehlenden Beschriftung sind künstlerische Schöpfungen und authentische Exponate leider nicht auseinander zu halten. Ein neuer Kurator soll den Zustand ändern. Das interessanteste Stück ist ein Monolith mit eingravierten Spiralen, gefunden bei Ausgrabungen auf der Zonzamas-Burg (siehe S. 79).
Di – Fr 10 – 13 und 16 – 19,
Sa 10 – 13 Uhr.

El Almacén
Calle José Betancort 33.
Ursprünglich von Manrique als Künstlerforum gedacht, ist das restaurierte Haus heute Sitz des Centro Insular de Cultura (siehe auch den Kasten auf S. 70).
Tgl. 9 – 17 Uhr.

Iglesia de San Ginés
Zwischen Calle San Ginés und Calle San Juan.
Die Kirche steht an einem schönen Platz. Im dreischiffigen Gotteshaus fällt die Kassettendecke im Mudéjar-Stil auf. Links neben dem Hauptaltar steht eine Figur des Stadtpatrons San Ginés, in einer Seitenkapelle sind schöne Prozessionsfiguren zu beachten. Pfeiler und Fußboden wurden aus Lavastein gemeißelt.
Tgl. 9 – 13 und 17 – 20 Uhr.

Casa de los Arroyo
Avenida Coll s/n.
Historisches Wohnhaus (18. Jh.), das den Namen der ehemaligen Besitzer trägt, aber auch „Casa del Coronel Armas" genannt wird. Schöner Innenhof mit geschnitzten Treppen und Balkonen. Wechselnde Ausstellungen, ständige Ausstellung mit Werken des auf Lanzarote geborenen Bildhauers Pancho Lasso (1904 – 1973). Es ist Sitz des Forschungszentrums Centro Cientifico-Cultural Blas Cabrera.
Mo – Fr 10.30 – 13.30 und 16 – 19 Uhr.

Casa de la Cultura „Agustín de la Hoz"
Avenida Generalissimo Franco 7, gegenüber der Touristeninformation.
Das Kulturhaus von Arrecife im Kolonialstil wird für Ausstellungen und diverse Veranstaltungen genutzt. Schöner Treppenaufgang aus Holz im Inneren. Über der Treppe hängt das seit 1962 gültige Wappen der Stadt: ein Fischadler (guincho), der einen Fisch in den Klauen hält; im oberen, roten Feld zwei Goldschüsseln mit je sechs grünen Schlangenköpfen; umrahmt ist das Feld von acht Salzschüsseln, die auf die einst wichtigen Salinen der Stadt hinweisen. Als Helmkrone dient das Zeichen der Herreras, die bis ins 19. Jh. über die Insel herrschten.

Fährverkehr

Puerto de los Mármoles
Im Osten der Hauptstadt, hinter dem Castillo de San José, liegt der „Marmorhafen", der Puerto de los Mármoles. Wer Abschiedsszenen erleben möchte, findet hier genügend Möglichkeiten. Denn von hier aus verkehren Großfähren der Gesellschaft „Naviera Armas" nicht nur ins nahe gelegene Puerto del Rosario auf Fuerteventura, sondern auch nach Las Palmas de Gran Canaria und nach Santa Cruz de Tenerife. Eine Fähre der Gesellschaft „Compañia Trasmediterránea" verlässt den Puerto de los Mármoles unter lautem Tuten sogar Richtung Cadiz auf dem spanischen Festland. Die Überfahrt dauert zwei Tage. Wer ausführlichere Informationen über den Fährverkehr ab Lanzarote erfahren möchte, findet die Büros der beiden erwähnten Fährgesellschaften in der Avenida José Antonio 90, der Hauptverkehrsstraße, die parallel zur Avenida Fred Olsen verläuft.

Das „M.I.A.C." ist in den Gewölben des Castillo de San José untergebracht.

Veranstaltungs-Tipp

Wenn die Fischer feiern

Nördlich des Charco de San Ginés in Arrecife liegt das Fischerviertel Valterra, inzwischen schön herausgeputzt und saniert. Hier leben die Einheimischen unberührt vom Tourismus, auch ihre Traditionen haben sie bewahrt. Einer der Höhepunkte im Jahresablauf der Fischerfamilien ist das um den 16. Juli stattfindende Fest zu Ehren von Nuestra Señora del Carmen. Es dauert rund eine Woche, Höhepunkt ist eine Prozession, die bei der neuen Kirche in Valterra beginnt und bis zum Hafen führt. Dort lädt man die Señora del Carmen auf ein reich geschmücktes Boot, und es beginnt die Meeresprozession, an der alle Wasserfahrzeuge Arrecifes unter Sirenengeheul und Böllerknallen teilnehmen. Wann die Prozession genau stattfindet, muss beim Touristen-Informationsamt erfragt werden, der Termin wechselt jedes Jahr.

Im Dezember ist in der Halle des Kulturhauses eine sehenswerte Weihnachtskrippe ausgestellt, die vor allem aus Lavagestein gefertigt wurde. Sie hat die Form der Insel, und die Häuschen beziehen sich auf Personen der Insel, beispielsweise auf Dorotea, die die alte Töpferkunst der Guanchen wieder belebt hat.

Mo – Fr 10 – 13 und 17 – 20 Uhr.

Castillo de San José/Museo Internacional de Arte Contemporáneo (M.I.A.C.)

Avenida de Naos.

Trutzige Festung aus Basalt-Quadersteinen, etwa 1,5 km östlich des Stadtzentrums. Sie wurde 1779 von Karl III. von Spanien gebaut, um den Menschen Arbeit zu geben, deshalb wird sie auch „Hungerfestung" (Fortaleza del Hambre) genannt. Vom Söller blickt man über den Hafen.

Im Hauptsaal, einem wuchtigen Tonnengewölbe, hat César Manrique das Museum für zeitgenössische Kunst eingerichtet.

Über eine kunstvolle Treppe gelangt man nach unten in das feine, kühle Restaurant (tgl. 11 – 23 Uhr).

Tgl. 11 – 21 Uhr.

Unter der Internet-Adresse www.cabildo.com/com/aec/miac/miac.htm lässt sich ein virtueller Spaziergang durch die Dauerausstellung und durch temporäre Ausstellungen des M.I.A.C. machen (mit vielen Fotos).

Auch die Internet-Adresse www.interlan-stc.es/turismo/centros8.htm bietet einen ersten Einblick in die Festung.

Unterkunft

*** Lancelot

Avenida de la Mancomunidad 9
Tel. 928 80 50 99
Fax 928 90 50 39.

Neues, ordentlich eingerichtetes Hotel am breiten Stadtstrand Playa del Reducto, Pool auf dem Dach.

*** Miramare

Avenida Coll 2
Tel. 928 81 04 38
Fax 928 80 15 33.

Gepflegtes Haus in zentraler Lage gegenüber dem Castillo San Gabriel; schöner Blick vom Dachgarten auf Arrecife.

** Arrecife Playa

Avenida de la Mancomunidad 4
Tel. 928 81 03 00
Fax 928 81 39 37.

Aparthotel an der Uferpromenade, einfach und sauber.

** Cardona

Calle 18 de Julio 11
Tel. 928 81 10 08 (kein Fax).

In einer Seitengasse in der Nähe des „Grand Hotel"; zwar einfach, aber sauber.

* Hostal San Ginés
Calle El Molino 9
Tel. 928 81 18 63 (kein Fax).
Kleines Hotel in günstiger Lage für Stadtbummler; einfache, aber saubere Pension.

Restaurants

Taberna del Norte
Calle Canalejas 10
Tel. 928 81 40 48.
Modernes, kleines Restaurant mit großer Tapas-Auswahl. Sonntags geschlossen.

Lemon Bar
Ribera del Charco 46
Tel. 928 81 42 47.

Ruhige Bar mit kleinem Restaurant am Charco. Es gibt Tapas und Tellergerichte mit Fleisch.

Portonao
Avenida de Naos 12
(ohne Telefon).
Kleines, einfaches Fischrestaurant am Hafen, vorwiegend von Einheimischen besucht. Frischer Fisch des Tages, Tintenfisch, gegrillt oder sauer, offener, guter Bauernwein.
Fr – Mi 6 – 22 Uhr.

Marisquería El Molino
Muelle Pesquero 32
Tel. 928 81 15 87.
Auch „Casa Luciano" genanntes, einfaches Fischrestaurant am Hafen,

Im Fokus

Fischereihafen Puerto del Naos

Gleich östlich des Charco de San Ginés beginnt der Fischereihafen mit der größten Fangflotte der Kanaren. Obwohl die Fischerei wegen eingeschränkter Fangrechte an der afrikanischen Küste (Marokko) zurückgegangen ist, bietet der Hafen mit seinen vielen bunten Booten immer noch ein romantisches Bild. Nebenan befindet sich eine Konservenfabrik, in der ein großer Teil der Fänge verarbeitet wird. Mit etwas Glück kann man erleben, wie die Fischkutter mit Thunfischen, Makrelen oder Sardinen einlaufen und entladen werden. Ein Bummel entlang der Kais mit den bunten Booten vermittelt einen ersten Eindruck vom Hafenleben: Fischer, die ihren Fang ausladen, Netze aufrollen oder Metallreusen reparieren.

Ebenso stimmungsvoll sind die Kneipen der Fischer, in denen garantiert frischer Fisch und Meeresfrüchte serviert werden. Ein Tipp für Frühaufsteher: Die Kneipen öffnen schon um sechs Uhr früh!
Auf dem Weg vom Fischereihafen weiter in Richtung des Castillo San José passiert man die Salinen von Arrecife. Die alte Salinenanlage fällt durch zahlreiche noch gut erhaltene Windräder auf. Markant und beeindruckend sind die in den Terrassen am Hang angelegten Becken, in die früher das Meerwasser zum Verdunsten gepumpt wurde.
Die Salinen von 1775 waren einst ein wichtiger Industriezweig, das Salz wurde für die Konservierung von Lebensmitteln auf langen Seereisen benötigt. Es ist geplant, die Salinen als Industriemuseum zu restaurieren.

Die Fischerboote laufen noch täglich auf Fang aus.

El Almacén

Im Stadtzentrum von Arrecife, in der Calle José Betancort, steht ein Gebäude, das 1974 von César Manrique entdeckt und gerettet wurde: Ein Kulturhaus mit dem Namen **Almacén**, weil es früher ein Lagerhaus war, das über zwei großen Zisternen stand. César plante es ursprünglich als Künstlertreff, doch als solches funktionierte

Blick ins „El Almacén".

es nur wenige Jahre. 1989 entschloss sich die Inselregierung, hier das **Centro Insular de Cultura** einzurichten. Das Programm konzentriert sich auf wechselnde Ausstellungen in der Galerie „El Aljibe" (untergebracht in den früheren Zisternen) sowie auf die Präsentation der Inselliteratur. Außerdem erhält man hier Informationen zu den Veranstaltungen in den Jameos del Agua.

vorwiegend von Fischern und Hafenarbeitern besucht. Frischer Fisch des Tages.
Tgl. 6 – 22 Uhr.

Castillo de San José
Carretera de Naos
(im gleichnamigen Kastell)
Tel. 928 81 23 21.
Etwas unterkühlte Atmosphäre, von Fachleuten als „Raffinement der Einfachheit mit konsequenter architektonischer Durcharbeitung" beschrieben. Kanarische Küche zu hohen Preisen.

Heladeria Italiana „Isla"
Avenida Rafael González 8
Tel. 928 81 18 98.
Kleine Eisdiele, gilt als die beste der Stadt.

Treffpunkt für junge Leute ist die Avenida José Antonio, wo es viele Bars und „Disc-Pubs" gibt, die allerdings häufig den Besitzer – und damit auch oft auch Angebot und Qualität – wechseln.

La Polinesia
Avenida José Antonio 71.
Zeitweise die In-Diskothek für junge Leute.

Café Galdos
Calle Galdos 20 (nahe des Charco).
Künstlertreff mit wechselnden Ausstellungen und kulturellen Veranstaltungen, erst ab 21 Uhr.

Tambo
Calle Luís Morote s/n.
Künstlertreff, bekannt für gute Tapas, erst ab 21 Uhr.

Avenida Park
Avenida Mancomunidad s/n (gegenüber dem ehemaligen „Gran Hotel").
Ruhiges Kaffeehaus, eher von den „älteren Semestern" besucht, unauffällige Musik.

Die Calle León y Castillo ist Arrecifes Shopping-Meile. Hier fallen vor allem die stimmungsvollen alten Geschäfte auf, von denen viele inzwischen renoviert wurden.

Almacenes Arencibia
Calle León y Castillo 30.
Altes Kaufhaus, Textil- /Kurzwaren.

Comercial Tamaragua
Calle León y Castillo 35.
Damen- und Herrenboutique mit Mode aus Spanien, Italien, London und Paris. Verkauf von Brautkleidern, mit Schneiderei. Sehenswertes Obergeschoss: hundert Jahre alte Räume mit schönen Decken.

El Mercadillo
Calle León y Castillo 14.
Renoviertes, stimmungsvolles Einkaufszentrum mit überdachtem Patio, im ersten Stock umlaufende Galerie. Geschäfte aller Art, gemütliche Cafeteria und Restaurant.

Tomas Panasco
Calle León y Castillo 11.
Sehenswertes altes Geschäft mit hintereinander liegenden Räumen, Textilwaren für Damen und Herren.

Planet
Calle León y Castillo 26.
Junge Mode, hohe Qualität. Marken wie Moschino, Calvin Klein, Levis, Diesel, Versace, Bonaventure, Ana Mora.

Boutique Ravelo
Calle León y Castillo 26.
Schöne Boutique mit reicher Auswahl in einem Gebäude von 1894, 1994 restauriert.

La Tienda César Manrique
Plazuela/Plaza de la Constitución 14.
Kunst und Kunsthandwerk von den Kanaren und aus anderen Ländern.

Vero Moda

Ecke Calle León y Castillo/General Goded.
Schicke Boutique mit modischer Damenkleidung.

Mercado Municipal

Calle Manuel Miranda (nahe der Iglesia de San Ginés)
Kleiner Obst- und Gemüsemarkt mit Bar (siehe Kasten auf S. 66).

Information

Tourist-Information

Parque de la Marina/Parque Municipal (Uferpromenade)
Tel. 928 81 18 60.
Mo – Fr 9.30 – 13.30 und 17.30 – 19.30 Uhr, im Winter 9 –13 und 16.30 – 19.30 Uhr.

Costa Teguise

Die Urbanización Costa Teguise liegt 8 km nordöstlich von Arrecife. Mit der Innengestaltung des Hotels „Salinas" (heute „Meliá Salinas") und der Feriensiedlung Pueblo Marinero in

der Mitte des Urlaubszentrums wollte Inselmentor César Manrique ein Zeichen setzen, wie Urlaubsorte und Natur harmonieren können. Mit dem Direktor des spanischen Konzerns Rio Tinto war sich der Künstler über die Zukunft des neuen Urlaubsortes einig. Doch als der Tourismus nicht den Plänen entsprechend boomte, musste das Gelände 1988 an einen ausländischen Konzern verkauft werden. Manrique hatte seinen Einfluss verloren, die Folge war ein zusammengewürfeltes Architektur-Konglo-

Blick auf das geschäftige Einkaufszentrum von Costa Teguise.

Im Fokus

Die grünen Lungen

Nicht, dass dicker Smog über Arrecife hinge, der Wind bläst die Luft über der Inselmetropole immer wieder rein. Aber die Gärten und Parks bilden einen angenehmen Kontrast zum dominierenden Farbton, dem Weiß der Häuser. Folgende Parks sind erwähnenswert:

Parque Islas Canarias

Im Westen der Stadt zwischen der Playa del Reducto und dem Club Náutico.
1970 nach Plänen von Manrique angelegt, braucht der Platz

inzwischen dringend eine Auffrischung. Hier trifft sich viel Jugend, unter ihnen auch „Graffiti-Künstler". Bei Festen ist der Park der wichtigste Treffpunkt, hier wird z. B. während des Karnevals eine Bühne aufgebaut, und hier beginnen auch die Umzüge.

Parque de la Marina

Drei Namen, ein Park! Denn der Parque de la Marina wird auch Parque Municipal oder Parque José Ramírez Cerdá genannt. Die letztere Bezeich-

nung ist zwar die offizielle, sie wird aber kaum benutzt.
Der Park zieht sich am Ufer hin, entlang der Avenida Generalissimo Franco, gegenüber dem Castillo San Gabriel. Es ist ein hübsch gestalteter, kleiner Park mit Bougainvillea, Palmen, Cafeterien und Kinderbelustigungen, sowie ein Treffpunkt von Einheimischen und Touristen. Schöner Blick auf das Kastell. In der Mitte des Platzes ist in hübschen Holzpavillons die Touristeninformation untergebracht.

Das Hotel „Meliá Salinas" mit seiner herrlichen Poolanlage zählt zu den besten Unterkünften auf Lanzarote.

merat, städtebaulich gesehen ziemlich seelenlos, ohne einen erkennbaren „Kommunikations-Kern". Allerdings stimmt die Infrastruktur: Was Urlauber an Restaurants, Einkaufszentren und anderen Einrichtungen brauchen, ist in Costa Teguise reichlich vorhanden.

Verkehr

Nach Arrecife besteht jede halbe Stunde eine Busverbindung (zwischen 7 und 21 Uhr). Mietwagen-Zentralen sind in großer Zahl vertreten, ein Preisvergleich lohnt sich vor dem Abschluss.

Unterkunft

***** Meliá Salinas

Playa de los Charcos
Tel. 928 59 00 40
Fax 928 59 03 90.
Von Manrique geplantes und dem Architekten Fernando Higueras ausgeführtes, einziges Fünf-Sterne-Haus auf Lanzarote (1977 erbaut). Pool-Anlage in tropischem Garten. 310 komfortable Zimmer. Boutiquen, Fitness-Center, 3 Tennisplätze, Golf-Übungsplatz, Tischtennis. Kinderbecken, Spielplatz, Kinderclub für die Altersstufen 5 bis 11 Jahre. Mit Privatstrand Playa de los Charcos, hinter dem Garten der Playa de las Cucharas. Sehr gutes Restaurant („korrekte" Kleidung erwünscht).

**** Oasis de Lanzarote

Avenida del Mar
Tel. 928 59 04 10, Fax 928 59 07 91.
Moderner Komplex mit viel Marmor und Glas. Ruhige Lage, durch kleine Straße vom Strand getrennt. 372 komfortable Zimmer. 2 Pools im großen Garten, 3 Tennisplätze, 2 Squashcourts, Fitnessraum, Tischtennis, Golfübungsplatz. Für Kinder gibt es Planschbecken, Spielplatz sowie einen Miniclub ab 4 Jahren.

**** Teguise Playa

Avenida del Jablillo
Tel. 928 59 06 54
Fax 928 59 09 79.
Modernes Hotel mit viel Marmor und Pflanzen, direkt am Meer. 314 komfortable Zimmer. 2 Meerwasser-Pools. Außerdem Kinderplanschbecken und Spielplatz.

*** Aparthotel Nazaret

Avenida de las Islas Canarias

Tel. 928 59 08 68
Fax 928 59 08 66.
Praktische Apartment-/Hotel-Kombination in der Nähe der Playa de las Cucharas. 2 Pools, Kinderplanschbecken.

** Olita
Avenida del Jablillo
Tel. 928 59 21 10
Fax 928 59 00 96.
Bei Surfern beliebte Apartmentanlage mit Pool und Cafeteria, in der Nähe der Playa de las Cucharas.

** Celeste
Avenida de las Islas Canarias s/n
Tel. 928 59 17 20
Fax 928 59 24 82.
Einfache Anlage, jeweils mehrere Wohnungen mit einem Innenhof, kein Meerblick. Mit Windsurfstation.

** Apartments Neptuno
Avenida del Jablillo
Tel. 928 59 09 00
Fax 928 59 07 06.
Kleine Apartmentanlage direkt am Meer und in der Nähe des Strandes. Meerwasser-Pool und Planschbecken. Restaurant vorhanden.

Restaurants

El Pescador
Pueblo Marinero
Tel. 928 59 08 74.
Mit Kunsthandwerk geschmücktes Fischrestaurant, Spezialitäten: Fisch in Salzkruste, Fischsuppe (Zarzuela).

Las Caletas
Las Caletas 46
(nahe der Playa Bastián)
Tel. 928 59 10 46.
Beliebtes Fischrestaurant, täglich frischer Fisch.

La Graciosa
(im Hotel „Meliá Salinas")
Tel. 928 59 00 40.
Das Restaurant der Spitzenklasse bietet spanische und internationale Küche an. Spezialität: frischer Fisch. Hervorragender Service (mit dementsprechenden Preisen).

Neptuno
Avenida del Jablillo, Local 6
Tel. 928 59 03 78.
Bestes Fischrestaurant des Ortes, gemütliche Atmosphäre in einem kleinen Innenhof mit Springbrunnen. Frischer Fisch. Fleischgerichte sind etwas teuer.

El Quijote
Einkaufszentrum Plaza Tandarena, Local 11
Tel. 928 52 93 01.
Stimmungsvolles Restaurant mit internationaler Küche, u. a. Fleisch- und Fischgerichte.

Nachtleben

Costa Teguise ist ein eher ruhiger Urlaubsort. Bars und Discos haben wenig Zulauf, Neugründungen ein relativ kurzes Leben. Die meisten Chancen für nächtliche Unterhaltung gibt es rund um das Pueblo Marinero. Beliebt waren zur Zeit der Recherchen im Pueblo Marinero das „The Irish Fiddler" mit irischer Livemusik und das „Pub 77" mit Musik und Videos.

Außerdem einen Versuch wert sind:

Memphis Blues
Calle Goleta s/n.
Fröhliche Atmosphäre bei Jazz und Rock.

Latino
Gegenüber dem Pueblo Marinero.
Diskothek, manchmal mit Livemusik.

Einkaufen

Ein Einkaufszentrum ist das Centro Las Cucharas in der Nähe des gleichnamigen Strandes.

Palacio Real „La Mareta"
Am südwestlichen Ende der Urlauberstadt Costa Teguise, in Richtung Arrecife, liegt „La Mareta", die ehemalige Ferienvilla des verstorbenen jordanischen Königs Hussein. Von außen ist die Größe der Anlage am Meer nicht zu erkennen, sie wurde im Auftrag des Königs von César Manrique mit Sorgfalt in die Landschaft integriert. Der König erwarb den Besitz einer reichen Familie aus Lanzarote im Jahr 1981 und bewohnte sie gelegentlich bis 1989. Dann schenkte er sie dem spanischen König Juan Carlos I., der sie wiederum dem spanischen Staat vermachte. Dieser nutzt sie nun für Staatsgäste, zu denen auch die Ex-Regierenden Helmut Kohl und Michail Gorbatschow gehörten. Zur Anlage gehören die Villa, mehrere Bungalows, zwei Pools, ein Landeplatz für Hubschrauber und ein kleiner Jachthafen. Leider bleibt das Anwesen heute allen „Normalsterblichen" verschlossen.

Playa de las Cucharas: ein ideales Revier zum Baden und Surfen.

Felsenriffe

Der bedrohte Hafen

Im Meer vor der Inselhauptstadt liegen zahlreiche Felsenriffe, auf Spanisch „Arrecifes". Am Anfang der Besiedlung sollten gerade die Riffe samt einiger kleiner Inseln Schutz vor den Piraten bieten. Schließlich bildete Arrecife damals den wichtigen Versorgungshafen für die Hauptstadt Teguise. Zur Sicherung des Hafens und der Siedlung am Meer wurde auf einer Landzunge vor Arrecife zusätzlich das Kastell San Gabriel errichtet. Doch das Fort brachte wenig Sicherheit. So überrannte schon im Jahr 1571 der Seeräuber Dogan das Bollwerk und zerstörte die gesamte Hafenanlage.

Empfehlenswerte Adressen:

Modas Milano
Centro Las Cucharas.
Lederjacken und schicke Designer-Modelle.

La Perla
Centro Las Cucharas.
Schmuck, vorwiegend mit Olivin-Edelsteinen.

Artesania Pepe
Centro Las Cucharas.
Kunsthandwerk, Stickereien, Tischdecken.

Calypso
Nahe des Pueblo Marinero, neben der Diskothek „Latino".
Kunsthandwerk von der Insel, Keramik und Schmuck.

Kunsthandwerksmarkt

Pueblo Marinero
Eine Art kleiner Hippie-Markt mit Bildern, Schmuck etc.
Fr 17 – 20 Uhr.

Aktivitäten

Costa Teguise bietet Strand und Meer, also eine breite Palette von Wassersport. Die Strände Playa Bastián, Playa del Jablillo, Playa de las Cucharas und Playa de los Charcos sind allesamt flach und damit sehr kinderfreundlich (zu den Stränden siehe auch S. 56).

Vor allem die Playa de las Cucharas ist ein Zentrum für Windsurfer, aber auch Taucher und Wellenreiter finden hier das entsprechende Angebot. Windsurfer schätzen den ständigen Passatwind aus Nordost (4 – 7 Beaufort). Kein ablandiger, sondern Sideshore-Wind. Ein etwa 300 m vor der Playa de las Cucharas gelagertes Riff baut Wellen bis zu 3 m auf – ein ideales Gelände für Sprünge. Weil die Playa de las Cucharas von zwei Molen geschützt ist, eignet sie sich auch für Einsteiger.

Tauchen
Die Tauchschulen bieten Kurse sowohl für Anfänger als auch für Fortgeschrittene an und verleihen, wenn gewünscht, auch Ausrüstungen. Die Tauchausflüge führen nach Puerto del Carmen oder in den Norden nach Mala. Zu sehen sind in dem Unterwasserparadies Engelshaie, Stachelrochen, Barrakudas, Weißbrassen, Teufelsfische, Sardinen, Garnelen, Thunfische und Aalgärten. Die Wassertemperatur beträgt zwischen 18 und 24 Grad Celsius.

Calipso Diving
Avenida de las Islas Canarias/Centro Comercial Calipso, Local 3
Tel./Fax 928 59 08 79.
Englische Leitung, Ausbildungslehrgänge: ACUC, CMAS, PADI.

Diving Lanzarote
Playa de las Cucharas
Lanzatierra 2
Tel. 928 59 04 07
Fax 928 59 25 48
Internet: www.infolanz.es/diving
e-mail: divinglanz@infolanz.es
Deutsche Leitung, Mitglied im Verband deutscher Tauchlehrer (VDTL), Ausbildungslehrgänge:
ACUC, CMAS, PADI.

Windsurfen

Das Meer vor Costa Teguise gilt als ideales Revier für Windsurfer. An der Playa de las Cucharas herrschen im Sommer bei Passatwind ebenso gute Bedingungen wie im Winter bei Nordwinden (bis zur herausfordernden Windstärke 6). Ein Rettungsdienst am Strand wacht über die Sicherheit der Sportler.

Surfkurse und Verkauf von Ausrüstung bieten:

Lanzarote Surf Company
Centro Comercial Puerto Tahíche, Local 16/Playa de las Cucharas
Tel./Fax 928 59 19 74.
Unter Leitung des spanischen Surf-Meisters Friedel Laetsch.

Windsurfing School F2
Playa de las Cucharas
Tel. 928 59 19 74.

Wellenreiten

Gute Verhältnisse für Wellenreiter herrschen an der Ostseite von Lanzarote erst weiter im Norden, etwa bei bei Arrieta und Orzola sowie bei La Caleta unterhalb der Famara-Klippen. Kurse und Verleih von Brettern bieten an der Costa Teguise:

La Santa Surf Waterriding School
Avenida del Jablillo
Apartamentos Oliva
Tel. 928 59 21 10.

Radfahren

Räder verleiht die Lanzarote Surf Company (siehe oben unter „Windsurfen") und außerdem:

Tommy's Bikes
Calle Goleta 16 (nahe der Playa de las Cucharas)
Tel. 928 59 23 27
Fax 928 59 22 20
Internet: www.tommys-bikes.com
Verleih von Mountainbikes und allem Zubehör, auch Tourenkarten; geführte Touren möglich.

Geführte Touren bieten außerdem an:

Hot Bikes
Centro Comercial Calypso (neben dem „Aparthotel Nazaret")
Tel. 928 59 03 04.
Auch Kinderräder!

Trax
Avenida de las Islas Canarias,
Centro Comercial Maretas
Tel. 928 59 20 28.

Golf

Oberhalb von Costa Teguise wurde ein 18-Loch-Parcours angelegt. Bewässerung mit Brauchwasser. Handicap: 28 für Herren, 36 für Damen.

Club de Golf
An der Straße nach Teguise
Infos bei:
Enrique Escudero
Tel. 928 59 14 51.
Täglich 9 – 18, Restaurant von 8 – 20 Uhr.

Information

In Costa Teguise existiert keine Touristeninformation. Man wendet sich am besten an das Büro in Arrecife.

Agua Park

Wasserspaß für Kinder jeden Alters

Außerhalb von Costa Teguise an der Straße nach Arrecife und ganz in der Nähe des Golfplatzes liegt der „Agua Park", der feuchte Vergnügungen für Alt und Jung bereit hält. Riesenrutschen und mehrere Pools auf einem Areal von über 11.000 m² sorgen für Abwechslung zum salzigen Vergnügen im Meerwasser. Für das leibliche Wohl sorgen mehrere Restaurants.
Agua Park
Tel. 928 59 21 28.
Täglich 10 – 17 Uhr.

Die Tauchschulen bieten Kurse für Anfänger und Fortgeschrittene.

Kunst, Kultur und Wein

Die Casa del Campesino bildet einen architektonischen Kontrast zur typischen Lavalandschaft.

Im schwarzen Sand zeichnen sich weithin sichtbar kleine Krater ab, und aus den runden Trichtern lugt zartes Grün hervor: Die seltsamen Weinfelder von La Geria sind die große Attraktion im Inselinneren.

Eine Straße führt ostwärts nach Costa Teguise, geradeaus geht es hinein nach Tahíche, und der Abzweig nach Westen erreicht bald die Fundación César Manrique – ein Kreisverkehr wie viele, könnte man meinen. Dabei machen keineswegs die zwei mächtigen, in ihrer Ausführung aber grazilen Windspiele aus silberglänzendem Metall diese Straßenkreuzung zu etwas Besonderem. Dieser Kreisverkehr südlich vor Tahíche machte vielmehr traurige Geschichte: An dieser Kreuzung verunglückte der Künstler César Manrique im September 1992 tödlich. Ironie des Schicksals, dass gerade er jahrelang gegen die Ausweitung des Verkehrs gekämpft hatte. Und ein Unglück, dass er, der wegen seiner Sehschwäche nur ungern ein Fahrzeug lenkte, sich damals selbst ans Steuer setzen musste, weil sein Chauffeur verhindert war. An der Kreuzung blickte er in die falsche Richtung – der Fahrer eines vorbeifahrenden Autos hatte keine Chance! Über dem Unglücksort drehen sich heute, wie ein Mahnmal, die silbernen Windspiele, die der Fantasie des Künstlers entsprangen.

Fast jeder Lanzarote-Besucher kennt den Kreisel, weil der Besuch der 200 Meter westlich davon liegenden **Fundación César Manrique** ✪✪✪ zur Pflicht gehört. Der Gebäudekomplex, von 1968 bis 1987 Manriques Wohnhaus, liefert den Beweis für seine Phantasie und für sein Bestreben, eine Verbindung zwischen den Menschen und der Natur zu schaffen. Die Architektur wird hier zum Brückenschlag.

Bezeichnend ist bereits, wie Manrique zu seinem Domizil fand: Als er eines Tages mit

dem Auto unterwegs war und auf den Ort Tahíche zufuhr, bat er plötzlich seinen Fahrer anzuhalten. Manrique hatte inmitten einer weiten Lavafläche die Spitze eines Feigenbaumes gesehen, wie sie da mutterseelenallein und zaghaft aus dem schwarzen Boden hervorlugte. Der Baum hatte in einer von fünf zusammenhängenden Vulkanblasen Wurzeln geschlagen und reckte sich der Sonne entgegen. Manrique machte die Landbesitzer ausfindig, um das Grundstück zu kaufen. Die aber wollten keine Bezahlung haben, weil das Land für sie wertlos war. Er solle sich einfach so viel nehmen, wie er brauche.

Mit dem sogenannten **Taro de Tahíche** (Taro = frühere Hirtenhütten aus Lava) erfüllte sich der Künstler einen Traum, er schuf sich ein Zuhause, das den einzigartigen Charakter Lanzarotes im Kleinen widerspiegelt: die Verbindung zwischen Unfruchtbarkeit und Einöde einerseits und dem Leben und der Schönheit andererseits. Manrique blickte nun aus den Fenstern im Erdgeschoss seines Hauses auf einen karstigen, blau-schwarzen Strom erkalteter Lava. Im Hintergrund dominiert ein glatt geschlif-

Manriques Windspiel am Kreisverkehr bei Tahíche.

fener Vulkankegel, die **Montaña Tahíche**. Alles, was aus der bestenfalls von Wolfsmilchbüschen durchsetzten Lavaflut herausragt, sind weiße Kuben der Häuser, teils mit Satteldach, teils flach.

Die unteren Wohnräume, die fünf Lavablasen, erreichte Manrique über eine Wendeltreppe. Viel natürliches Licht dringt noch heute durch einige zum Himmel offene Grotten, subtropisches Blätterwerk und Feigenbäume markieren die Übergänge zwischen luxuriös gestalteten Gemächern und von schwarzer Lava umrahmten Höfen. Landschaft, Pflanzenwelt und Architektur bilden eine Einheit. Lümmelecken mit Dutzenden, vorwiegend blauen und violetten Kissen setzen die persönliche Note, den Speiseraum zieren erlesene Sammelstücke. Überall spürt man die Handschrift eines großen Künstlers.

In der Granja Experimental wird auch getestet, wie viel Wasser die Pflanzen benötigen.

Kein anderer Ort verkörpert den Charakter der Insel so anschaulich wie die ehemalige Wohnstätte César Manriques.

Das Leben in der Lava prägt die Menschen, überall begegnet man Spuren der Naturgewalten, zwischen denen es sich die Menschen so weit wie möglich gemütlich gemacht haben. Überall stößt man auf Zeugnisse der Auseinandersetzung, die zwischen Mensch und Natur stattfinden. Es ist ein Ringen, ein Kampf, und doch erlebt man eine Art Symbiose. Die Insulaner hier im Inselinneren leben nicht gegen die Natur, sie haben sich vielmehr mit ihr arrangiert, ja sie leben sogar mit ihr.

All die kleinen Montañas zu beiden Seiten der Straße durch das Inselzentrum entsprangen verheerenden Ausbrüchen. Und doch wirken die Häuschen zu Füßen der toten Minivulkane, die Montaña Guatisea, Montaña Negra, Montaña

Palacio de Zonzamas ○○

2 km westlich von Tahíche, an der LZ 34.
Auf der nördlich von Arrecife liegenden Hochebene, mit Blick über die Insel und auf das Meer, stand wohl eine Stadt der Altkanarier. Die Majos – so der alte Name der Lanzaroteños – hatten hier Häuser errichtet oder natürliche Höhlen mit Hilfe von Mauern zu „Mehrfamilienhäusern" ausgebaut. Mitten in dieser Siedlung stand die Burg von Zonzamas, des vorletzten Herrschers der Majos. Wer durch die frei zugänglichen Überreste streift, kann Grundmauern, ummauerte Rechtecke mit halbrunden Anbauten und viele Hügel entdecken, unter denen man die Reste des Palastes vermutet. Bei Ausgrabungen stieß man auf einige gut erhaltene „Casas hondas" (Höhlenhäuser), die zwar restauriert, dann jedoch verschlossen wurden. Neuerdings plant man, die archäologische Stätte als historisches Zentrum zu präsentieren. Übrigens: Casas hondas, teilweise in den Boden eingelassene Wohnungen, waren auch in Nordafrika bekannt. Und von dort sollen ja die ersten Besiedler der Kanaren stammen ...! Wer sich für die Guanchen-Kultur noch mehr interessiert, findet in der Nähe der Burg, kurz vor dem Pass auf der westlichen Seite der Straße, einen Weg zu einer sogenannten Quesera, vermutlich ein Trankopferaltar der Altkanarier (siehe auch S. 151 und Foto auf S. 87).

Trockenfeldbau

Die Vulkanausbrüche im 18. Jahrhundert haben den Westteil Lanzarotes mit Lava bedeckt, was damals etwa einem Viertel des fruchtbaren Landes der gesamten Insel entsprach. Nach Osten hin schließen sich ferner Regionen an, die unter einer bis zu zwei Meter hohen Schicht Vulkanasche liegen. Von Puerto del Carmen im Süden bis zur nördlichen Playa de Famara zieht sich ein bis zu acht Kilometer breiter Driftsandgürtel durch Lanzarote, der etwa 15 Prozent der Insel ausmacht. Und im Nordosten schließlich fährt man kilometerweit durch das Malpaís de la Corona, „schlechtes", unfruchtbares Land.

Diese extremen Bedingungen haben dafür gesorgt, dass eine besondere Anbautechnik, die **Enarenado natural**, entstanden ist. Einigen Chroniken zufolge wurde sie bereits von Bischof Don Pedro Dávila im 18. Jahrhundert entwickelt. Dávila hatte nämlich entdeckt, dass sich an einigen Stellen der von

Asche bedeckten Felder saftiges Grün durch die schwarzen Lavakörner schob. „Enarenar" bedeutet übersetzt „mit Sand bestreuen". Der Begriff Sand verwirrt, denn in diesem Fall handelt es sich natürlich um Laven und Schlacken, sogenannte **Lapilli** (aus dem Italienischen für „Steinchen").

Bei dieser Anbaumethode werden in die Lapilli-Schicht Trichter gegraben, bis der verschüttete Kulturboden erreicht ist. Wegen der Tiefe der Trichter ist die Methode vor allem für Weinstöcke und Feigenbäume geeignet. Vier große Vorteile hat das Vorgehen: Das schwarze, lockere Vulkangestein speichert Wärme, und die basaltischen Lapilli sammeln den Nachttau und geben tagsüber Feuchtigkeit nach unten an die Wurzeln ab. Die grobkörnige Struktur verhindert zudem die Verdunstung. Obendrein sind die Pflanzen in den Mulden vor dem ständig wehenden und für sie schädlichen Nordostpassat geschützt!

In der Gegend von San Bartolomé arbeiten die Bauern dagegen vornehmlich nach der Methode **Enarenado artificial**. Die Vorteile der Lapilli werden hier wie im Süden genützt. Allerdings muss die Lava-Asche erst per Lastwagen angekarrt werden, daher der Begriff „artificial". Dann wird mühsam Samen um Samen in den Lapilli-Boden gesetzt. Der Abbau der fruchtbaren Schlacke ist am eindrucksvollsten westlich des Ortes Femés im Südwesten zu beobachten.

Mit der Hand oder mit dem „Arado romano", einem einfachen Pflug mit kleiner, schmaler Schar, wird die Lapilli-Schicht nur geritzt. Ist die Deckschicht zur Seite geschoben, kann der fruchtbare Boden darunter gelockert und gedüngt werden. Dann folgt die Einsaat, meist per Hand, Korn um Korn oder Steckling um Steckling.

Der Trockenfeldbau mit aufgetragener Lapilli wird in der Gegend um Mozaga, Teguise und Haría, aber auch rund um Tinajo und auf der Isla La Graciosa betrieben. Angebaut werden Zwiebeln, Mais und Hülsenfrüchte, Kartoffeln und Bataten, Tomaten, Weizen und Gerste, Hafer und Luzerne, in manchen Gegenden auch Wein und Tabak. Die Landwirte ernten zweimal im Jahr, die Anbauzeiten sind Oktober/November und Februar/März. Nach zehn, maximal 15 Jahren müssen frische Lapilli auf das Feld. Bis dahin haben sich die vulkanischen Körner zu sehr mit Erde vermengt, der Acker verklumpt.

Nach einer vergleichbaren Methode arbeiten die Landwirte

Poröse Lavakörner bilden die Voraussetzung für den Trockenfeldbau.

Im Fokus

Auf den Terrassenfeldern von Mancha Blanca speichern Lapilli den Tau.

weiter nördlich in der Region El Jable, beispielsweise rund um das Bauerndorf Sóo zwischen Tiagua und der Playa de Famara. Die Beobachtung, dass sich der einst Verderben bringende Aschenregen zu einem Segen wandelte, machte Ende des 19. Jahrhunderts auch den Bauern dieser Gegend Hoffnungen. Sie begannen, auf ihrem von Dünensand zugewehten Boden Ackerfrüchte anzubauen. Seit auf dem Boden, der lange Zeit brach lag, die ersten Versuche mit Melonen gelangen, werden im Jable – ein kanarisches Wort für Sand, wahrscheinlich vom französischen „sable" – inzwischen auch Kartoffeln, Bataten, Tomaten, Gurken und Hülsenfrüchte geerntet.

Die Technik der Bauern im Jable ist etwas leichter: Die Deckschicht muss nicht erst mühsam herbeigeschafft werden, der Treibsand ist ja da. Und der Sand gewährleistet ebenfalls die Speicherung von Feuchtigkeit.

Während in der südlichen Hälfte Lanzarotes die schwarzen Windmauern aus Lavagestein auffallen, sind es in der Nordhälfte lange, über die Felder ziehende Bänder mit kurzen Halmen. Die Bauern säen dichte Getreidestreifen am Rand ihrer Felder, etwa 15 Zentimeter breit. Wird das Getreide gemäht, so schneidet man es in einer Höhe von etwa einem halben Meter ab. Diese Riesenstoppel halten dann den Wind ab. Zusätzlich beschweren die Bauern den Sandboden noch mit Steinen. Vor allem während der Brache, wenn der Boden ausruhen darf, wird das Land so vor Verwehung geschützt.

Fortschritt und Verbesserungen bei der Bebauung brachten auch die in der **Granja Experimental** bei Tahíche ausgetüftelten Ideen. Neu entwickelte Ackerbaugeräte werden an die Bauern verliehen, die sie auf ihren Feldern einsetzen und testen, darunter besonders flache, gestützte Pflüge, die den Humus nicht erreichen, und spezielle,

auf die besonderen Anbaumethoden abgestimmte Setzmaschinen für Zwiebeln und Kartoffeln. Die Neuentwicklungen bauen die Tüftler grundsätzlich aus den Teilen alter Maschinen und Fahrzeuge zusammen, die oft achtlos in den Graben geworfen werden.

In der Granja Experimental, einer Einrichtung der Inselregierung, werden außerdem Versuche gemacht, wie einerseits einheimische Pflanzen höhere Erträge bringen und wie sich andererseits inselfremde Pflanzen auf der Insel akklimatisieren lassen. In den Gewächshäusern der Granja oder auf den geschützten Feldern gedeihen deshalb Feigen, Birnen, Kürbisse, Papayas, Mangos sowie Apfelsinen. Andere Feldfrüchte wie niedrig wachsende Bohnen, ebenso Kartoffeln, Erdbeeren und Melonen sind der ständigen Windbelastung oft nicht gewachsen. Deshalb probieren die Agrartechniker unterschiedlichste Sorten aus, bis sie resistente und ertragreichere Sorten gezüchtet haben.

Erst wenn auf der Experimentierfarm die Neuerungen ausreichend getestet wurden, sollen in der zweiten Phase die Inselbauern von deren Vorteilen überzeugt werden. Zum Beispiel wurden widerstandsfähige Zwiebeln gezüchtet, speziell auf Klima und Windverhältnisse abgestimmt. Das Saatgut wurde an die Bauern gegeben, die seitdem jeden April ihre Ernte an die Zwiebelgenossenschaft zu garantierten Preisen liefern. Der Clou: Zwiebelernte im April, das ist ein Marktvorteil für Lieferungen nach Europa.

Kamelzucht in Uga

Etwa 200 Dromedare gibt es in Uga, alle auserkoren, Touristen am Rand der Feuerberge durch die Landschaft zu schaukeln. Früher diente das einhöckerige Kameltier in der Landwirtschaft, doch mit dem Tourismus haben sich die Bauern aus Uga umgestellt. Mit 10 bis 15 Tieren hat eine Familie ein ordentliches Auskommen. 50 Kamelbesitzer gibt es im Ort, viele von ihnen haben Treiber (Camelleros) aus Mauretanien beschäftigt. Bei den einheimischen Treibern wird das Gewerbe auf den Sohn vererbt.

An der Stelle, an der die Karawane täglich die Hauptstraße Yaiza – Timanfaya überquert, steht ein seltenes Warnschild, ein rot umrandeter Vorfahrtachten-Hinweis mit einem schwarzen Kamel in der Mitte. An dieser Stelle, ein paar Meter nördlich der Lachsräucherei, führt eine deutlich mit Kamelmist gekennzeichnete Piste nach Osten. Nach ungefähr 500 Metern erreicht man das Gehege der Dromedare. Hier werden Kamele auch gezüchtet. Mit etwas Glück entdeckt man einen gluckernden, blubbernden Kamelhengst. Die Hengste sind nämlich wegen ihrer Aggressivität – vor allem während der Brunftzeit – vom Karawanendienst befreit.

Kunst aus alten Wasserbehältern: Monumento al Campesino.

Die Dromedarhengste bekommen vorsichtshalber einen Maulkorb um.

Juan Bello oder Montaña Chapaderos heißen, fast anheimelnd. Die Menschen haben gelernt, mit ihrer Umgebung zu leben.

Und sie lernen immer noch dazu! Besonders augenfällig wird das auf der **Granja Agricola Experimental**, die an der Straße von der Fundación César Manrique nach San Bartolomé liegt. Hier werden Versuche gemacht, um die einheimischen Pflanzen zu höheren Erträgen zu bringen und um inselfremde Pflanzen an die widrigen Lebensumstände zu akklimatisieren (siehe Kasten „Trockenfeldbau" auf S. 80/81).

Dass sich schon in früheren Zeiten die Inselbewohner für die Ebene in der Inselmitte interessierten, beweist der **Palast des Zonzamas** (Complejo Arqueológico de Zonzamas), eine architektonische Zone mit Grundmauern, die zu einer Siedlung der Ureinwohner gehörten.

Nördlich des weiß gleißenden Städtchens San Bartolomé stößt man wieder auf das Erbe César Manriques: Vor dem Ort **Mozaga** erhebt sich, an einer zentralen Straßenkreuzung, das 15 Meter hohe **Monumento al Campesino**. Manrique nannte sein Werk, in Bezug auf das harte Wirtschaften in der Öde, „Fecundidad", zu deutsch Fruchtbarkeit, und widmete es den Bauern Lanzarotes. Er schweißte die Trinkwasserkanister alter Fischerboote so zu einer Säule zusammen, dass sich, mit etwas Fantasie, ein Dromedar, ein Esel und ein Bauer erkennen lassen.

Neben dem Denkmal von 1968 wurde ein altes Landgut restauriert, das sich der Heimatkunde und Brauchtumspflege widmet. In der **Casa Museo del Campesino** ✪✪ lassen ein Museum, eine Töpferwerkstatt, ein Souvenirladen und ein Restaurant, in dem konsequent nur kanarische Küche auf den Tisch kommt, bäuerliche Traditionen weiterleben. In der Töpferei stellt ein Enkel der inselbekannten **Dorotea**, die die altkanarische Töpferkunst vor dem Aussterben bewahrt hat, allerlei Keramik her. Die Künstlerin, die 1997 im Alter von 98 Jahren verstarb, hatte der alten Technik – ohne Töpferscheibe, nur mit sorgfältigem Auflegen der Tonwürste – zu neuem Leben verholfen. Außerdem setzt ihr Enkel auch die Tradition der „Brautleute von Mojón" fort, die seine Großmutter ebenfalls wiederentdeckt hatte (siehe auch den Kasten auf S. 87).

Neben der Casa Museo del Campesino stehen auf einem großen Platz kanarische Rinder mit ihren Jochen, markdurchdringende Eselsschreie erfüllen das Gelände, und Kamele ziehen den Schwengel der Tahona, eines Mahlwerks für gerösteten Gofio oder für Mais. Den gemahlenen Gofio und das gewonnene Maismehl wiederum verarbeitet der Wirt des Museumsrestaurants: Gofio als altkanarische Würz- und Kraftpaste und das Maismehl für die leckere Nachspeise „Frangollo Canario", eine Art Pudding.

Sozusagen ums Eck, in Mozaga selbst, beginnt mit der Weinstraße die Region **La Geria** ✪✪✪, die erneut beweist, wie man – Erfahrung und das nötige Know-how vorausgesetzt – auch dieser Vulkanwüste Erträge abgewinnt. Die Route führt hinein in die berühmte schwarzfarbene Landschaft von La Geria und endet bei den Kameltreibern in **Uga** im Südwesten. Dabei wundert man sich beim Anblick des unfruchtbaren Bodens, dass hier überhaupt etwas gedeihen soll, geschweige denn edle Tropfen heranreifen sollen. Verglichen mit europäischen Verhältnissen kann man mit Fug und Recht von eigentlich lebensfeindlichen naturräumlichen Bedingungen für die menschliche Besiedlung und Bewirtschaftung sprechen. Aber die Bauern und Winzer haben den Widrigkeiten der Natur, der Zerstörung durch Lava und Treibsand, dem Mangel an Wasser getrotzt. Mit Erfindungs-

reichtum und hohem Arbeitseinsatz haben die Grundstücksbesitzer im Lauf der Jahre die unwirtlichen Verhältnisse gemeistert.

Nach den verheerenden Verwüstungen durch die heiße Glut der Vulkane waren die im 18. Jahrhundert nach Gran Canaria geflohenen Bauern nach und nach zurückgekehrt. Sie fanden ihre Muttererde zum großen Teil von Lava und Asche bedeckt. Quellen und Brunnen waren versiegt. Sie wussten auch, dass nur im Winter etwas Regen fällt, und dass der ständige Wind den Boden austrocknet. Viele sahen nur in der endgültigen Emigration ihr Heil.

Einige Unentwegte wollten aber beweisen, dass es selbst in anscheinend hoffnungslosen Situationen einen Ausweg gibt. So entwickelten die Canarios ausgeklügelte Anbautechniken, die noch heute einzigartig sind. Nirgendwo anders als auf Lanzarote kann man diese phantasievollen Methoden der Landwirtschaft so gut beobachten: Überall fallen die ringförmigen Trockenmäuerchen aus Bruchsteinen auf, die als Windschutz dienen. Und zwischen Mozaga und Uga gar, unweit der **Timanfaya**-Vulkanberge, verleihen tiefe Trichter dem schwarzen Boden ein bizarres Aussehen. Die Reben, die auf dem Trichtergrund wachsen, sind dem darunter liegenden Humus nahe und können dort mit ihren Wurzeln Halt finden. Die Trichterwände schützen sie außerdem vor dem ständigen Wind. Und Feuchtigkeit erhalten die Pflanzen von den Lapillikügelchen, die den Nachttau gespeichert ha-

Grüner Kontrapunkt: Ein Feigenbaum drückt sich in einen Lavatrichter.

ben und ihn tagsüber nach unten abgeben (siehe Kasten „Trockenfeldbau" auf Seite 80/81).

Eine Fahrt über Lanzarotes Weinstraße ähnelt einem Ausflug in eine andere Welt, man glaubt auf dem Mond oder auf einem unbekannten Asteroiden zu sein. Die verschiedenen Schwarzabstufungen der Lava und die Krater mit den grünen Tupfern von Weinreben, Feigenbäumen oder Opuntien in der Mitte zeichnen ein faszinierendes Muster in die Landschaft – Kunst in der Natur, die bald die Aufmerksamkeit von Künstlern fand: Im Rahmen einer Ausstellung des New Yorker Museum of Modern Art wurde die Landschaft La Geria östlich von Yaiza und nördlich von Puerto del Carmen als „Architektur

Entlang der Strecke zwischen Yaiza und San Bartolomé sind mehrere Weingüter zu finden, Bodegas, in denen Falstaffs Jünger dem süßen Laster frönen können. Allerdings haben die heutigen Ansprüche der Besucher aus Europa zu einer Umstellung geführt: Es gibt seit einiger Zeit auch leichte, trockene Weine aus Lanzarote. In jeder Bodega können die traditionellen und die neu kreierten Tropfen gekostet werden.

Warum sich Urlauber für die Lavalandschaft, die fast so etwas wie das Markenzeichen Lanzarotes darstellt, für das Anbausystem, für diese karge Gegend und für die Urbarmachung so sehr interessieren, darüber haben sich sogar schon Psychologen Gedanken gemacht. Sie sind auf den etwas hochtrabenden Begriff „Ästhetik der Katastrophe" gekommen. Der Badeurlauber kann hier den Auswirkungen der elementaren Urgewalten in Verbindung mit raffinierten, ja ästhetisch ansprechenden Anbaumethoden begegnen. Voraussetzung für das Fortleben dieser Symbiose ist aber der Erhalt der landwirtschaftlichen Betriebe.

Ergebnis der sorgfältigen Pflege: Reben mit der kräftigen Malvasiertraube.

Deshalb tut man alles, um junge Bauern bei der Stange zu halten, ihnen die Arbeit zu erleichtern und ein

ohne Architekten" sogar zum ästhetischen Gesamtkunstwerk erklärt.

Die Felder des „Enarenado natural" lassen aber nicht nur das Herz der Ästheten, sondern auch das der Weinkenner höher schlagen. Hier gedeiht der schwere **Malvasier**, der schon – unter der Bezeichnung „Kanarier" – in die Verse Shakespeares Eingang fand: „Ich könnte aber schwören, dass Du zuviel Kanarier getrunken hast: ein wunderbarer, scharfer Wein, der das Blut durchduftet ..." Und der eitle Schwerenöter Falstaff, die Symbolfigur des Lasters, wurde im Stück „Die lustigen Weiber von Windsor" schon im Jahr 1596 „das Fässchen von den Kanaren" genannt – auch er wusste einen guten Tropfen wohl zu schätzen!

solides Einkommen zu garantieren. Trotzdem ist die Zukunft der rund 1200 Bäuerinnen und Bauern ungewiss, denn oft verdienen junge Leute ihr Geld leichter in den Strandhotels der Touristenorte. Neue Förderprogramme wecken allerdings Hoffnung, und der spanische Staat und die EU lassen Gelder fließen, um Bauernfamilien Mut zu machen. Hinzu kommt, dass die Touristikbranche derzeit Arbeitsplätze abbaut und nicht mehr die Sicherheit bietet, die ehedem viele Bauern dazu verleitete, der Landwirtschaft den Rücken zu kehren. Auch hat der Tourismus die Nachfrage nach lokalen Produkten angeregt. Nicht zuletzt dem Interesse und der Kaufkraft der Touristen ist es zu verdanken, dass der Winzerberuf zu den aufstrebenden Gewerbezweigen gehört.

Es muss also weitergehen mit Lanzarotes Landwirtschaft, denn die Kultivierung der Landschaft durch die Bauern ist für die Zukunft der Insel unerlässlich. Sie gehört auch in das Marketingkonzept der Touristikmanager. Ohne die von Bauern gestalteten und gepflegten Hügel, Ebenen und Täler wäre die Insel eine grau-schwarze Wüste. Ohne die Landwirtschaft würde die Insel veröden. Wenn die Bauern wieder auswandern, wie so oft in den letzten Jahrhunderten, sterben Felder und Dörfer, und dann kommen auch keine Urlauber mehr. Es gilt also, das Biosphärenreservat zu hegen und die Symbiose zwischen Menschen und Natur zu pflegen. Dann wird sich dieses Gleichgewicht – auch mit Hilfe der Euros aus dem Tourismus – für die Zukunft festigen.

Die wichtigsten Bodegas

Die meisten Bodegas an der klassischen Weinstraße Lanzarotes bieten Rot- und Weißwein an. Die Weißweine werden aus Malvasiertrauben als trockener, halbtrockener oder auch lieblicher Wein gekeltert, Moscatel dagegen ist weiß, schwer und süffig. Als Traube für den Rotwein dient die Listan negro. Manche Bodegas bieten außerdem einen Rosada, einen Rosé, an.

Geöffnet sind die Bodegas in der Regel Mo – Fr von 10.30 – 18 Uhr.

Bodega de Mozaga
Am südlichen Ortseingang von Mozaga.
Eine der ältesten Bodegas auf Lanzarote. Klassische Rotweine, inzwischen auch trockene Weißweine.

El Grifo
Carretera de Masdache 121
Älteste Bodega Lanzarotes, nach Vorschlägen Manriques restauriert, mit Weinmuseum. Typische Lanzarote-Weine aus Malvasier- und Muscatellertrauben. Neben diesen schweren Weinen gibt es auch trockene, leichte Weißweine, inzwischen sogar Sekt.

Barreto/El Campesino
Masdache, kurz nach der Bodega „El Grifo".

Probiertheke und Weinverkauf, gleich nebenan ein Restaurant und ein Souvenirgeschäft, auf Busgruppen eingerichtet.

Testeyna
Knapp 2 km südwestlich von Masdache.
Unregelmäßig geöffnet – notfalls bei den Nachbarn nach Ramón fragen! Garantiert chemiefreier Wein!

Antonio Suarez
Westlich der Abzweigung nach Macher.
Gute Weine mit starkem Aroma und hohem Alkoholgehalt. Serviert werden ausgezeichnete Tapas.

El Chupadero
Etwa 100 m nach „Antonio Suarez" nach links in einen kleinen Fahrweg abbiegen.
Bodega und Ausflugslokal einer deutschen Eigentümerin. Es werden kleine Gerichte ser-

viert. Auf dem zugehörigen Landgut werden darüber hinaus auch Übernachtungsmöglichkeiten angeboten.
Internetadresse: www.lanzarote-fuerte.com/ElChupadero/index.html

La Geria
Carretera de La Geria nordöstlich von Uga.
Weinprobe und Verkauf, stark auf Gruppen eingerichtet, entsprechend groß ist der Besucherandrang. Herrlicher Blick in das Weinanbaugebiet von La Geria. Mit angeschlossenem Souvenirgeschäft.

Natürlich von Manrique: Etikett für „El Grifo".

Insider News

Wie José Melián die Insel sieht

Den Künstler José Melián hat das Inselzentrum offensichtlich stark inspiriert. Seine phantastisch angehauchten Landschaftsbilder sind auch im Internet zu bewundern. Unter der Adresse www.interlan-stc.es/melian/expo.htm kann man seine Galería Virtual mit insgesamt zwanzig digitalisierten Gemälden auch in Ruhe auf dem heimischen Bildschirm betrachten.

Allgemeines

Das Inselinnere auf Lanzarote wird auf spektakuläre Weise geprägt von der durch Menschenhand geschaffenen und mit kleinen Kratern übersäten Landschaft, in der Wein angebaut wird. Diese spektakuläre Szenerie erstreckt sich in der Region zwischen Mozaga und Uga.

Eine weitere Attraktion sind all die Zeugnisse, die das Allround-Genie César Manrique hinterlassen hat: ein architektonisch einmaliges Museum, Windspiele und ein markantes Denkmal.

Tahíche

Kleiner, touristisch kaum bedeutender Ort 4 km nördlich von Arrecife am Fuß eines markanten Vulkans, der Montaña Tahíche. Spektakulär ist allerdings die Umgebung: Tahíche liegt eingebettet in eine wilde Landschaft aus Lavaplatten- und grotten.

OBERGESCHOSS

1 Privatsammlung
  (ehem. Wohnzimmer)
2 Skizzen, Fotos
3 Skizzen, Zeichnungen
  (ehem. Schlafzimmer)
4 Treppe zum Untergeschoss

Fundación César Manrique

UNTERGESCHOSS

5 Weiße Blase
6 Rote Blase
7 Swimmingpool
8 Schwarze Blase
9 Gelbe Blase
10 Bilder von Manrique
   (ehem. Atelier)

Verkehr

Von Costa Teguise aus führt die Straße am Golfplatz vorbei weiter nach Tahíche. Von Puerto del Carmen aus folgt man der Umgehungsstraße um Arrecife und wählt die Abfahrt nördlich der Inselhauptstadt. Auch aus dem Inselsüden gelangt man über Yaiza und Tías auf diese Umgehungsstraße.

Sehenswürdigkeiten

Fundación César Manrique ✪✪✪
Taro de Tahíche
Carretera San Bartolomé.
Über und in fünf natürlichen Lavablasen errichtetes Gebäude und bis 1987 César Manriques Domizil – Wohnhaus und Kunstwerk in einem. Kurz vor seinem Tod gründete Manrique die Stiftung, um sein Werk der Nachwelt zu erhalten. Als Wohnhaus hatte ihm der Taro de Tahíche schon seit 1987 nicht mehr gedient. Manrique zog sich in ein Haus in Haría zurück.

Im Obergeschoss ist das Museum mit zeitgenössischer Kunst untergebracht. Dazu gehören Werke von Pablo Picasso, Juan Miró, Pierre Alechinsky, Eduardo Chillida, Amedemo Gabino, Pedro González, Antoni Tàpies und Manuel Valdés.

Im unteren Bereich liegen die früheren Privaträume des Künstlers mit seinem Atelier, in dem eine ständige Sammlung seine Bilder zeigt.

Der heutige Stiftungspräsident, José Juan Ramírez, ein Freund Manriques, verwaltet nicht nur das Lavahaus und seine Ausstellungen, sondern führt auch das ökologische Engagement des Künstlers fort. Außerdem hat sich die Stiftung der Förderung von Nachwuchskünstlern verschrieben. Die jungen Studenten erhalten Stipendien, vor allem wenn sie in dem für Lanzarote wichtigsten Bereich, dem Umweltschutz, arbeiten. Im Augenblick werden etwa zwanzig Studierende pro Jahr gefördert und unterstützt. Damit gibt die Stiftung Césars

Die Quesera de Zonzamas liegt in Sichtweite der Hauptstadt und des Meeres.

Impulse und seine Idee von einer harmonischen Koexistenz von Natur, Kunst und Tourismus weiter an die jüngere Generation.

Mit Cafeteria, Buchhandlung und Souvenirgeschäft.

Im Sommer tgl. 10–19, im Winter 10–18, So 10–15 Uhr.

Palacio de Zonzamas ✪✪

Etwa 2 km westlich von Tahíche.

An der Straße LZ 34 von Tahíche kommend, kurz nach der Kuppe, also schon wieder auf dem Weg abwärts, liegen auf der rechten Seite die Ruinen des Zonzamas-Palastes. Einige Grundmauern sind zu sehen. Hier soll ein archäologisches Zentrum geschaffen werden (siehe Kasten auf S. 79).

Noch frei zugänglich.

Granja Experimental

Westlich von Tahíche an der Carretera San Bartolomé

Tel. 928 80 10 21.

Besichtigung nur nach vorheriger Anmeldung.

In der Experimentierfarm werden neue, widerstandsfähige Obst- und Gemüsesorten gezüchtet, außerdem leistungsfähige Ziegen und Schafe, neue Weinsorten, Samen und Setzlinge – zur Unterstützung der lokalen Landwirtschaft.

Windspiele

Am zentralen Kreisverkehr, an dem sich die Straßen nach Arrecife, San Bartolomé, Teguise und nach Costa Teguise treffen, drehen sich zwei sehenswerte, silbern glänzende Metall-Windspiele, die César Manrique geschaffen hat.

Quesera de Zonzamas

Etwa 2 km westlich von Tahíche.

Auf der LZ 34, also auf der Straße von Tahíche zum Palacio de Zonzamas, führt noch vor der Straßenkuppe links ein Weg parallel zur Asphaltstraße zurück nach Süden in Richtung Arrecife. Der Weg endet nach einem knappen Kilometer am Abhang. Dort liegt die Quesera, wahrscheinlich ein Trankopferaltar der Guanchen. Zu sehen ist ein großer Fels im Boden, von tiefen und breiten Rillen durchfurcht. Dass es eine heilige Anlage gewesen sein muss, spürt man schon an der Lage: Am Rand des südlichen Abhangs mit Blick auf Arrecife und das Meer wurden die tiefen Rinnen in den Fels gemeißelt.

Frei zugänglich.

Lebendige Geschichte

Die archaischen Figuren des Bildhauers und Hobby-Archäologen Juan Brito üben einen ganz eigenen Reiz aus. Der Künstler brennt den Ton wie die Ureinwohner im Freien. Unter Verwendung von Bimsstein und Holz erreicht er eine Temperatur von 775° C. Seine Figuren in der

Juan Brito in Aktion.

Casa Museo del Campesino widmen sich hauptsächlich der Heimatkunde: Er stellt dar, wie eine Mühle funktioniert oder wie sich die traditionelle Kopfbedeckung vom „Guapil", einem Tuch aus Ziegenfell, über den „Sobrepuesto", einen Überhang aus Schaf- und Kamelwolle, bis zum Hut aus Stroh und Filz entwickelt hat. Juan Britos Ziel ist ein Museum, das die Lebensweise der Guanchen in Ton illustriert.

Unterkunft

**** Casa Omar Sharif
Oasis de Nazaret (4 km nördlich von Tahíche)
Tel. 928 84 54 60
Fax 928 84 53 69.
Buchungen über:
Canarias Spezial Reisen
Konrad-Adenauer-Str. 44
69221 Dossenheim
Tel. 06221/87 62-0
Fax 06221/87 62 20.
Architektonisch mit viel Fantasie in einen Berghang gebauter Besitz mit Zimmern und Terrassen auf verschiedenen Ebenen.

San Bartolomé

Schmuckes Verwaltungsstädtchen mit etwa 5000 Einwohnern, 8 km nordwestlich von Arrecife.
Teilweise wurde die alte Bausubstanz des Ortes restauriert, zum Beispiel das Centro Cultural Ajei an der von Arrecife kommenden Straße, der Calle General Franco. Allerdings hat die Absicht, dem alten Landgut mit Folklore und Kunsthandwerk Leben einzuhauchen, bisher nicht den gewünschten Effekt erzielt. Mitten im Ort, unterhalb von Rathaus und Kirche, wurde ein großzügiger, parkähnlicher Platz angelegt, der Parque León y Castillo. Er bietet viel Schatten für eine Ruhepause.

Verkehr

San Bartolomé erreicht man von Tahíche aus oder ab Arrecife über die autobahnähnliche LZ 20.

Sehenswürdigkeiten

Casa Museo del Campesino ✪✪
Ebenfalls an der Straßenkreuzung, 1,5 km nördlich von San Bartolomé.
Restauriertes Landgut mit Restaurant (siehe S. 90) und Museum. In einer Werkstatt kann man einem Töpfer bei der Arbeit zuschauen. Neben dem Anwesen liegt ein großer Hof mit Tieren und landwirtschaftlichen Geräten; sehenswert ist die Tahona, mit der Gofio gemahlen und die von einem Dromedar gezogen wird.
Um Missverständnisse zu vermeiden: Die Tiere, die auf der Anlage in Aktion zu beobachten sind, kamen erst nach der spanischen Eroberung auf die Inseln. Die Guanchen hatten nur Ziegen und Schafe, wahrscheinlich

Rathaus und Pfarrkirche dominieren den Parque León y Castillo in San Bartolomé.

auch Schweine. Gofio allerdings gehörte zur täglichen Kraftnahrung der Urbevölkerung (siehe auch S. 42). Wie sich die Gofio-Mühlen allmählich von einfachen Mörsern zu mechanischen Getreidemühlen entwickelt haben, zeigt der Töpfer Juan Brito in einem eigenen Museumsraum mit seinen Tonfiguren (siehe auch den Kasten auf S. 88). Tgl. 10 – 18 Uhr.

Im Internet kann man sich unter www.interlan-stc.es/turismo/centros 3.htm einen ersten optischen Eindruck sowohl vom Landgut als auch dem Monumento al Campesino verschaffen.

Monumento al Campesino

An der Straßenkreuzung, 1,5 km nördlich von San Bartolomé.

Das 15 m hohe Denkmal von César Manrique (1978) wurde zusammengeschweißt aus den weiß gestrichenen Trinkwasserbehältern der Fischerboote. Die Plastik soll an den unermüdlichen Fleiß der Bauern von Lanzarote erinnern.

Iglesia de San Martin

Parque León y Castillo, neben dem Rathaus.

Nur bei Messen geöffnet, werktags 19.30, So 12 Uhr.

Pfarrkirche mit schöner Front aus Lavaquadern, mit schwerem Holzportal. Bemerkenswerte Holzdecke im für die Kanaren typischen Mudéjar-Stil (1798).

In der Casa Museo del Campesino ist die alte Gofio-Mühle noch immer in Betrieb.

Kontrollierte Weinqualität

Nachgewiesen ist der Weinanbau auf der Insel seit Anfang des 17. Jahrhunderts. Der Chronist Juan Abré de Galindo schrieb im Jahr 1632: „Weinstöcke gibt es in Lanzarote erst seit 30 Jahren ...“. Mitte des 17. Jahrhunderts wurde der vorher in England so begehrte kanarische Malvasier durch Sherry und den portugiesischen Portwein aus Madeira abgelöst. Ende des 19. Jahrhunderts brachten Rebkrankheiten das endgültige Aus für den Weinanbau auf Lanzarote und den anderen Kanaren.

Mit dem Tourismus begann auch wieder der verstärkte Weinanbau auf Lanzarote. Noch immer ist die traditionelle Malvasier-Traube und der süße, schwere **Moscatel** sehr beliebt. Doch die modernen Trends verlangten auch leichtere und trockene Weißweine, ebenso wurde Rotwein vermehrt angebaut, und sogar Rosé ist inzwischen verstärkt im Angebot.

Die starke Nachfrage führte allerdings auch dazu, dass – vor allem in regenarmen Jahren – mit eingeführtem Festlandwein und Wasser gepanscht wurde. Um den angeknacksten Ruf zu retten, haben sich einige der großen Bodegas zu einem Qualitätsverband zusammengeschlossen. Diese nicht gepanschten Weine sind erkennbar an dem von Manrique entworfenen Sonnensymbol mit dem Begriff „Consejo Regulador Denominación de Origen“. Das Etikett klebt auf der Rückseite der geprüften Flaschen. Hierzu gehören die Güter El Grifo, La Geria, Mozaga, Reymar, Barreto und Gonzalo Siforiano.

Windkraft

Energie für San Bartolomé

Nähert man sich – egal aus welcher Richtung – San Bartolomé, der Montaña Mina fällt immer ins Auge. Genauer gesagt: die fünf Windrotoren, die sich auf dem 444 Meter hohen Berg drehen. 30 Meter hoch sind die Türme, 26 Meter beträgt der Durchmesser der Rotorblätter. Das Versuchsobjekt wird vom spanischen Staat und der EU finanziert. Nach offiziellen Angaben werden mit der 1125-Kilowatt-Anlage in der Gemeinde San Bartolomé mehr als 2000 Häuser mit elektrischem Strom versorgt. Die kleine Windkraftanlage bildete das Pilotprojekt für den größeren Windpark bei Los Valles im Nordosten der Insel (siehe auch Seite. 161).

Der Chefkoch im Restaurant „El Campesino" am üppigen Büffet.

Aktivitäten

Go-Cart-Bahn
An der Straße Arrecife – San Bartolomé, unterhalb der Montaña Mina, erkenntlich an ihrem Windkraftwerk. Große Rennstrecke für kleine Schumis, mit Kinderspielplatz.

Unterkunft

*** Finca de la Florida
El Islote Nr. 90
Tel. 928 52 11 24
Fax 928 52 03 11
Internet: www.interlan-stc.es/florida
e-mail: florida@interlan-stc.es
Der kleine Landsitz nordwestlich von San Bartolomé liegt in ruhiger Umgebung mitten im Weinbaugebiet. Gut ausgestattete Zimmer, Liegeterrasse mit Pool und Kinderbecken; Tennis, Tischtennis, Reitpferde, Mountainbikes, Fitnessraum.

Restaurants

El Campesino
Carretera Mozaga
Tel. 928 52 01 36.
Der Tradition verpflichtetes Restaurant der Inselregierung. Viel Atmosphäre, stilecht eingerichtet. Echte Lanzarote-Küche. Viele Fischspezialitäten als Hauptgericht und vom Büffet. Auch Fleischgerichte und kleine kanarische Spezialitäten. Höchste Qualität bei günstigem Preis.

El Cruce
An der zentralen Kreuzung der beiden Straßen Tahíche – Tias und Arrecife – Monumento al Campesino
Tel. 928 52 09 21.
Bei Einheimischen beliebt, Grillspezialitäten und gute Tapas-Auswahl.

Weinstraße

Landschaft zwischen Mozaga und Uga. Vor allem der südliche Teil der

Im Weinmuseum der Bodega „El Grifo".

Route, die Region La Geria, wird vom Weinbau geprägt. Überall ist die spezielle Technik der Weinkultivierung zu beobachten: In die Ascheschicht wurden Trichter für die Reben gegraben, damit die Wurzeln besser an den durch Vulkanausbrüche verschütteten Humus kommen und vom Wind geschützt werden.

Sehenswürdigkeiten

La Geria ✪✪✪

Etwa 5 km nordöstlich von Uga liegt zwischen der Montaña Diama bzw. der Montaña Chapaderos im Norden und der Montaña Guardilama im Süden der Straße die faszinierendste Lava-Weinlandschaft Lanzarotes. Im Rahmen einer Ausstellung des New Yorker Museum of Modern Art wurde La Geria, die „Architektur ohne Architektur", zum ästhetischen Gesamtkunstwerk erklärt.

Weinmuseum

Masdache
Carretera Playa Honda Güime
Nave 4.
In den Bodegas von El Grifo (seit 1775) können sich Besucher über die Geschichte des Weinbaus auf Lanzarote informieren (siehe auch S. 85). Tgl. 10.30 – 18 Uhr.

Uga

Mit seinen weißen Kubenhäusern und den hohen Palmen mitten im Lavagebiet strahlt Uga fast ein afrikanisches Ambiente aus. Im Ort befindet sich die Kamelstation für die Karawane, die jeden Morgen zu den Feuerbergen zieht.

Verkehr

Uga liegt am südwestlichen Ende der Weinstraße La Geria und etwa 2 km östlich von Yaiza. Die Hauptstraße Arrecife – Yaiza – Playa Blanca führt direkt an Uga vorbei.

Sehenswürdigkeit

San Isidro Labrador

Schlichte Kirche mit Stützmauern. Sehenswert wurde die Kirche durch die Gartenanlage aus schwarzem Lapilli, weißen Mäuerchen und rotem Hibiskus, 1984 gestaltet von Luis Ibáñez, einem Freund Manriques.

Restaurant

Bodega Uga

Carretera Uga – Yaiza (Haus Nr. 3, in Ortshöhe rechts).
Kein Telefon.
Geschmackvoll eingerichtetes und kunstvoll dekoriertes, kleines Restaurant mit vielen Spezialitäten wie frisch geräuchertem Lachs, Kamelschwanzgulasch und butterzartem, geräuchertem Kamelfleisch.

Casa Gregorio

Ortsmitte, nahe der Kirche
Tel. 928 83 01 08.
Kameltreibertreff, aber auch bei Urlaubern beliebt. Gute kanarische Küche, große Portionen. Sonntags gibt es kanarischen Eintopf, Puchero und Sancocho. Di geschlossen.

Aktivitäten

Reiten

Lanzarote a Caballo
An der Straße nach Yaiza zwischen Mácher und Uga, Kilometerstein 17.
Tel. 928 83 03 14.
Reitkurse und Ausflüge hoch zu Ross.

Einkaufen

Ahumadería de Uga

Carretera Uga – Yaiza, Haus Nr. 1 (in Richtung Yaiza das letzte Haus links)
Tel. 928 83 01 32.
Lachsräucherei, jeden Tag über Rebstockspänen frisch geräucherter norwegischer oder schottischer Lachs. Di – Fr 10.30 – 13.30 und 16 – 18 Uhr, Sa 10.30 – 13.30 Uhr.

Die Stadt der Guanchen

Teguise

Malerisch liegt
Teguise unter
einem endlosen
Himmel.

Teguise ist die älteste Stadt der Kanaren, ihre Wurzeln gehen auf
die Ureinwohner, die Guanchen, zurück. Der stimmungsvolle und gut
erhaltene Ortskern stammt vorwiegend aus dem 17. Jahrhundert.

Teguise

Braune Fensterläden werden mit einem lauten Knall zurückgeschlagen, knarrend öffnen sich hölzerne Türen, und Schulkinder blinzeln in die Sonne, um sogleich mit ihren Schultaschen die hallenden Gassen entlang zu rennen. Über der Calle Carniceria hängt eine Hausfrau Bettdecken über das Geländer ihres Balkons. Morgenstimmung in **Teguise** ✪✪✪. Noch herrscht Ruhe. Doch schon bald werden die ersten Besucher durch die Straßen schlendern, die Köpfe nach oben recken und die Architektur bewundern.

Die Ecken aus schwarzem oder rotem Vulkangestein, die weißen, glatten Hauswände, unterbrochen nur durch grüne oder braune Fensterläden und Türen, Flachdächer oder weiß gestrichene Satteldächer machen die Stadt wirklich zu einem ungewöhnlichen Ensemble! Kein Wunder, dass viele Urlauber den Weg hierher finden. Die alten Kopfsteinpflaster, über denen noch die Vergangenheit liegt, vervollständigen das Bild von Teguise als einem malerischen Kleinod. Ein Hauch von Mexiko oder Kuba liegt über der ehemaligen Inselhauptstadt, hispano-amerikanische Architekten haben hier ihre Spuren hinterlassen. Und Baumeister aus Spanien und Portugal haben Teguise im ehemals zeitgemäßen Schachbrettmuster angelegt. Trotz der prunkvollen Fassaden wirkt die Stadt schlicht, zurückhaltend – und doch vornehm. Die königliche Vergangenheit ist überall spürbar.

Denn jeder hier weiß um die Königslinie von **Zonzamas** bis zur Prinzessin Teguise, der Namensgeberin des Ortes, jeder kennt die Legende der Stadtgründung, die man voll Stolz bei einem Gläschen Wein oder einem Brandy erzählt. Sie beginnt mit König Zonzamas und seiner Frau Fayna. Das Paar hatte zwei Söhne, Tigufaya, den Thronfolger, und Guanarteme, den Zweitgeborenen. Als das Schiff des Iberers Capitan Martín Ruiz de Avendaño in einem heftigen Sturm an der Küste zerschellte, nahm ihn Zonzamas bei sich auf und gab ihm als Zeichen der Gastfreundschaft sogar seine Frau zur Gesellschaft. Aus dieser Verbindung ging dann das Mädchen Ico hervor.

Nach Zonzamas Tod übernahm Tigufaya die Herrschaft, doch bald unterlag er andalusischen Piraten. Er wurde zusammen mit seiner Frau und hundert Gefangenen in Sevilla als Sklave verkauft. Guanarteme, der Nachfolger, hatte mittlerweile die schöne Prinzessin Ico gechelicht, die ihrem Halbbruder einen Sohn namens Guardafía gebar. Doch auch Guanarteme fiel

Zur Siesta schließen sich in Teguise die typischen grünen Türen und Fenster.

im Kampf, und Ico beanspruchte daraufhin den Thron für ihren Sohn. Aber Ico war in den Augen der Sippe immer eine Fremde geblieben. Es kam zum Streit, und die Richter entschieden, die „Bastardin" müsse sich einem Gottesurteil unterwerfen. Diesem himmlischen Schiedsspruch sollte sich Ico in der Zonzamas-Burg, deren spärliche Überreste noch heute südlich von Teguise, nahe von San Bartolomé, zu sehen sind, unterwerfen: Sie wurde zusammen mit drei alten Frauen in Zonzamas Grab gesperrt und eingeräuchert. Glücklicherweise hatte ihr eine Anhängerin vorher geraten, einen nassen Schwamm mitzunehmen und durch ihn hindurch zu atmen. Auf diese Weise konnte sich Ico retten, was als göttliche Entscheidung verstanden wurde. Und Icos Sohn Guardafía wurde anschließend als neuem König gehuldigt. Dessen Tochter Teguise wiederum lernte Maciot Béthencourt kennen. Und hier vollzieht sich der Übergang vom Reich der Legenden zu den sicheren Gestaden der Historie.

Denn der Normanne **Jean de Béthencourt** landete nachweislich 1402 auf Lanzarote und kooperierte mit dem Inselherrscher Guardafía. Vier Jahre später verließ er das Inselreich wieder, aber nicht ohne vorher seinen Neffen **Maciot Béthencourt** als Nachfolger eingesetzt zu haben. Ob es Liebe war oder politisches Kalkül, ist heute nicht mehr nachzuvollziehen, jedenfalls heiratete Maciot Guardafías Tochter Teguise. Und im Jahr 1418 gründete er genau in der Inselmitte, dort, wo man sich vor den ständigen Piratenüberfällen am sichersten fühlen konnte, die Inselhauptstadt. Er benannte sie nach seiner Frau: La Villa Real de Teguise.

Zu Maciot entwickelten die Einheimischen ein zwiespaltiges Verhältnis: Einerseits schätzten sie ihn als Stadtgründer und Schutzherren der Eingeborenen vor den machtgierigen, nach der Eroberung eingewanderten spanischen Siedlern, andererseits erregte sein zweifelhafter Charakter Missfallen. Denn bald nach der Stadtgründung vernachlässigte Maciot die Interessen der Altkanarier, er verkaufte sie sogar als Sklaven.

Das wurde schließlich der kastilischen Krone zu bunt, und man schickte ihn ins Exil nach Madeira. Doch selbst von dort aus gelang es ihm, mit der ihm einst anvertrauten Insel üble Geschäfte zu machen: Er war so gerissen, dass er sogar aus der Ferne die Rechte auf Lanzarote und Fuerteventura gleich an mehrere Interessenten gleichzeitig verscherbelte.

Die folgenden Streitigkeiten, die für die Bevölkerung Teguises Chaos und Wirren brachten, war allein Maciots Umtrieben zu verdanken. Auch die Willkür der neuen Herren, des Clans der Peraza und Herrera, adlige Feudalherren aus Kastilien, machte das Los der Insulaner nicht leichter. Der Wohlstand der herrschenden Sippen entstand durch die Unterdrückung und Ausbeutung der armen Bevölkerung. Ihre Macht demonstrierten die Herren mit dem Bau von Palästen, und ihr Ansehen beim Königshaus in Spanien verlieh ihnen allerlei Vorteile. So avancierte Teguise im 16. Jahrhundert zum Zentrum aller kanarischen Inseln.

Nur die Piraten störten wiederholt den Frieden. Als Frühwarnstation wurde die Anlage auf dem Berg **Guanapay**, wo schon die Altkanarier einen Beobachtungsposten eingerichtet hatten, erweitert. Von ihrem Ausguck konnten Wächter die Nord- und Westküste beobachten und bei Bedarf die Stadt rechtzeitig warnen. Trotzdem gelang es den Seeräubern immer wieder, mordend und brandschatzend durch die Gassen zu ziehen.

Calléjon de la Sangre, Blutgasse, heißt in Erinnerung an diese gewalttätigen Zeiten die Straße, die von der Kirche Nuestra Señora de Guadalupe zum Parque La Mareta führt.

Vor allem das Schicksalsjahr 1618 riss die Hauptstadt in den Abgrund: Zwei der wüstesten Gesellen unter den Piraten, die Muselmanen Solimán und Tabac, überraschten Soldaten und Bevölkerung. Die Bande von insgesamt 5000 Mann legte überall Feuer, die Häuser verbrannten, die Inneneinrichtung der Kirchen,

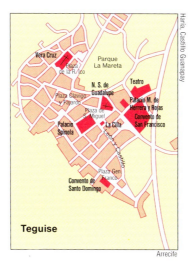

Haria, Castillo Guanapay

Vera Cruz
Plaza de la R./Ico
Parque La Mareta
N. S. de Guadalupe
Teatro
Plaza Clavijo y Fajardo
Palacio M. de Herrera y Rojas
Plaza de Miguel
Palacio Spinola
La Cilla
Convento de San Francisco
León y Castillo
Plaza Gen. Franco
Convento de Santo Domingo

Teguise

Arrecife

Die Timple

Die Timple, ein Saiteninstrument, lässt sich aus der kanarischen Folklore nicht wegdenken. Das kleine, doch „lautstarke" Instrument mit fünf oder vier Saiten klingt ähnlich wie eine Balalaika. Es stammt ursprünglich aus Portugal. Die Originalversion war flach, die kanarische Timple hat dagegen einen runden Rücken. Esteban Morales Hernandez verwendet für seine Instrumente nur ausgewählte Holzsorten, vorwiegend „Palo santo", das Heilholz des Guajak-Baumes, der in der Karibik wächst. Mit viel Liebe werden der Korpus und der Rand des Schalllochs mit Intarsien aus Elfenbein, Perlmutt und Ebenholz verziert. Herstellungszeit und Preis hängen unter anderem auch vom Zierrat und Schmuck ab. Für eine gute Timple muss man allerdings etwa 1000 DM veranschlagen.

die Juwelen des Convento de San Francisco wurden gestohlen, die Felder niedergebrannt. Obendrein nahmen die Räuber 900 Einwohner mit und verkauften sie in Europa als Sklaven.

Auch in der Folgezeit nahmen die Angriffe nicht ab. An den Raubzügen gegen die wehrlosen Inselbewohner beteiligten sich außer den Korsaren aus Nordafrika und Kleinasien auch Franzosen, Holländer und Engländer. Was die Einwohner mühsam wieder aufgebaut hatten, das legte die nächste Piratenattacke ebenso schnell wieder in Schutt und Asche. Viele Canarios suchten deshalb ihr Heil in der Flucht und wanderten nach Südamerika aus. Um das Jahr 1650 lebten nur noch 300 Lanzaroteños auf der Insel, und Teguise muss zeitweise einer Geisterstadt geglichen haben. Viele, die sich retten konnten, versteckten sich in der **Cueva de los Verdes** bei den heutigen **Jameos del Agua** (s. Seite 154/155).

Doch langsam vollzog sich eine Wende und in der Hauptstadt begann der Wiederaufbau. Im 17. Jahrhundert verlief die Stadtentwicklung noch zaghaft, hundert Jahre später aber krempelten die Einwohner die Ärmel kräftig hoch – das Ergebnis dieser Anstrengung spiegelt sich noch heute in den Fassaden der Stadt.

Ein Rundgang durch das Städtchen Teguise empfiehlt sich außerhalb der „offiziellen Besuchszeit". Denn zwischen 10 und 16 Uhr bevölkern die Tagestouristen den ganzen Ort. Davor und danach jedoch ändert sich in den Straßen die Atmosphäre, die Stimmung lädt ein zu einem inspirierenden Spaziergang durch die Vergangenheit. Doch plötzlich gewinnt auch ein Gebäude wie der **Palacio Spínola** an Flair. Der äußerlich schlichte Palast liegt an der **Plaza de la Constitución**, auch Plaza de San Miguel genannt, direkt gegenüber der Kirche Nuestra Señora de Gua-

Der neu gestaltete Platz vor dem Palacio Spínola in Teguise.

dalupe, die auch San Miguel heißt. Die Palasteinrichtung zeigt, wie luxuriös die Feudalherren bis zum 19. Jahrhundert in ihren Gemächern lebten.

Am südöstlichen Ende der mit Palmen, Araukarien und zwei Löwen geschmückten Plaza steht auffallend, wenngleich auch etwas schwerfällig, ein einfaches Steingebäude mit einer wuchtigen, nagelbeschlagenen Holztür: die **Cilla de Diezmos**. In diesem Gebäude, einem früheren Zehnthaus, haben schon die Béthencourts für die Kirche ein Dreißigstel

Die Pfarrkirche Nuestra Señora de Guadalupe.

der Getreideernte eingefordert. Später wurde der Tribut auf den Zehnten erhöht. „La Cilla" stammt in seiner heutigen Form aus dem 17. Jahrhundert. Manche Reisebegleiter machen bei ihrer Stadtführung gern vor diesem Gebäude

Halt, um mit ironischem Grinsen auf ein dezent angebrachtes Firmenschild hinzuweisen: Auch heute werden hier Zinsen kassiert, die Cilla ist nämlich Sitz der Kanarischen Sparkasse!

Von der Plaza de la Constitución ist es ein Katzensprung zur im Nordwesten liegenden **Plaza 18 de Julio**, die mit der **Plaza Clavijo y Fajardo** verbunden ist. Hier ballen sich die Geschäfte der Kunsthandwerker, und in den Bars treffen sich Künstler aus aller Welt, die auf Lanzarote neue Inspirationen suchen. In der nördlich an die Plätze anschließenden **Calle El Rayo** fällt ein großes Gebäude mit einem schönen, braun gestrichenen Holzbalkon auf. Die **Casa Cuartel** wurde um 1700 als Kaserne gebaut.

Im Fokus

Geschichte der Emigration

Im Lauf der Geschichte war die Bevölkerungszahl Lanzarotes starken Schwankungen unterworfen: Immer wieder haben die Menschen, aus Angst vor Piraten oder wegen wirtschaftlicher Not, ihr Heil in Süd- und Mittelamerika gesucht.

1402
1000 Ureinwohner leben auf Lanzarote, als Jean de Béthencourt die Insel erobert.
1560
Krieg und Piratenüberfälle dezimieren die Bevölkerung auf 500 Einwohner.

1650
Nach weiteren Piratenüberfällen sinkt die Zahl auf 300 Einwohner.
1730 – 1736
Vulkanausbrüche im Süden der Insel verursachen weitere Auswanderungswellen.
1877
Wassermangel und Hungersnot aufgrund einer starken Bevölkerungszunahme, 8000 Menschen verlassen die Insel.
1900
Die Bevölkerungszahl wächst wieder auf 18.000.
1936
Während Francos Diktatur ver-

lassen viele Canarios die Inseln aus politischen Gründen.
1950
Ein Heuschreckeneinfall aus Afrika bewirkt eine neue Auswanderungswelle.
1970
Der Tourismus beginnt – nach all den Wirtschaftskrisen die einzige Rettung für die Wirtschaft der Insel. Die Lebenssituation verbessert sich stetig, im Zusammenhang damit steigt die Bevölkerungszahl bis in die 80er Jahre auf 60.000.
1999
Lanzarote hat rund 90.000 Einwohner.

Hinter dem Häuserblock mit der alten Kaserne, an der Plaza Vera Cruz, hat **Esteban Morales Hernandez**, einer der wenigen Timple-Bauer der Insel, seine Werkstatt eingerichtet. Er führt die Tradition seines Vaters und seines Großvaters fort: Seit 1864 ist die Familie eine gute Adresse für dieses typisch kanarische Saiteninstrument.

In großem Bogen geht es zurück. Über den **Parque La Mareta**, auf dem während der lebendigen Stadtfeste Festzelt und Lunapark aufgebaut sind, erreicht man die **Calle Espiritu Santo** mit dem im Jahr 1995 wieder eröffneten **Teatro Municipal Hermanas Manuela y Esperanza Spínola**. Und gleich nebenan präsentiert sich ein weiteres, erst 1998 der Öffentlichkeit

Nahe Teguise steht als ehemaliger Wachposten das Castillo de Santa Bárbara.

hinauf zum **Castillo de Santa Bárbara** ✪✪✪. Von dort oben, vom luftigen Söller der Burg, die auch als Castillo de Guanapay bekannt ist, lässt sich die Anlage der alten Hauptstadt am eindrucksvollsten begreifen. Da präsentiert sich „La Villa", wie Teguise von seinen Einwohnern genannt wird, in ihrer ganzen Schönheit. Man erkennt die exakte Führung der Gassen, die weißen Häusergruppen, überragt von mächtigen Kirchen, die die Stadt zu beschützen scheinen. Die Kirchtürme erinnern an die Zeit vor 1852, als Teguise noch Bischofssitz für die gesamten Kanaren war und damit Ausgangspunkt für die Missionierung der heidnischen Guanchen.

Im Castillo selbst erinnert das **Museo del Emigrante** an die aufregende Geschichte Lanzarotes. Hier können alle Besucher nachvollziehen, wie oft die Insulaner bis ins 20. Jahrhundert gezwungen waren, ihr Glück in der Neuen Welt zu suchen – sei es aus Angst vor Piraten oder vor den sich ständig wiederholenden Hungersnöten und Wirtschaftskrisen. Mit viel Mühe wurden Briefe an die Familie, Reisepässe, Bordkarten usw. gesammelt. Sie erzählen von dem Überlebenskampf der Einheimischen und vom schwierigen Versuch, in der fernen

zugänglich gemachtes Juwel: der Palacio del Marquéz de Herrera y Rojas, der kurz **Casa de los Herrera** genannt wird. Mit viel Ausdauer hat hier ein deutsches Ehepaar den 1929 restaurierten Stadtpalast, dessen Grundmauern bis auf das 15. Jahrhundert zurückgehen, ausgebaut und im Inneren mit sensibler Hand und viel Einfühlungsvermögen im Stil des 18. Jahrhunderts ausgestattet. Im vorderen Teil des Gebäudes verführt zusätzlich eine kleine Weinhandlung zum Degustieren feiner Tropfen, im Patio ist ein Restaurant eingerichtet.

Von der Tür des schmucken Palastes, aus der Calle Marquéz de Herrera y Rojas, blickt man

Fremde ein neues, besseres Auskommen zu finden – was auch einigen von ihnen gut gelang, galten und gelten die Canarios doch als fleißig und äußerst einfallsreich. Sozusagen von „höchster Stelle" wurde, wie im Gästebuch des Museums nachzulesen ist, den Lanzaroteños ein gutes Zeugnis ausgestellt: Fidel Castro lobte als Unterzeichner einer Urkunde „die Ehrlichkeit, die Arbeitswut, den Aufbauwillen und den Rebellionsgeist der Kanarier". Und nur dank dieser Charaktereigenschaften hat auch Teguise überlebt und ist schließlich zu dem geworden, was es heute ist: eine stimmungsvolle Stadt voller Geschichte und Geschichten.

Allgemeines

Teguise wurde 1418 als Hauptstadt Lanzarotes im Inselinneren gegründet. Trotz der Lage wurde die Stadt aber wiederholt durch Piraten geplündert und zerstört. Das Teguise von heute stammt aus dem 17. und dem 18. Jh. Als 1852 Arrecife Hauptstadt wurde, ging es abwärts mit Teguise, doch dank César Manriques Initiative begann die große Renovierung. Seit 1973 ist die Stadt als spanisch-nationales Kunstwerk geschützt. 1600 Einwohner leben heute in der Stadt.

Verkehr

Organisierte Ausflüge in die alte Metropole werden fast jeden Tag angeboten. Wer mit dem Auto anreist, sollte sich einen Parkplatz am Stadtrand suchen – Teguise lässt sich bequem zu Fuß erleben.
Zum Besuch des Castillo de Santa Bárbara benötigt man ein Fahrzeug, es sei denn, man möchte etwa eine Stunde lang bergauf wandern. Bei organisierten Busreisen ist der Besuch der Burg meistens eingeschlossen.
Öffentliche Busse verkehren ab Arrecife, der Fahrplan ist jedoch auf die Bedürfnisse der Einheimischen ausgerichtet, also: morgens in die Hauptstadt, abends zurück.
Eine Alternative ist das Taxi. Eine Fahrt z. B. von Playa del Carmen nach Teguise kostet etwa 2300 Pts. für die einfache Fahrt.

Sehenswürdigkeiten

Castillo de Santa Bárbara ✪✪✪
Etwa 2 km östlich von Teguise.
Trutzig und wehrhaft steht die Burg auf dem Vulkanberg Guanapay, dessen Namen sie auch manchmal trägt. Seine heutige Form erhielt das Kastell im Jahr 1588 durch den Festungsarchitekten Leonardo Torriani, der im Dienst von König Philipp II. von Spanien stand. Der Blick vom Dach

hinunter auf Teguise und die Umgebung ist großartig.
Im Castillo wurde das sehenswerte Museo del Emigrante Canario untergebracht, das Museum der kanarischen Auswanderer (siehe auch den Kasten auf S. 97).
Di – Fr 10 – 16, Sa, So 11 – 15 Uhr.

Palacio Spínola
Plaza de la Constitución.
Ein schönes Beispiel kanarischer Architektur des 18. Jh. Edles Mobiliar, reich dekorierte, helle Gemächer mit wertvollen Gemälden, inseltypische Gebrauchsgegenstände.
Mo – Fr 10 – 15.45, Sa, So 10 – 14.45 Uhr, im Winter manchmal 1 Stunde länger.

Convento de San Francisco
Calle José Betancort/Plaza San Francisco.
Der ursprüngliche Franziskanerkonvent wurde Opfer des Piraten Solimán (1618), nur die Kirche blieb übrig. Gleich nach der Zerstörung wurde das Kloster wieder aufgebaut. In der zweischiffigen Kirche, auch „A Madre de Dios de Miraflores" genannt, fallen vor allem die schön geschnitzten Holzdecken im Mudéjar-Stil auf. Hauptaltar von 1730 mit edlen, barocken Schnitzereien; der Altar im rechten Schiff im Indianerbarock ist oben mit Früchten und Maiskolben verziert, der Altartisch selbst besteht aus einem Stück Vulkangestein.
Die Kirche, 1975 – 1977 restauriert, dient seit 1998 als Kirchenmuseum

Insider News

Der Sonntagsmarkt von Teguise
Diese Einrichtung ist mit Vorsicht zu genießen, denn von der ursprünglichen Absicht, einheimisches Kunsthandwerk zu präsentieren, ist kaum noch etwas geblieben: Es werden vorwiegend Waren aus Afrika und vom spanischen Festland angeboten, die Kunsthandwerker aus Lanzarote muss man suchen. Zum Einkauf einfacher Souvenirs kann sich der Besuch allerdings schon lohnen. Großes Gedränge, Parkplätze am Ortsrand. Organisierte Bustouren ab Playa Blanca (9 Uhr), Puerto del Carmen (9.30 Uhr), Costa Teguise (10 Uhr), Arrecife (10.30 Uhr), Rückfahrt um 13 Uhr.

Castillo de Guanapay · Museo del Emigrante

Erdgeschoss

1 Kanarische Inseln und Amerika
2 Kanarische Gründungen
3 Überfahrt
4 Dokumente, Erinnerungen
5 Persönliche Gegenstände

Inselbarock in Teguise.

(Museo Sacro) mit einer Sammlung von Gegenständen aus aufgelassenen Klöstern und Kirchen der Umgebung. Tgl. 10 – 13 Uhr.

Nuestra Señora de Guadalupe (San Miguel)

Plaza de la Constitución.
Nach einem Brand im Jahr 1909 wurde die dreischiffige Kirche neugotisch im weißen Zuckerguss-Stil gestaltet. Sehenswert ist in der rechten Kapelle vor dem Chor die Mondsichel-Madonna mit schwerer Silberkrone. Mo – Fr 10 – 13 Uhr.

Convento de Santo Domingo

Plaza General Franco.
In den Konventsräumen des früheren Dominikanerklosters befinden sich die Amtsräume des Rathauses. In der zweischiffigen Klosterkirche soll ein Museum für Zeitgenössische Kunst (Museo Arte Contemporáneo) untergebracht werden. Auskunft zu den Öffnungszeiten im Rathaus.

Templo de la Veracruz

Plaza de la Veracruz.
Das Gotteshaus der Anglikanischen Kirche ist ziemlich renovierungsbedürftig. Wenn kein Gottesdienst stattfindet, kann man durch ein Türgitter in die einschiffige Kirche schauen. Sehenswert ist die Christusstatue des kanarischen Künstlers Lujan Pérez mit echtem Menschenhaar.

Archivo Historico

Calle Carniceria s/n.
Das frühere Herrenhaus aus dem 18. Jh. birgt heute ein reiches Archiv über Lanzarote und die gesamten Kanaren. Geschnitzte Eingangstür, sehenswerte Decke im Mudéjar-Stil. Besichtigung auf Anfrage möglich. Dienstzeiten im Archiv Mo – Fr 9 – 13 Uhr.

La Cilla

Plaza de la Constitución.
Das Zehnthaus aus dem 17. Jh. ist heute der Sitz der Sparkasse Caja de Canarias. Es ist während der Schalterstunden (Mo – Fr 8.30 – 14 Uhr im Winter, 8.30 – 13.30 Uhr im Sommer) zu besichtigen.

Palacio Marqués de Herrera y Rojas

Calle Marqués de Herrera y Rojas 9. Stilecht restauriertes Haus aus dem 18. Jh., jetzt mit Sonderveranstaltungen und Weinverkauf aus aller Welt. Di – Fr und So ab 12 Uhr.

Teatro Municipal

Calle Espiritu Santo/Ecke Calle Herrera y Rojas.
Die frühere Ermita del Espiritu Santo war 1825 das erste Theater der Provinz Las Palmas. Nach der Restaurierung wurde der Bau 1995 wieder als Theater eingeweiht. Nur bei Aufführungen geöffnet (Auskünfte im Rathaus).

Parque La Mareta

Nördlich der Calle Garajonay.
Am Rand der Stadt, wo die Kopie einer alten Gofio-Mühle errichtet wurde, ist heute noch eine große, von einigen Gebäuden eingerahmte Fläche zu sehen. Es handelt sich dabei um eine unterirdische Zisterne, die 40 Meter im Durchmesser misst, neun Meter tief in den Boden reicht und bereits im 15. Jh. vom Inselfürsten Sancho de Herrera als Notdepot für alle Einwohner eingerichtet wurde. Heute ist das Wasserreservoir allerdings verlandet.

Restaurants

Acatife

Calle San Miguel 4
Tel. 928 84 50 37.
Eines der ältesten Restaurants des Ortes. Traditionell und mit Kunstwerken eingerichtet, gedeckter Patio. Tagsüber werden Tapas serviert, am Abend mutiert das Lokal bei gehobenen Preisen zu einem feineren Res-

taurant mit Inselspezialitäten, beispielsweise Sama (Brasse) im Salzteig. Fisch- und Fleischgerichte.

Casa Cristobal
Los Morros
(am südlichen Ortsrand)
Tel. 928 84 52 95.
Beliebtes Restaurant in kühlem Ambiente. Viele kanarische Spezialitäten, darunter Zicklein, Kaninchen und Lammkotelett; außerdem frischer Fisch. Di geschlossen.

La Cantina
Calle León y Castillo 8
Tel. 928 84 51 09.
Schlichtes Restaurant in kanarischem Stil mit schönem Innenhof, uriges Ambiente. Auf den Tisch kommt vor allem kanarische Küche.

La Galería
Calle Victor Feo 6
Kein Telefon.
Kleines, gemütliches Restaurant (deutsche Besitzer) mit Kunstgalerie. Schmackhafte kanarische und spanische Tapas.

Suso
Calle Tazacorte 1
Tel. 928 84 53 64.
Neues, einfaches Restaurant. Kanarische Küche, Fisch und Fleischgerichte. Alle Weine Lanzarotes.

La Tahona
Calle Santo Domingo 3
Tel. 928 84 53 49.
Kanarisch eingerichtetes, gemütliches Restaurant. Typische, einheimische Küche. Ausstellung alter Fotos von Teguise. Am Freitagabend zwei Stunden Folklore.

Palacio del Marquéz
Calle Marquéz de Herrera y Rojas 9
Tel. 928 84 57 73.
Weinstube und Café in einem renovierten Palast, gemütliches Ambiente. Weinproben und Weinverkauf.

Einkaufen

Tienda
Plaza de la Constitución 12.
Souvenirs, Spitzenarbeiten, allerlei Kunsthandwerk.

Casa Kaos
Calle León y Castillo s/n (beim Palacio Spínola).
Schmuck und Bilder, dazu diverse Kleinkunst von auf der Insel lebenden Künstlern.

La Lonja
Plaza Maciot de Béthancourt.
Souvenirgeschäft der Fundación César Manrique. Es gibt eine reichhaltige Auswahl an Kunsthandwerk der Kanaren.

Taller de Timples
Plaza la Vera Cruz 5.
Die Werkstatt des Timple-Bauers Esteban Morales Hernandez liegt zwischen der Kathedrale und der Kirche Vera Cruz (zur Timple siehe auch den Kasten auf S. 96).

Information

Im Ort gibt es (noch) keine Touristeninformation. Übrigens auch noch keine Hotels!

Insider News

Goethe und Teguise

Am 19. März 1726 erblickte Don José Clavijo y Fayardo in Teguise das Licht der Welt. In Las Palmas de Gran Canaria studierte er Philosophie, Theologie und Recht, danach lebte er in Madrid. Dort lernte er Lisette Caron kennen, die Schwester des Schriftstellers Beaumarchais. Als der Mann aus Teguise jedoch sein Eheversprechen gegenüber Lisette nicht einhielt, rächte sich der Bruder der Verschmähten, indem er ihn in seinem Buch „Eugénie" zur unrühmlichen literarischen Figur machte. Diese wiederum diente Goethe als Vorlage für den „Clavigo".

Kunstgalerie und Bar in einem: das Restaurant „La Galería".

*Nur am Abend rollen
die Wellen einsam an
die Playa de Famara.*

Lanzarotes stürmische Küste

An der Nordküste Lanzarotes machen Winde und starke Strömungen
das Baden zum Wagnis. In La Santa Sport jedoch hat man festen
Boden unter den Füßen – und über sechzig Sportarten zur Auswahl.

Schäumend und brüllend stürmen die Brecher gegen die **Playa de Famara** ✪. Etwa 150 Meter vor der Küstenlinie wehren sich die Aufbauten eines gestrandeten Zementfrachters gegen die Erosion. Fröhlich planschen Kinder am Rand der auslaufenden Wellen. Bei den Dünen verstecken sich ein paar Nackte hinter den „Zocos", den Steinburgen. Viele Schwimmer reizt es, zu dem Wrack zu kraulen, doch sollte man davon lieber die Finger lassen: Rote Flaggen und mehrsprachige Tafeln warnen vor gefährlichen Unterströmungen, die jedes Jahr Todesopfer fordern.

Die Surfer scheinen da weniger Bedenken zu haben: Mit ihrem Brett unter dem Arm, in wärmende Neopren-Anzüge gesteckt, stürzen sie sich in die Wellen und lassen sich vom Sog hinausziehen. Bald überdeckt das Brausen der Wogen ihre Freudenrufe. Souverän beherrschen sie das tosende Meer, reiten johlend auf den Kämmen der Brecher zum Ufer zurück. Als wollten sie Sog und Schwerkraft verhöhnen, segeln in einiger Entfernung Windsurfer am Horizont entlang. Nur wahre Profis wagen sich in die Nähe der vom Nordwestwind gepeitschten Brandung. Zur Abrundung dieses gewaltigen Naturereignisses, mit dem sich der Mensch versucht, schweben Drachen und Gleitschirme über der Szene, informieren sich am Flug der Möven über die Thermik, sinken von den Famara-Klippen sanft hinunter zum Strand. Für Sport mit Brett, Segel und Flügel ist die Famara-Küste ein ideales Revier!

Die Bucht ist eines der zwei Urlaubszentren an der Nordküste. Und das ständig im Wind liegende Gebiet ist dabei kaum verbaut. Seit 1987 herrscht im Naturschutzgebiet Famara Baustopp. Nur das im Westen des fünf Kilometer langen Sandstrandes liegende Dörfchen **La Caleta de Famara** ist zu sehen. Am Ostrand des Ortes zeichnen sich die Bungalows einer Feriensiedlung ab, ein Ziel für Urlauber, die nicht den Luxus, sondern unberührte Landschaft suchen.

Dort, wo die von Teguise kommende Landstraße auf die Uferpiste trifft, steht ein Denkmal aus einer Zeit, als man noch dachte, hier größere Urbanisationen anlegen zu müssen: eine restaurierte Windmühle am früheren Waschplatz der Frauen aus La Caleta. In den 50er Jahren hoffte die Inselregierung, aus dem Famara-Massiv genügend Wasser für größere Siedlungen zu gewinnen. Tiefe Gänge, sogenannte „Galerias", wurden in den Berg getrieben. Doch bald schon versiegte die Quelle, auf der regenarmen Insel war eben auch der in Gesteinskammern versteckte Vorrat begrenzt. Jetzt wird das Wasser weiter oben in einem Tunnel

Mächtig, fast drohend ragt der Risco de Famara über dem Ort Caleta auf.

gestaut. Eine kleine Reserve für Winterzeiten, in denen der Regen völlig ausbleiben sollte – was immer wieder der Fall ist!

Hinter der vertrockneten Wasserstelle beginnt gleich der hellbraune, feinsandige Strand. Hier halten die meisten Urlauber an, um sich ein Sonnenplätzchen zu suchen. Manchem Urlauber allerdings herrscht am Dünengebiet zu viel Trubel, Kenner der Szene suchen daher ruhigere Fleckchen und fahren hinter der Bungalowanlage entlang des Famara-Felsenriffs noch etwa zwei Kilometer Richtung Norden, wo sich Kiesel- mit kleinen Sandflächen abwechseln. Hier stürzt sich der Wind gegen die hohen Klippen, treibt die spielenden Möven in die Lüfte, hier hat nur das Brausen des Meeres eine Stimme.

Ein Ausflug ins El Jable vermittelt Wüstengefühle.

Drüben in La Caleta treffen sich mittags oder abends die meisten Müßiggänger in einer der zahlreichen Fischkneipen. Man muss auf La Caleta vorbereitet sein, denn das Fischerkaff mit den sandverwehten Straßen und Wegen könnte die Kulisse für einen Wildwestfilm abgeben. Ein Sheriff mit Colt, breitbeinig um die Ecke schleichend, würde hier nicht auffallen. Mit der richtigen Einstellung fühlt man sich aber rasch wohl in dieser Umgebung, wird lässig, lässt alle Hast fallen, hängt räkelnd im Stuhl, bis das Fischgericht dampfend die Nase kitzelt. Feinschmecker sollten sich das Tier allerdings vorher zeigen lassen und genau prüfen, denn der „frische Fisch" ist keineswegs immer so fangfrisch wie auf der Speisekarte angepriesen!

Vor allem am Wochenende herrscht in La Caleta das Servier-Chaos und kann auf hohe Ansprüche nur wenig Rücksicht genommen werden. Dann brausen die inzwischen zum Statussymbol

Landwirtschaft

El Jable

Rund um Sóo dominiert landwirtschaftliches Gebiet, hier wird reichlich geerntet, obwohl weder dunkle Äcker noch schwarze oder rote Lapilli für den Trockenfeldbau vorherrschen wie in anderen Regionen der Insel. Sóo und die umliegenden Dörfer befinden sich mitten im Treibsandgebiet, das im Lauf der Jahrtausende durch den ständigen Nordostwind gebildet wurde. Quer über die Insel trieben und treiben die Sandkörner von der Playa de Famara bis in den Süden nach Puerto del Carmen. Sogar die ausgedehnten Strände rund um diese moderne Urlaubsstadt sollen aus Treibsand aus dem Famara-Gebiet bestehen. Die Bauern im Jable haben sich das System des Trockenfeldbaus von der Lapilli-Technik (Enarenado artifical) abgeguckt. Wenn die Lavakörner Wasser speichern, dann – so ihre Überlegung – verhält sich der Sand genauso. Der Vorteil: Sand war da, er musste nicht erst herbeigeschafft werden. Beim Getreideanbau etwa werden die Körner einfach auf den Sand gelegt und untergepflügt. Sobald die Saat durch den nachts gespeicherten und vom Sand nach unten abgegebenen Tau zu keimen beginnt, suchen ihre Wurzeln den unter dem Sand ruhenden Kulturboden (zum Thema „Trockenfeldbau" siehe auch Kasten auf S. 80/81).

Molinos und Molinas

Zwei Arten von Mühlen fallen bei der Fahrt über die Insel auf: zum einen die hohe, mit leicht konischer Zylinderform und kegelförmiger Haube, an der die Windmühlenflügel befestigt sind; zum anderen ein niedrigerer Typus, bestehend aus einem einstöckigen Gebäude, auf dem Flachdach ein drehbarer Holzturm mit den Flügeln.

Die hohe Windmühle heißt **Molino** (maskulin). Die Getreidesäcke müssen in ihrem Inneren mühsam in den dritten Stock geschleppt werden. Das Räderwerk mit vielen Getriebeübersetzungen ist etwas schwerfällig und braucht starken Wind, um in Bewegung zu kommen. Im obersten Stockwerk müssen die Mahlsteine getrieben werden, das Korn fließt über einen Trichter, die Gosse, in das Mühlsteinauge und wird im Mittelgeschoss in Säcken aufgefangen. Das Erdgeschoss der Molino bildet den Lagerraum.

Die **Molina** (feminin) im Gegensatz zur Molino kennzeichnet ein Aufbau, der sich ständig nach der Windrichtung dreht, kommt also mit weniger Windkraft aus. Die Übersetzung zu den Mühlsteinen ist einfacher, kostet also weniger Energie. Das Korn wird ebenerdig in die Gosse gefüllt und über den Rüttelschuh in Säcke gefüllt.

Die Molina ist die jüngere Konstruktion und gilt als Fortentwicklung des Molino. Allerdings ist auch sie heute kaum mehr in Gebrauch. Nur die Molino in Tiagua wird gelegentlich noch in Gang gesetzt.

avancierten Geländefahrzeuge über die Sandpisten. Einige versuchen sich sogar an der küstennahen Piste westwärts in Richtung La Santa und enden dann hinter der Caldera Trasera in **Sóo** im El Jable.

Nordwestlich des Ortes liegt das zweite Sport- und Freizeitmekka an der Nordküste: Hier hat sich die Ferienanlage **La Santa Sport** ✪ etabliert, für sportlich Ambitionierte und für Fitness-Fans ein wahres Dorado. Kaum eine Sportart, die es nicht gibt. Und vieles ist im Preis inklusiv! Auch Spitzenathleten und ganze Nationalteams wählen den Club für ihr Training. Jede Woche ziehen andere bekannte Sportler ein.

Leichte Brise für Surf-Anfänger: der Binnensee im Club „La Santa".

Für Windsurf-Schüler wurde ein Binnensee geschaffen, auf dem sie, vor zu starkem Wind geschützt, ihre ersten Übungen machen. Man verband das vorgelagerte Inselchen La Isleta mit zwei Dämmen und kreierte dazwischen diese ruhige Trainingszone. Von Stürzen kaum entmutigt, ziehen die Anfänger immer wieder geduldig die bunten Segel aus dem Wasser. Sie alle haben nur ein Ziel: schnell die Reife und das Können für den Ritt auf dem tobenden Atlantik zu erreichen.

Im Schuppen des Clubs warten derweil 150 Mountainbikes. Tagsüber strampeln unternehmungslustige Radler mit ihnen quer über die Inseln. Wer Lanzarote schon kennt, tritt allein in die Pedale, Anfänger schließen sich dagegen zu Gruppen zusammen und lernen so die Wege kennen, auf denen man in Ruhe die bizarre, faszinierende Landschaft in sich aufnehmen kann.

Für weniger Ambitionierte bieten sich in der Sportanlage aber auch ruhige Plätzchen. Man kann in der Pool-Landschaft die Sonne genießen oder mit Aerobic oder Gymnastik seine Fitness trainieren. Und abends treffen sich viele Gäste nach dem Barbecue im Nachtclub.

Am nächsten Tag ist dann alles wie tags zuvor: Die einen keuchen auf den Laufstrecken, die anderen durchpflügen das Schwimmbecken, die einen verbessern ihren Aufschlag in der Tennisanlage, die anderen trainieren am Golfabschlagplatz und träumen von Birdies und vom Einputten.

Wer seinen sportlichen Urlaub mit etwas Inselkultur anreichern möchte, hat dazu im Bauerndorf **Tiagua** Gelegenheit. Der Ort selbst reizt wenig zum Aufenthalt. Doch nördlich von Tiagua zweigt eine Straße nach Osten – in Richtung der Windmühlenflügel – ab zum **Museo Agrícola El Patio**. In dieser, auf private Initiative vom Kinderarzt José Barreto gebauten Anlage kann man viel über Lanzarotes landwirtschaftliche Vergangenheit erfahren.

Die alten Mühlen, eine Molino und eine Molina (siehe Kasten), sind die Hauptattraktion, sie demonstrieren, wie das Guanchen-Kraftmittel **Gofio**, das es heute wieder in jedem guten Restaurant gibt, einst gemahlen wurde. Vor dem Bauernhof-Komplex meckern ein paar Ziegen, dösen ein Dromedar und ein Esel. Im früheren, heute sorgfältig restaurierten Herrenhaus informieren Ausstellungen mit Fotografien und Sammelstücken über die Geschichte der lanzaroteñischen Landwirtschaft, über Bevölkerung und Architektur, über das einstige Nutztier Dromedar, das Kunsthandwerk der Insel und vieles mehr.

Von Tiagua westwärts erreicht man gleich **Tinajo**, bei Lanzaroteños für seine Ringkampfmannschaft (Lucha Canario) bekannt, für die am südlichen Ortsausgang eine große Sporthalle, die „Terrera", gebaut wurde. Weiter westlich von Tinajo führt der Weg in eine wilde Landschaft, die von Lavaflüssen und gegen die erstarrten Riffe anbrausende Wellen gestaltet wurde: die zerrissene Küste zwischen der **Punta de los Cuchillos** und der **Punta del Paletón**. Die Piste fordert Reifen und Federung heraus, und um den Weg zu finden, ist etwas Pfadfindergefühl nötig. Von Tinajo aus geht es zunächst etwa 3,5 Kilometer nach Westen, dann in einem sanften Bogen um die **Montaña Teneza** (368 m) herum und 3 bis 4 Kilometer fast kerzengerade nach Norden in Richtung Küste.

Zunächst sieht man in der Landschaft noch Spuren menschlicher Arbeit, mühsam aufgeschichtete Lava-Mäuerchen, dahinter einzelne Reben, mit Lapilli bedeckte Felder, im Sommer wachsen hier Kürbisse, Tomaten und Mais.

Nach dem mühsam bewirtschafteten Land bestimmt das **Malpaís**, das unwirtliche Land, die Szenerie. Wildpflanzen wachsen dennoch als Beweis für die Kraft des Lebens, sie haben die tödliche Lava überwunden. Moquins Traganum (Traganum moquinii) hat sich durchgesetzt, die Büsche mit dicht um die Äste sitzenden fleischigen, wasserhaltigen Blättern, die grün, gelb und rötlich leuchten. Auch die Filzige Steppenmelde (Bassia tomentosa) mit ihren weißwolligen, saftigen Blättchen wächst aus dem steinigen Chaos und natürlich die Blattlose Wolfsmilch (Euphorbia aphylla), ein Wolfsmilchgewächs, sowie die ihr täuschend ähnliche Oleanderblättrige Kleinie (Kleinia neriifolia).

Etwa nach drei Kilometern sind ein paar Wochenendwohnungen an der steinigen **Playa Teneza** erreicht. Abenteuerlicher ist es jedoch, an der Gabelung die Piste quer durch die Landschaft **Los Islotes** nach Westen zu wählen, die nach 8 Kilometern vor der **Playa de la Madera** endet, einem Paradies für Angler. Allein oder zu zweit suchen sie sich eine der vielen Grotten oder Aushöhlungen, schleudern ihre an langen Ruten hängenden Haken unter sirrendem Geräusch der Spinnrolle von der Basaltklippe in das tosende Meer.

Ein Platz am Ende der Welt, im Kampf der Elemente entstanden. Hier ist der Mensch der Schöpfung nahe, hier findet er zu sich selbst, fernab von jeder Zivilisation.

Im Museo Agrícola El Patio wurde eine alte Bodega rekonstruiert.

Lanzarotes Norden ist ein wahres Eldorado für Wellenreiter.

Allgemeines

Die Nordküste Lanzarotes verfügt über keine größeren Urlaubszentren. Wesentliche Teile wie die Playa de Famara und die Felsenküste stehen unter Naturschutz, es darf also nicht mehr gebaut werden. Die wilde Famara-Küste ist für Schwimmer wenig geeignet, dafür finden Surfer hier ihr Revier. Ein absolutes Sportzentrum befindet sich in der Anlage „La Santa Sport" nördlich von Tinajo. Der westliche Teil der Küste wiederum ist steil, von wilden Lavaformationen gestaltet, die sich gegen die tosende Brandung wehren. Hier finden Angler reiche Beute und absolute Ruhe.

Playa de Famara ✪

Nördlich von Teguise und südwestlich von Haría an der Nordküste.
5 km langer Sandstrand, teils mit Steinburgen zum Schutz vor dem Wind. Vor allem im Winter ist für Schwimmer Vorsicht wegen der gefährlichen Unterströmungen geboten, rote Flaggen und Warntafeln weisen darauf hin. Gutes Revier für Wellenreiter und bei Wind aus Norden und Nordost auch für Windsurfer. Die hohen Famara-Klippen bieten einen faszinierenden landschaftlichen Kontrast. Hier finden auch Drachenflieger ein „windgünstiges" Revier.

Verkehr

Von Teguise aus ist die Playa de Famara nach 6 km Fahrt über eine einigermaßen gute Straße zu erreichen. Busverbindungen hierher existieren nicht, man ist also auf Mietwagen (oder Fahrrad) angewiesen.

Sehenswürdigkeiten

Galeria de Famara
Am Ende der Straße von Teguise, kurz vor der Playa de Famara.
Eine restaurierte Windmühle und ein Dorfwaschplatz markieren das Ende einer in den 50er Jahren gebauten Galeria. Eine Galeria ist ein in den Berg, den Risco de Famara, getriebener Stollen, der in Gesteinsblasen gespeichertes Regenwasser anzapfen soll. Das Wasser wurde in Rinnen oder Röhren zum Verbraucher geleitet. Wegen des spärlichen Regens auf Lanzarote werden aber auch fossile Wasserreservoirs nicht ausreichend (nach)gefüllt. So war die Galeria de Famara bald erschöpft. Das wenige Wasser wird jetzt in einem Tunnel für Notfälle gestaut.

Risco de Famara
Von der Playa de Famara aus hat man einen beeindruckenden Blick auf das östlich aufsteigende Felsmassiv, den Risco de Famara. Steil fällt das Bergmassiv ins Meer ab. Auf der Höhe sind die Kuppen einer militärischen Radarstation zu sehen, die neben dem höchsten Berg des Massivs und der Insel, dem Peñas del Chache (670 m), liegt.

Unterkunft

** Bungalows Playa Famara
Etwas oberhalb des Strandes, am Fuß des Famara-Massivs
Tel. 928 84 51 32
Fax 928 84 51 34.
Einfache Bungalows mit Terrasse, ruhige Lage oberhalb des großen Strandes. Guter Ausgangspunkt für Was-

Ein Ausflug führt zur kleinen Bucht von Caleta del Caballo.

sersportler. Mit kleinem Pool, Restaurant und Lebensmittelladen.

La Caleta de Famara

Kleiner, ursprünglicher Fischerort im Westen der wilden, zum Schwimmen kaum geeigneten Playa de Famara. Schöner Blick auf La Graciosa und die Steilfelsen von Famara.

Blick über die moderne Anlage des Clubs „La Santa Sport".

Las Bajas
In der Ortsmitte
Tel. 928 52 86 17.
Apartments mit Balkon, ordentlich eingerichtet und sauber.

Casa Carmelina
Im Ort direkt am Meer.
Gemütliche Wohnung in einem typischen Fischerhaus. Buchung über:
Canarias Spezial Reisen
Konrad-Adenauer-Str. 44
69221 Dossenheim
Tel. 06221/876 20
Fax 06221/87 62 20.

Restaurants

Las Bajas
In der Ortsmitte
Tel. 928 52 86 17.
Beliebtes Fischrestaurant, auch Kaninchengerichte und Paella. Mi geschlossen.

Casa Ramón
In der Ortsmitte
Tel. 928 52 85 23.
Fischgerichte und Meeresfrüchte, auch Grillfleisch. Di geschlossen.

Ausflug

Caleta del Caballo/La Costa
Von Sóo aus führt eine asphaltierte Straße rund 5 km nordwärts zur Küste. Dort stehen die Fischerhäuser der Feriensiedlung La Costa entlang der Bucht Caleta del Caballo. Am kleinen weißen Sandstrand und in der starken Brandung tollt die Jugend, an der Kaimauer sitzen, reglos und geduldig, junge und alte Angler. Von der urigen idyllischen Siedlung aus genießt man einen beeindruckenden Blick nach La Caleta, zur Playa de Famara und ihrem markanten Hintergrund, dem rauhen und hohen Risco de Famara.

La Santa

Kleine Urbanisation nördlich von Tinajo ohne jegliche Sehenswürdigkeiten oder Höhepunkte. Einzig und allein der Club „La Santa Sport", der auf einer Halbinsel als Sportzentrum ausgebaut wurde, ist erwähnenswert.

Unterkunft

*** La Santa Sport
Urb. La Santa
Tel. 928 59 99 99
Fax 928 59 99 90.
Internet: www.lanzarote-fuerte.com/-Lanzarote/lanzade.htm
Buchungen in Deutschland über:
Club La Santa
Sperberhorst 11
22459 Hamburg
Tel. 040/551 00 34
Fax 040/551 95 92.
Große Hotelanlage mit Restaurants, Supermarkt und Shopping-Center, Diskothek. Sport in allen Variationen,

Drachenfliegen

Wie Ikarus durch die Lüfte schweben – die Klippen des Risco de Famara laden Drachenflieger zu wahren Höhenflügen ein. Wer den aussichtsreichen Sport erlernen oder im Rahmen eines Tandemflugs ausprobieren möchte, kann dies beim Fluglehrer Willi Pantenburg buchen:
Deutsche Drachenflugschule
Calle Tinabuado 6
Finca La Capellina
Tao/bei Teguise
Tel. 928 17 31 65.

Weitere Drachenflugclubs:
Zonzamas
Puerto del Carmen
Centro Atlantico,
Tel. 982 51 14 99.

Delta Club Zonzamas
Arrecife, Apdo. 265,
Tel. 928 81 52 03.

Die große Romería

In Mancha Blanca, südlich von Tinajo, wird jedes Jahr am 15. September in Verehrung der wohltätigen Virgen de los Dolores „El Milagro de Mancha Blanca" gefeiert, in Erinnerung an das Lava-Wunder.
Auf festlich geschmückten Wagen werden Dolores bei einer Romería (Wallfahrt) die landwirtschaftlichen Produkte der Insel offeriert.
An diesem Tag findet auch die Kunsthandwerksmesse, die „Feria Insular de Artesanía Tradicional" statt. Kunsthandwerker und Künstler kommen dazu von allen Kanarischen Inseln und zeigen ihre Produkte. Ein Folklore-Festival beschließt den Festtag.
(zu Mancha Blanca siehe auch Kap. 5, S. 122.)

Wundertätige Maria.

auch für Kinder: Fußball, Badminton, Handball, Volleyball, Basketball, Squash, Tischtennis, 2 Pools (einer davon mit olympischen Maßen), Windsurfing-Lagune, Tauchschule, Minigolf, Fahrradverleih, Leichtathletikstadion (alle olympischen Disziplinen außer Hammerwerfen), 10 Tennisplätze; sogar Klinik für Gesundheitstests.

Tiagua

Der landwirtschaftlich geprägte Ort liegt in der Treibsand-Landschaft von El Jable. Von der einstigen Kornkammer ist durch angewehten Treibsand und Vulkanausbrüche nicht mehr viel übrig geblieben. Heute werden im Trockenfeldbau vorwiegend Kartoffeln, Tomaten und Getreide sowie etwas Wein angebaut.

Sehenswürdigkeiten

Museo Agrícola El Patio
Tiagua
An der Straße nach Sóo
Tel. 928 52 91 06.
8000 m² große Finca mit Agrarmuseum. In den Gebäuden wird das Leben der Bauern durch Arbeitsgeräte und Fotos veranschaulicht. Anhand zweier restaurierter Mühlen wird gezeigt, wie die Guanchen Gofio mahlten. Im Hof dösen Ziegen, Kamele und Esel. In einer Bodega können selbst erzeugte Weine und ein kleiner Imbiss verkostet werden. Geplant sind die Erweiterung des Tierparks, eine Naturaula für Lichtbildervorträge und ein Spazierweg durch Gärten und Felder. Zur Anlage gehört eine nach dem Rundgang willkommene, urig eingerichtete Bodega, in der verschiedene Inselweine gekostet (und gekauft) werden können, dazu gibt es kleine Häppchen mit inseltypischer Wurst und der scharfen Soße, die Mojo genannt wird.
Mo – Fr 10 – 17.30, Sa 10 – 14.30 Uhr, So geschlossen.

Tao

Kleiner Nachbarort knapp 2 km südlich von Tiagua.
Ein typisches, schönes Dorf mit weißen Häusern und vielen Gemüsegärten. Berühmt auch für seine Luchadores, die Ringkämpfer. Deren Terrero genannte Arena steht am südlichen Ortsrand. Westlich der Straße erhebt sich die markante Montaña Tamia (550 m). Der Schlackenberg entstand, wie auch die östlich der Straße mit einer Villa gekrönte Montaña del Clerigo Duarte (303 m), während der letzten Vulkanausbrüche im Juli 1824.
An der Montaña Tamia werden in einem Steinbruch Lapilli abgebaut, die Lanzarotes Bauern für ihren raffinierten Trockenfeldbau benötigen.

Tinajo

Tinajo ist der Sitz der Verwaltung für den nordöstlich der Feuerberge liegenden Bezirk. Gern machen Besucher am hübschen Dorfplatz Halt, die Bepflanzung mit Drachenbäumen, Araukarien, Palmen, Lorbeer und Hibiskus ist eine Augenweide. Am nördlichen Ende des Platzes steht eine bei Hochzeitspaaren beliebte Pfarrkirche. Am südlichen Ortsausgang (in Richtung Mancha Blanca) liegt die Arena für Tinajos berühmte Lucha-Canaria-Kämpfer. Die Wettkämpfe finden meistens freitags und samstags am Abend statt.

Sehenswürdigkeit

San Roque

Dorfkirche am Hauptplatz von Tinajo.
Sehenswert ist die im Mudéjar-Stil gearbeitete Holzdecke, die holzgeschnitzte Virgen de la Candelaria und eine Christusstatue des Bildhauers Luján Pérez (18. Jh.). Im Altaraufsatz stand früher die Statue der Dolores, die sich die Einwohner von Mancha

Windmühle im Museum in Tiagua.

Blanca holten, um die todbringende Lavaflut zu stoppen (siehe S. 110).

Restaurant

La Mareta

Calle La Laguneta 50
Tel. 928 84 07 82.
Typisches Bar-Restaurant, kanarische Küche, Treffpunkt der Lucha-Kämpfer.

Playa de la Madera

Auf etwa 11 km teilweise holperiger Piste geht es von Tinajo nach Westen. Die Strecke führt durch eine wilde Lavalandschaft nördlich der Caldera Blanca. An der Küste, deren schönste Bucht die Playa de la Madera ist, finden vor allem Naturliebhaber, wilde Camper und Angler ihren Spaß. Schwimmer können sich wegen der Brandung kaum ins Wasser wagen, aber in kleinen Felsenpools erfrischen.

Im Fokus

Los Islotes

Die Landschaft nördlich des wegen seiner weiß-cremigen Farbe „Caldera Blanca" genannten Kraters heißt Los Islotes, die Felseninseln. Gemeint sind helle Flächen in der durch die Lava-Ergüsse des 18. und 19. Jahrhunderts geprägten braunschwarzen Landfläche. Auch diese hellen Flecken stammen von Vulkanen, jedoch von weit zurückliegenden Ausbrüchen, die schon in vorgeschichtlicher Zeit das Gesicht der Insel verändert haben. Wegen der Verwitterung des Ge-

steins konnten sich auf den Felseninseln bereits höhere Pflanzen ansiedeln, wie zum Beispiel die Tabaiba genannten Wolfsmilchbüsche.
4 km vor der Playa de la Madera reizt eine südwärts führende Piste zu einem kleinen Abstecher. Anfangs gibt sich die Piste noch ziemlich zivil, doch dann machen Felsbrocken und tiefe Löcher in der Piste eine Weiterfahrt für normale PKWs unmöglich. Lediglich hochbeinige Geländewagen schaffen die 8 km bis

zur Asphaltstraße Mancha Blanca – Yaiza.
Ein Vergnügen können sich aber auch Urlauber mit normalem PKW gönnen: Sie können die oben erwähnte Piste vorbei an den Casas del Islote knapp 2 km befahren und unterhalb der niedrigsten Stelle der Caldera Blanca halten. Ein Fußweg führt zum Kraterrand und weiter bis zum höchsten Punkt der Caldera Blanca (458 m). Von dort schweift der Blick über die aufregende Landschaft des Nationalparks.

Land aus feurigem Schlund

Mondlandschaft mit gelben Flechten – ein Vulkankegel im Nationalpark Timanfaya.

Der Süden der Insel gewährt faszinierende Einblicke in die Welt der Vulkane. Die dunklen und unwirtlichen Lava-Landschaften zeugen von der Gewalt der Natur und der Machtlosigkeit des Menschen.

D er Süden Lanzarotes bildete lange Zeit so etwas wie die Kornkammer der Insel. Er war das fruchtbarste Gebiet des Eilandes. Der Anbau von Weizen gestaltete sich so ertragreich, dass das Getreide sogar exportiert wurde. Und kein Anzeichen wies darauf hin, dass dieses reiche Land bald ein Opfer der aus dem Erdinnern strömenden Magma werden sollte. Doch am 1. September 1730 kam die Katastrophe. Die fleißigen Bauern hatten ihr Tagewerk vollbracht, das Vieh gefüttert und saßen bei Tisch. Zwischen neun und zehn Uhr öffnete sich die Erde, und tödliche Lava ergoss sich über die Dörfer und Äcker (siehe den Kasten auf S. 115).

Wer noch fliehen konnte, eilte in den nördlichen, ruhigen Teil der Insel, die meisten Menschen aber suchten ihr Heil auf Gran Canaria. Alle hofften auf eine baldige Rückkehr, auf ein Ende der Verwüstungen. Doch die Lanzaroteños mussten lange ausharren, die Vulkane spuckten noch bis zum April 1736 Feuer, Magma und Asche aus. Etwa ein Viertel der Insel wurde mit einer bis zu zehn Meter dicken Lavaschicht bedeckt, und elf Orte mit zusammen 420 Häusern wurden für immer ausgelöscht, unter ihnen Tingafa, Santa Catalina und Timanfaya, Macetas, Maso und Chupadero. Auch die fruchtbare Ebene von Uga und andere Getreideanbaugebiete verschwanden unter der Lava.

Eindrucksvolle Mondlandschaft im Abendlicht: Blick von der Montaña Rajada zur Montaña de Timanfaya.

Glück im Chaos der aufgewühlten Erde hatten die Einwohner des Dorfes **Mancha Blanca**. Sechs Kilometer nördlich der Feuerberge fühlten sie sich zunächst sicher. Doch dann, mit einem der letzten Ausbrüche im Jahr 1736, wälzte sich die flüssige Glut auch drohend auf ihren Ort zu. Die angstverstörten Einwohner liehen sich aus der Kirche San Roque in **Tinajo** die Statue der Virgen de los Dolores und zogen in einer Prozession entschlossen der Lavawalze entgegen.

An dieser Stelle in Mancha Blanca stoppte die Madonna die Lavaflut.

Wenn die Madonna die Gefahr bannte, so versprachen sie, wollten sie ihr zu Ehren eine Kapelle errichten. Und das Wunder geschah: Kurz vor dem ersten Haus des Ortes erstarrte die gefährliche Masse. Zum Gedenken an diese wundersame Rettung steht heute an dieser Stelle ein schlichtes Kreuz. Damals jedoch waren die Bauern von Mancha Blanca über das Ende der Ausbrüche derart erfreut, dass sie in ihrem Überschwang die Madonna und ihr eigenes Gelöbnis gleich wieder vergaßen. Nach vier Jahrzehnten aber – versprochen ist schließlich versprochen – meldete sich die Heilige Jungfrau durch das kleine Hirtenmädchen Juana Rafaela Acosta: Sie könne ihr Wunder auch umkehren und die erkaltete Lava wieder in strömende Glut verwandeln, ließ die Virgen durch den Mädchenmund wissen. Und wo denn nun endlich die versprochene Kapelle bliebe ...! Die Warnung zeigte Früchte: Im Jahr 1781 entstand das schlichte Gotteshaus, neben dem heute zum Gedenken an die wundersame Errettung das schlichte Holzkreuz aufragt (siehe auch S. 110).

Allmählich fassten die Lanzaroteños wieder Mut und bauten neue Dörfer und neue Terrassen für ihre Äcker. Aber dann öffnete sich im Jahr

Geschichte

Bericht des Pfarrers aus Yaiza

Dank der Tagebuchnotizen des Pfarrers Andrés Lorenzo Curbelo aus Yaiza haben wir noch eine Vorstellung von den verheerenden Vulkanausbrüchen der Jahre 1730/1731. Erschüttert berichtet er von „der Wuth der fließenden Lava, die ein Dorf verbrannte und gänzlich bedeckte und dann mit gräßlichem Getöse ins Meer stürzte. Die Fische schwammen tod an der Oberfläche und wurden in unglaublichen Mengen ans Ufer geworfen ... (dann) fiel das Vieh tod zu Boden, von stinkendem Dunste erstickt." In diesen Worten des Pfarrers wird die tödliche Gefahr des ersten Vulkanausbruchs am 1. September 1730 „zwischen 9 und 10 Uhr in der Nacht" deutlich. Doch damit war es ja noch lange nicht genug, den Eruptionen und Erschütterungen vom September sollten noch weitere folgen. Noch Ende Dezember 1731 schrieb der Chronist: „Am 25. Dezember fühlte man das stärkste aller Erdbeben, und am 28. Dezember kam aus einem aufgeworfenen Kegel ein Lavenstrom, welcher abermals ein Dorf verbrannte und selbst bis Yaiza vordrang, wo er eine Kapelle zerstörte. Jetzt verloren die Menschen alle Hoffnungen, dass die Insel je wieder zur Ruhe kommen könnte und flohen nach Grande Canaria. In der That dauerten auch die Ausbrüche ohne Unterbrechung noch volle 5 Jahre fort bis zum April 1736."

1824 erneut die Erde und presste Magma aus 65 Kilometer Tiefe nach oben. Der heiße Brei begrub die fruchtbare Ebene von Tiagua unter sich und erstarrte zu Lava, Basalt und Bimsstein.

Doch die Einwohner von Mancha Blanca hatten abermals Grund zum Jubel: Die spät geehrte Madonna bedankte sich, indem sie auch den zweiten Lavastrom umleitete. Seit diesen Tagen veranstaltet Mancha Blanca am 15. September zu Ehren der Virgen de los Volcanes, wie der Ehrentitel der schützenden Madonna lautet, eine prächtige Prozession.

Seit 1824 herrscht Ruhe auf der Insel, und im Zeitalter des Tourismus avanciert die einstige Katastrophe zunehmend zur viel besuchten Sensation. Rund hundert Vulkane haben aus 300 Kratern Asche und Staub gespien und die beeindruckende Mondlandschaft der **Montañas del Fuego** modelliert. Die Lavalandschaft erstreckt sich über 174 Quadratkilometer.

Ein schwarzer Teufel aus Eisen begrüßt die Besucher des **Parque Nacional de Timanfaya** und erinnert an eine Romanfigur des auf Teneriffa geborenen Schriftstellers Alberto Vázquez Figueroa: „Nie konnte ich mir vorstellen, welche Schlachten Lucifer und seine Helfershelfer unter unseren Füßen austragen. Aber glaube mir, diese Ausbrüche lassen dich meinen, es ginge darum, wer die Welt beherrsche. Mindestens aber müsste hier entschieden werden, wer nach dieser Katastrophe Herr über das arme Inselchen sei."

Das Zentrum des seit 1974 bestehenden Nationalparks ist nur im Rahmen einer Bustour zugänglich, da bleibt wenig Zeit, um das Naturwunder zu begreifen. Doch die schwarzen Kegel, die ockerfarbenen Calderas, die braun-gelb schimmernden, sich hochtürmenden Lavaformationen machen nachdenklich. Schweigsam versuchen die Besucher, die Gewalt der Natur zu erspüren. Beeindruckt stehen sie vor dem **Manto de la Virgen**, dem „Mantel der Jungfrau", der an einen noch geöffneten Umhang erinnert. Formationen dieser Art entstehen durch die schnelle Erkaltung der Lava und werden in der Fachsprache „Hornitos", „Öfchen", genannt.

Von dieser Stelle aus ist im Südwesten bereits die rot leuchtende **Montaña Rajada** (374 m), der beste Aussichtspunkt im Nationalpark, zu sehen. Dort dürfen die Besucher sogar aus dem Bus steigen, um die aus einer nur 14 Kilometer langen, schmalen Spalte hervorgekrochene Lavalandschaft zu betrachten.

Zu ihren Füßen präsentieren sich die sanften, schwarzgrauen Lavakegel, deren Bildung nach heutiger Erkenntnis nach zwölf Tagen bereits abgeschlossen war. Dazwischen drängen sich sogenannte Pyroklasten-Felder, entstanden durch die plötzliche Entladung des in einer Magmakammer aufgestauten Drucks. Die hochgeschleuderte Lava erkaltete dabei an der Luft und gruppierte sich je nach Volumen kreisförmig um das Emissionszentrum.

Direkt neben dem Mirador schichten sich Lavamassen zu Bergen auf. Erstaunlich die Vielfalt der Farben, für die es kaum Namen gibt, helle Rostfarben zum Teil, braun in allen Schattierungen, rot wie verglimmende Glut, grün wie Algen am Felsen, schwarz wie die Hölle. Und dann erst die qualligen Formen, für die auch Wissenschaftler keine besseren Bezeichnungen gefunden haben als Seil-, Gekröse- und Fladenlaven. In der Fachsprache hat man sich allerdings auf den Zungenbrecher „Pahoehoe-Lava" geeinigt, ein Wort aus dem hawaianisch-polynesischen Sprachraum.

Leben in der Lava

In den zerklüfteten Lava-wänden wachsen rund hundert Flechten, den Symbiosen zwischen Algen, Pilzen und Sporenpflanzen wie Moosen. Dort haust auch eine endemische Grille, die sich von diesen einfachen Pflanzen ernährt. Aber auch höhere Pflanzen gedeihen in der abweisenden Lavawelt. Beispielsweise der Strauch-Dornlattich (Launaea arborescens) mit seinen gelben, sternförmigen Blüten, ein „kleines Hotel" für Vögel und Insekten, die ihren Durst durch den in den Lavakörnern gespeicherten Nachttau löschen. Diese Feuchtigkeit nutzt auch die Stumpfblättrige Wolfsmilch (Euphorbia obtusifolia) und die Balsam-Wolfsmilch (Euphorbia balsamifera), zwei endemische Wolfsmilchgewächse, unter denen wiederum die scheue Eidechse von Haría (Gallotia atlantica) Nahrung und Schutz vor der Sonne findet. Auch die Schneeweiße Vielfrucht (Polycarpaea nivea) saugt während des Tages den in den Lavaspalten gespeicherten Nachttau. In ihrem Geäst hat die Steinlerche ihren Platz zum Überleben gefunden. Selbst die Stechende Binse (Juncus acutus) kann in dieser kargen Welt überleben, ebenso wie der bizarre Moquins Traganum (Traganum moquinii) und zwei endemische Pflanzen, das Lanzarote-Aeonium sowie der Lanzarote-Dornginster (Calicotome majorera). Am Rand des Vulkangebietes wächst nach Regenfällen die karminrote Kristall-Mittagsblume.

Wachstum unter schwierigen Umständen: Kristall-Mittagsblume.

Auch der Terminus für die scharfkantigen, rissigen Lavaflächen, auf die kurz vor der Erstarrung bereits abgekühlte Lavabrocken geschoben wurden, Furchen bildeten und teilweise zerbrachen, ist aus der Vulkanwelt Hawaiis entliehen: „Aa-Lava", im Spanischen auch „Malpaís" genannt, schlechtes, unfruchtbares Land. Eindrucksvolle Beispiele für die Aa-Lava sind auf der Weiterfahrt zum **Montaña de Timanfaya** (510 m) zu finden.

Zunächst aber geht die Tour durch eine lang gezogene Naturgrotte, den **Barranco del Fuego**, durch den die Parkstraße gelegt wurde. Gelbe Flechten haften an den erstarrten Lavaschichten. Seinerzeit floss die Lava hier mit der unglaublichen Temperatur von 1100 Grad Celsius entlang. Als sie erkaltet war, begannen sich einfache Formen von Pflanzen allmählich den nackten Boden zu erobern: Unter der Lava abgelagerte Samen entwickelten sich zu Pflanzen, die sich durch die Gesteinsporen nach oben schoben und die Steine eines Tages auflösen werden. Der Graben war zuerst ein oberflächlich erstarrter Lavatunnel, in dem die heiße Masse weiterfloss. Doch das Tunneldach wurde immer dicker, die Kohäsion der Lava verlor ihre Kraft, und das Dach brach deshalb irgendwann zusammen. Auf diese Weise entstanden auch andere auf Lanzarote als „Jameos" bekannte Formationen.

Nur kurz fällt der Blick ins fast unwirkliche, samtgraue, windgeschützte Tal der Stille, das **Valle de la Tranquilidad**. Farblosigkeit, fast formlose Hügel und Senken, eine gespenstische Lautlosigkeit. Der Hauch des Hades lässt Angst aufkommen – nur schnell weg von diesem unwirtlichen Ort! Auf dem Höhenrücken der Timanfaya-Wunderwelt weitet sich der Blick wieder, langsam löst sich der Zauber der Vulkane. Von hier aus sieht das Tal der Stille wieder schön aus, sanft, gewellt und schlicht in seinen verschiedenen Grautönen.

Weiter im Südwesten leuchtet das schäumende Meer, davor blitzen die weißen Häuser des Dörfchens **Las Breñas** in der Sonne. Zu Füßen des Betrachters, ein ganzes Stück unterhalb des Kammes, zieht eine seltsame Karawane ihre Bahn durch die schwarzen Schlacken im Vorfeld des Naturparks. Nach längerem Hinsehen lassen sich gemächlich schreitende, einhöckerige Kamele in dem dunklen Lavafeld ausmachen. Jedes von ihnen hat zwei Touristen geladen, die beidseits des Höckers in übergroßen Satteltaschen sitzen und hilflos auf- und niederwippen. Durften die Paarhufer früher noch tiefer in die Landschaft eindringen, ist ihnen heute nur diese 20-Minuten-Tour genehmigt. Der der Schaden an der sich vorsichtig aus der Lava hervorwagenden Flora war einfach zu groß. Für den Besucher ist dies nicht unbedingt ein Nachteil, denn vom Bus aus sieht er mehr von der Gegend als vom Rücken des schaukelnden Wüstenschiffs aus. Schließlich führt die Tour durch das Zentrum der Feuerberge.

Am Ende der Timanfaya-Route, die aus den Buslautsprechern von sphärischer Musik begleitet wird, erfahren die Fahrgäste anhand einiger Demonstrationen, dass die Kraft der Vulkanwelt auf Lanzarote noch nicht ganz erloschen ist: Auf dem **Islote del Hilario**, einst Heimstatt eines Einsiedlers, wurde von César Manrique mit sorgfältiger Hand das runde Restaurant „El Diablo" errichtet. Es steht auf einem Vulkanschlot, dessen aufsteigende Wärme heute für menschliche Belange genutzt wird. Die Hitze aus dem Erdinneren beheizt hier einen Grill, auf dem Hähnchen knusprig gebraten werden.

Bis zu 400 Grad Celsius misst die Temperatur ein paar Stufen tiefer, 600 Grad sind es in zehn Meter Tiefe. Die Kraft, die hinter dieser vulkanischen Hitze steckt, demonstrieren die Parkangestellten durch spektakuläre Vorführungen: Einer wirft mit einer Heugabel einen trockenen Dornlattichbusch in eine grottenähnliche Versenkung. Blauer Qualm steigt auf, dann lodern in Sekundenschnelle die Flammen aus der Tiefe hoch bis zu den Füßen der Besucher, die erschrocken von dem Feuerloch zurücktreten.

Auf der Terrasse einen Stock höher folgt der Höhepunkt der thermischen Sensationen: Ein Fremdenführer, mit Schildmütze und Sonnenbrille geschützt, nähert sich vorsichtig einem in den Boden gerammten Rohr. Hastig schüttet er einen Eimer Wasser in die mit der Hölle verbundene Röhre und rennt zur Seite. Nach wenigen Sekunden treibt der sich bildende Dampfpfropf das kochende Wasser mit einem Knall zischend himmelwärts. Eine vielleicht zehn Meter hohe, fauchende und spuckende Säule aus Wasser und Dampf steht für Sekunden in der Luft. Dann kühlt sie ab, und der Wind treibt feinste Kondenströpfchen in die Gesichter der verzauberten Zuschauer. Die Unterwelt lässt grüßen!

Geothermische Energie aus den Tiefen der Erde – das regt die Phantasie an und lässt an alternative Energiegewinnung denken. Aber leider umsonst: Bei der Hitze im Timanfaya-Naturpark handelt es sich nur um relativ schwache Restwärme, ihre Nutzung entspräche dem hilflosen Versuch, mit einer Kerze einen Topf Wasser zum Kochen bringen zu wollen.

Die Hitze im Lavaboden schleudert den Wasserdampf meterhoch in die Luft.

Die plastische Vorführung der vulkanischen Urkräfte weckt bei vielen Besuchern aber auch die Angst vor überraschenden Ausbrüchen. Doch die Wissenschaftler der Messstation, die mit den modernsten Geräten Erdbewegungen, Temperaturen und den Erdmagnetismus erforschen, können beruhigen: Die nächsten Generationen brauchen sich nicht zu sorgen, die Magmakammern sind inzwischen fast leer.

Wer dann immer noch nicht genug hat von der blubbernden und dampfenden Magmawelt, der sollte einen Besuch in dem seit 1996 beste-

henden **Centro de Visitantes e Interpretación Mancha Blanca** nicht verpassen. In der Lavalandschaft fast nicht zu erkennen, liegt dieses neue Informationszentrum nördlich des Nationalparks und östlich der Straße nach Mancha Blanca. Schautafeln, Videos und Tonbandvorträge vermitteln in dem lebendigen Museum alles Wissenswerte rund um das Thema Vulkanismus.

Hoch zu Kamel durch die Randgebiete der Feuerberge.

Hier nähert man sich dem Nationalpark und seiner bizarren Landschaft von der wissenschaftlichen Seite. Das Informationszentrum bringt dem Besucher die fremde, lebensfeindliche Welt der Feuerberge näher. Ohne seine fundierten Hinweise und Erläuterungen würde diese außergewöhnliche Landschaft für die meisten Menschen abweisend und unnahbar bleiben. Mit geschärftem Blick beginnen sie hier, mit anderen Augen auf das bizarre und herbe, zerklüftete und menschenfeindliche Reich der Lava zu schauen. Und nicht ohne Ehrfurcht erkennen sie, wie mächtig und bedrohlich die Natur sein kann, sie finden aber zugleich Trost in der Beobachtung, dass sich das Leben, selbst nach der größten Zerstörungen und Verwüstungen, immer wieder Bahn bricht.

Insider News

Sammlerglück für Mineralienfreunde

Für Mineraliensammler ist er ein begehrtes Objekt: der **Olivin**. Der grün schimmernde Edelstein ist, eingeschlossen in vulkanisches Gestein, auf Lanzarote häufig zu finden. Im Nationalpark ist das Sammeln der Steine verboten, auch wenn sich die einheimischen Verkäufer nicht immer daran halten.

Eine gute Fundstelle liegt östlich der Caldera Colorada (siehe auch Insider News auf S. 122), wo Profis häufig Basaltbrocken bearbeiten. Sie lassen genügend Reste des in Lava eingeschlossenen Edelsteins übrig für die Sammler. Die Fundstelle liegt auf halber Strecke des um den Berg führenden Schotterweges. Jeep-Safaris legen hier sogar meist einen Stopp ein. Übrigens: Die von Händlern angebotenen Schmuckstücke aus Olivin wurden zwar auf der Insel kreiert, die Steine aber kommen aus Südamerika oder Asien. Das Lanzarote-Olivin ist für die Verarbeitung nämlich zu porös und zu spröde.

Olivin – ein Edelstein in der Lava.

Parque Nacional de Timanfaya

Der Nationalpark liegt im Südwesten von Lanzarote und nimmt mit rund 5107 ha etwa ein Sechstel der gesamten Inselfläche ein. In seinem Zentrum liegen die Montañas del Fuego, die Feuerberge. Der Park wurde 1974 eingerichtet und wird von Madrid aus verwaltet.

*„Teuflische"
Begrüßung am
Eingang des
Nationalparks.*

Verkehr

Der Nationalpark kann von Süden über Yaiza und von Norden über Tinajo/Mancha Blanca angefahren werden. Im Nationalpark selbst ist Privatverkehr untersagt. Östlich von Yaiza weist am Kreisverkehr ein Schild den Weg zum Parkeingang. An der Schranke löst man ein Ticket und steuert mit dem Auto die Parkplätze am Islote de Hilario an. Dort warten gelbe Busse für die Nationalpark-Rundfahrt. Hotels und Reisebüros bieten außerdem organisierte Touren an.

Sehenswürdigkeiten

Parque Nacional de Timanfaya ✪✪✪

Täglich finden zwischen 9 – 18 Uhr Busrundfahrten statt. Eine Tour, die alle wichtigen Naturschauplätze anfährt, dauert eine Dreiviertelstunde. Der letzte Bus startet um 17 Uhr.
Der Eintritt in den Nationalpark beträgt 900 Peseten, die Busrundfahrt ist darin eingeschlossen.
Der höchste Vulkan ist der Montaña de Timanfaya (510 m), benannt nach einem Dorf, das bei einem der Vulkanausbrüche unter der Lava begraben wurde.
Die Gewalt der Kräfte aus den Tiefen der Erde wird am Islote de Hilario gleich dreifach demonstriert: Auf einem Grill vor dem Restaurant „El Diablo" (siehe unten) brutzeln die Hühnchen über der Hitze aus der Unterwelt; trockene Dornbüsche, vor dem Restaurant in eine Erdhöhle gelegt, entflammen sich von selbst; ein Eimer Wasser wird in ein in die Erde gerammtes Rohr geschüttet, schon nach Sekunden entweicht es zischend als Dampf.

Centro de Visitantes Mancha Blanca ✪✪

Am südöstlichen Ortsrand von Mancha Blanca, einem Ort etwa 6 km nordöstlich des Nationalparks
Tel. 928 84 08 39.
Es ist zu empfehlen, das Besucherzentrum vor der Fahrt durch die Feuerberge zu besuchen. Hier wird per Audiovision und Schautafeln die Entstehung Lanzarotes dargestellt, der Schwerpunkt der Ausstellung liegt aber auf der Geschichte und geologischen Entwicklung der Feuerberge. Außerdem erhält man Informationen zur Geschichte und Wirtschaft der Insel (auch in deutscher Sprache).
Während eines Grottenbesuchs wird akustisch ein Vulkanausbruch simuliert – ein beeindruckendes Erlebnis.
Tgl. 9 – 17 Uhr, Audiovision stündlich 9 – 16 Uhr.
Eintritt frei.

Restaurant

El Diablo
Montañas del Fuego
Tel. 928 84 00 57.
Das Restaurant, das der Inselarchitekt César Manrique fast unauffällig in

Anschauliche Vulkanwelt im Besucherzentrum Mancha Blanca.

die Lavalandschaft gebaut hat, ist sehr sehenswert. Die Baumaterialien sind feuerfest, das Gebäude musste speziell gegen Hitze isoliert werden. Von den großen Fenstern aus genießt man einen herrlichen Blick auf die Feuerberge.

Serviert wird Gegrilltes und einheimische Küche.

Für Gruppen werden von diversen Veranstaltern Fahrten zum spektakulären Sonnenuntergang mit Abendessen und Folklore angeboten. Start beispielsweise in Puerto del Carmen um 15.40 Uhr.

Aktivitäten

Kamelreiten

Die Touren beginnen am Rand des Nationalparks außerhalb der Montañas del Fuego. Die Dromedare warten westlich der Straße von Yaiza zum Park. Der Ritt auf den einhöckerigen Kamelen am Rand der Feuerberge dauert 20 Min.
Tgl. etwa 9 – 17 Uhr.

Wanderungen

Kostenlose, geführte Wanderungen ab dem Centro de Visitantes Mancha Blanca. Sehr festes Schuhwerk erforderlich. Auf verschiedenen Touren zeigen die Guides den Teilnehmern die Besonderheit und Einmaligkeit der Natur – eine gute Einführung (in Französisch und Englisch) in die Lavalandschaft und ihre Entstehung. Die Spaziergänge dauern zwischen drei und fünf Stunden.
Wandertage: Mo, Mi, Fr.
Anmeldung: 4 – 5 Tage vorher.
Tel. 928 84 08 39.

Ausflüge

Salinas de Janubio ✪

10 km westlich von Yaiza.
Windräder pumpten früher das Meerwasser in die Lagune, wo das Wasser verdampfte und Salz für die Fischindustrie gewonnen wurde. Reste der

Mühlen sind noch zu sehen. Auf diese Weise hat man noch in der ersten Hälfte des 20. Jh. pro Jahr 100.000 Tonnen Salz gewonnen. Jetzt wurden die Salinen zum Teil restauriert, das Wasser gelangt allerdings mit Hilfe dieselbetriebener Pumpen in die Becken. Die Salzgewinnung ist weit zurückgegangen, sie deckt nur noch den Hausbedarf. Die Salinen sollen als Industriedenkmal erhalten bleiben. Übrigens: Bis zur Vulkankatastrophe 1730 – 1736 war Janubio Lanzarotes Fischerhafen, erst danach wurde der Puerto de Caballes bei Arrecife gebaut!

Das einfache Restaurant „El Mirador" (an der Straße Las Hoyas – El Golfo, Tel. 928 17 30 70) serviert nicht nur gute kanarische Küche mit frischem Fisch, sondern bietet auch einen schönen Blick über das Industriedenkmal der Salinen von Janubio.

Los Hervideros ✪

Etwa 10 km westlich von Yaiza.
Ausgehöhlte Lavaformationen am Meer im Südwesten zwischen der Playa de Janubio und El Golfo. Die herantosenden Wellen überschlagen sich am Steilfelsen und in den Höhlen mit brausender Gischt, daher der Name, der frei übersetzt etwa „Kochkessel" bedeutet. An dieser Stelle floss die Lava ins Meer, erstarrte schnell und bildete Grotten

Geologie

Islote de Hilario

Im Restaurant „El Diablo" ragt ein verglaster, kahler Stamm aus einer LapilliSchicht heraus, drumherum liegen ein paar Dromedarknochen. Diese Szenerie erinnert an einen Eremiten namens Hilario, der auf dem Islote de Hilario, auf dem das Restaurant erbaut wurde, 50 Jahre lang im Schatten eines Feigenbaums zusammen mit einem Dromedar gelebt haben soll. Islotes nennt man sehr alte Vulkane, deren Lava sich durch den Einfluss der Flechten bereits in Erde verwandelt hat und somit das Wachstum des Feigenbaums ermöglichte. Die alten Islotes sind heller als die zwischen 1730 und 1736 aufgeworfenen Vulkane.

Der Vulkangrill im Restaurant „El Diablo".

Insider News

Bombenstimmung

Wenn die heiße Magma unter lang gestautem Druck endlich einen Weg aus dem Erdinneren gefunden hat, wird die Masse geschmolzener Mineralien in die Luft geschleudert und dabei durch Rotation zu einem Ball geformt. Wird der Ball hoch genug hinausgejagt, so bleibt ausreichend Zeit für die Abkühlung und das Flugobjekt behält beim Aufprall seine Form. „Bomben" dieser Art kann man mit etwas Glück in allen vulkanischen Regionen der Insel finden, die größte allerdings liegt unterhalb der **Caldera Colorada** ✪✪. Sie misst 4 m im Durchmesser und wiegt 50 Tonnen. Anfahrt: etwa 4 km südwestlich von Masdache führt eine Abzweigung von der LZ 30 (GC 730) nach Norden; auf diesem Weg erreicht man nach 2 km einen rechter Hand liegenden Schotterparkplatz; von dort folgt man dem Weg etwa 10 Min. zu Fuß nach Osten zur „Bombe".

und Tunnels. Wer nicht wasserscheu ist, kann oben auf dem Lavafelsen auf einem mit Holzgeländern geschützten Weg dem Naturereignis näher sein.

Anfahrt über die parallel zur Hauptstraße Playa Blanca – Yaiza verlaufende Nebenstraße. Etwa 5 km westlich von Yaiza biegt man bei Las Hoyas nach Norden ab. Nach Umrundung der Salinen erreicht man auf der Küstenstraße nach 4 km das Naturwunder Los Hervideros.

El Golfo
Siehe Kasten auf S. 123.

Information

Parque Nacional de Timanfaya
Ministerio de Medio Ambiente
Calle Laguneta 64
35560 Tinajo
Tel. 928 84 02 38.
Mo – Fr 8 – 15 Uhr, im Sommer bis 14 Uhr.

Im Internet kann man sich unter www.interlan-stc.es/turismo/centros2.htm einen ersten Eindruck vom Nationalpark verschaffen (Texte in Englisch und Spanisch).

Mancha Blanca/Tinajo

Im Nordosten der Timanfaya-Region

Vulkanbombe in der Montaña Colorada.

gelegen. In dieser Gegend finden sich einige interessante Beispiele des Trockenfeldbaus. Bis Mancha Blanca strömte die Lava nach einem Ausbruch der Montaña Quemada in den Montañas del Fuego im Jahr 1824.

Die Hauptgemeinde Tinajo besitzt neben einem schönen Dorfplatz auch ein Terrero (Arena) für die Lucha Canaria, den kanarischen Ringkampf. Die Wettkämpfe finden meistens freitags und samstags am Abend statt.

Sehenswürdigkeiten

Ermita de los Dolores
Am Nordostrand von Mancha Blanca.
Ein Holzkreuz vor der Kirche, die auch Nuestra Señora de los Volcanes genannt wird, markiert exakt die Stelle, an der die Madonna den Lavastrom gestoppt haben soll. Im Altar ist die Figur der Virgen de los Dolores zu sehen, auch Virgen de los Volcanes genannt.
Um den 15. September findet eine Prozession zu Ehren der Madonna statt (siehe auch Kasten auf S. 110).

San Roque
Dorfkirche am Hauptplatz von Tinajo.
Im Mudéjar-Stil gearbeitete Decke, holzgeschnitzte Virgen de la Candelaria, Christusbild des Bildhauers Lujan Pérez (18. Jh.).

Centro de Visitantes Mancha Blanca
Am südöstlichen Ortsrand von Mancha Blanca.
Siehe auf S. 120.

Restaurant

La Mareta
Tinajo
Calle La Laguneta 50
Tel. 928 84 07 82.
Typisches Bar-Restaurant, kanarische Küche, Treffpunkt der Luchadores.

El Golfo ⊕

Etwa 7 km nordwestlich von Yaiza.
Der Ort ist bekannt für seinen Krater und den zugehörigen Kratersee. Die halbkreisförmige Felswand am Meer ist der Überrest eines mächtigen Vulkankraters, der im Verlauf eines submarinen Ausbruchs im Pleistozän entstanden ist. Der Großteil des Kraters ist längst im Meer versunken. Die verbliebene Tuffwand umrahmt einen durch Algen grün gefärbten See, den Charco de los Clicos. Der See selbst ist für Besucher nicht zugänglich, er steht unter strengem Naturschutz.
Vom Parkplatz am Rand des Ortes El Golfo erreicht man auf einem kleinen Spaziergang über Lavapfade die obere Kante der Kraterwand, von wo aus sich eine schöne Aussicht über die Naturschönheit eröffnet.

Unterkunft

*** El Hotelito del Golfo
El Golfo 10 a
Tel. 928 17 32 72 oder
928 51 16 28.
Neues, kleines Hotel mit sehr gut eingerichteten Zimmern, preiswert, kleiner Pool. Mit beliebtem Restaurant, das früher „Casa Victoriano" hieß.

Restaurants

El Golfo genießt inselweit einen guten Ruf in Sachen frischer Fisch. Der wird zwar nicht mehr von Fischern des Ortes gefangen, kommt aber fangfrisch aus Playa Blanca. Wer frische Ware hat, zeigt sie gern in Vitrinen oder holt sie aus der Truhe. Kenner wissen: frische Fische haben pralle, klare Augen und rote Kiemen.

El Golfo
Am östlichen Ortsausgang
Tel. 928 17 31 47.
Beliebtes Restaurant, vorwiegend Fischgerichte. Spezia-

lität des Hauses ist Vieja im Salzmantel.

La Choza
Am östlichen Ortseingang, von Yaiza kommend.
Tel. 928 17 34 09.
Gutes Fischrestaurant, man wählt sich die Fische an der Vitrine aus.

Casa Placido
Haus Nr. 39, mitten im Ort
Tel. 928 17 33 02.
Beliebtes, einfaches Restaurant mit Terrasse direkt am Meer, Familienbetrieb. Fische können selbst ausgesucht werden, große Auswahl.

Mar Azul
El Lago 40
Tel. 928 17 31 32.
Modernes Fischrestaurant an der neuen Seepromenade.

Lago Verde
Haus Nr. 46
Tel. 928 17 33 11.
Typisches Fischrestaurant an der neuen Seepromenade.

Der malerische Vulkansee „El Golfo" ist von Algen grün gefärbt.

Goldener Sand im Wind

Die Playa del Papagayo gab allen Stränden an der Südspitze den Namen.

Der Süden Lanzarotes gilt als die Badewanne der Insel, nicht zuletzt dank der herrlichen Strände. Dort finden die Wassersportler ihr Eldorado. Gerade hier fühlen sich die Aktivurlauber besonders wohl.

Der Süden

Die Sitten waren hart, ehedem auf Lanzarote: Als die Menschen auf der Insel noch ausschließlich von der Landwirtschaft lebten, bekam der letztgeborene Sohn das unfruchtbare Land im Süden zum Erbe, was einer Verurteilung zur Auswanderung gleichkam. Doch die Zeiten haben sich geändert, und aus dem lebensfeindlichen Sand ist plötzlich pures Gold geworden. Heute gilt der Süden Lanzarotes als Schatzkammer, er stellt das Eldorado für die Urlauber dar, die Sonne, Sandstrand und sauberes Wasser suchen. Hier findet sich alles, was das Herz der Erholungssuchenden begehrt: lange, flache Strände in Puerto del Carmen; gleich ums Eck, nur ein paar Schritte von der Sandburg, die Stadt mit Jubel, Trubel, Heiterkeit; naturnah und unberührt präsentieren sich dagegen wiederum die Playas del Papagayo im Südwesten; westlich davon dann Playa Blanca, der ruhigere Urlaubsort mit teils künstlich angelegten Stränden – ein Ort für Familien, die Ruhe und Erholung suchen, ohne turbulentes Nachtleben zu vermissen; und schließlich die wilde, unbezähmbare und Naturfreaks schnell ans Herz wachsende schwarze Playa de Janubio auf dem Weg von Playa Blanca nach Yaiza. Wie gesagt: Der Süden und der Südwesten Lanzarotes bieten für jeden etwas!

Das Tor nach Süden bildet **Yaiza** ✪✪, das weiße, schmucke Dorf, hierher führen alle Wege: Wer von Costa Teguise, Arrecife oder Puerto del Carmen zu den Feuerbergen oder zu anderen Highlights im Südwesten der Insel will, muss den Verkehrsknotenpunkt Yaiza passieren.

Dabei kann man den Ort auf einer neuen Umgehungsstraße umfahren, doch ein Bummel durch das malerische Yaiza ist ein Vergnügen für Augen und Gemüt: kein vergammeltes Gebäude, kein bröckelnder Putz, alle Häuser werden jedes Jahr neu gestrichen und leuchten stets weiß, die Fenster und Türen setzen mit ihrem Grün und Blau bunte Farbtupfer – inseltypische Architektur wie aus dem Bilderbuch. Und als wollten sie ihre stille Zufriedenheit demonstrieren, sitzen Yaizas Männer auf der **Plaza de los Remedios**, halten ein Schwätzchen und schauen neugierig auf alle, die da vorüberschlendern.

Das Interesse der Fremden konzentriert sich auf den Kirchplatz. Denn hier steht die 1997 renovierte Kirche **Nuestra Señora de los Remedios** mit der barocken Kirchenpatronin und der bemalten Kirchendecke. Das andere Ende des mit Palmen und Araukarien bestandenen Platzes markiert die im kanarisch-andalusischen Stil erbaute **Casa de la Cultura „Don Benito Pérez Armas"**, Yaizas Kulturzentrum.

Die Kirche Nuestra Señora de los Remedios in Yaiza.

Den besten Überblick verschafft man sich jedoch – und vielleicht sollte dies der erste Schritt sein – vom Hausberg, der **Montaña de la Cinta**. Hier stand im Juli 1730 Yaizas Pfarrer Don Andrés Lorenzo Curbelo und beobachtete mit Schrecken die ersten Ausbrüche im Timanfaya-Gebiet, die er in seinem Tagebuch so ergreifend beschrieben hat (siehe Kasten auf S. 115). Eine Gedenktafel erinnert an den Chronisten. Von hier oben kann man auch die dunkle Vulkanlandschaft bewundern, die das weiße Dörfchen kontrastreich umgibt, und so erst richtig die gesamten Ausmaße des Ausbruchs erahnen. Im Südosten des Ortes lässt sich mitten in üppigem Grün das zu einem Restaurant umgebaute Landgut „La Era" herauspicken, eines von nur drei Häusern von Yaiza, die nach den Eruptionen zwischen 1730 und 1736 übrig geblieben sein sollen.

Im Süden blickt man vom Hausberg auf die langsam ansteigende Landschaft mit der Streusiedlung **La Degollada** und der 608 Meter hohen **Atalaya de Femés**. Die Atalaya und den Ort Femés kann man über einen Wanderweg oder mit dem Auto über die landschaftlich attraktivere Route über Uga erreichen. Die Tour über die beiden parallelen Hauptstraßen nach Playa Blanca bietet weniger. (Es sind übrigens wirklich zwei Straßen, die parallel südwärts nach Playa Blanca führen. Hier hat offensichtlich ein lanzaroteñischer Europapolitiker in Brüssel ganze Arbeit geleistet und Geld für die autobahnähnliche Fahrbahn, die LZ 2, locker gemacht – obwohl bereits eine Hauptstraße vorhanden war.)

Die Strecke über Femés zu wählen, hat dazu noch den Vorteil, dass man sich einen Überblick auf eine historische, jetzt naturgeschützte Landschaft verschaffen kann: die Ebene **El Rubicón** und den Höhenzug **Los Ajaches**, wo schon die Altkanarier Siedlungen gegründet hatten. Nach Jean de Béthencourts Bündnis mit dem Guanchenkönig Guardafía durfte der Normanne im Rubicón eine Verteidigungsanlage gegen die Piraten bauen, zu der auch die erste christliche Kapelle auf Lanzarote gehörte. Schon 1404, also zwei Jahre nach der Landung Béthencourts, wurde die Siedlung mit Kastell und Kapelle per päpstlicher Bulle zum Bischofssitz erklärt. Hier befand sich die Wirkungsstätte von San Marcial, dem Schutzpatron von Lanzarote.

Von **Femés** aus lässt sich unten in der Senke ungefähr die Stelle ausmachen, an der heute nur noch ein Steinberg mit einem Holzkreuz den

Urlaubs-stimmung an der Playa Blanca in Puerto del Carmen.

Yaiza ✪✪

Schmuckes Künstlerdorf mit bekannten Galerien (siehe S. 126, 133).

Playas del Papagayo ✪

Goldene Strände, ganz nach Wunsch einsam oder voller Trubel (siehe S. 129, 138).

Playa de Janubio

Schwarzer Strand am wilden Atlantik mit Salinenanlage (siehe S. 134).

Femés

Bauerndorf mit Geschichte und einem „aussichtsreichen" Hausberg (siehe S. 127, 134).

Playa Quemada

Fischrestaurants und schwarze Strände (siehe S. 130, 139).

Puerto Calero

Renommierter Yachthafen (siehe S. 130, 141).

Puerto del Carmen

Lanzarotes Hauptstadt des Urlaubsvergnügens – mit Jubel, Trubel, Heiterkeit und schönen Stränden (siehe S. 130, 138).

Auf den Atalaya de Femés

Atalaya bedeutet „Wachtturm" oder „Ausguck", und der Name hält durchaus, was er verspricht: Von der 608 Meter hohen Atalaya de Femés überschaut man den ganzen Süden inklusive der Ebene El Rubicón und des Berggebietes Los Ajaches. Und in der Ferne kann man jenseits der Meeresstraße sogar die Isla de los Lobos und die Nachbarinsel Fuerteventura ausmachen. Im Norden schweifen die Augen an der Küste entlang über die Salinen von Janubio bis tief hinein in die Feuerberge des Nationalparks Timanfaya. Die Wanderung auf den Hausberg beginnt in Femés hinter dem im Norden liegenden Friedhof. Der Weg führt rechts am Gottesacker vorbei. Bei den letzten Häusern des Ortes führt dann ein schmaler Schotterweg nach oben. An einer Gabelung nach etwa einem halben Kilometer nimmt man den linken Weg, eine Fahrpiste für Forstfahrzeuge. (Eine Kette versperrt hier den Weg für Privatwagen.) Unterhalb des Gipfels zweigt ein weiterer Wanderweg nach Norden in Richtung Yaiza ab. Doch man folgt dem Pfad, der jetzt nicht mehr zu verfehlen ist, aufwärts in Richtung des Gipfels, den eine Richtfunk-Antennen-Anlage markiert. Für den Auf- und Abstieg darf man mit etwa 1,5 – 2 Stunden rechnen.

Die Playa Dorada in Playa Blanca wurde für die Badegäste neu aufgeschüttet.

ehemaligen Bischofssitz markiert. Die Kapelle an der **Playa del Pozo**, einer der Playas del Papagayo, wurde von Piraten zerstört und schließlich 1630 entweiht. Für San Marcial baute man im 18. Jahrhundert an einer sichereren Stelle eine Kirche, nämlich oben in Femés die **Ermita de San Marcial**, wo sich bis heute seine Statue befindet. Sie wird jedes Jahr am 7. Juli in einer feierlichen Prozession um die Kirche getragen. Den Heiligen verehren vor allem die Fischer der Insel, von seinen Wundertaten erzählen 30 Schiffsmodelle an den Kirchenwänden, Votivgaben aus Dank für wunderbare Errettung.

Schon einmal im Bauerndorf Femés, der für seinen guten Ziegenkäse bekannt ist, sollte man den nächsten Hausberg, die **Atalaya de Femés**, die höchste Erhebung im Süden, in Angriff nehmen. Die kurze Anstrengung wird mit einer schönen Rundumsicht belohnt. Im Nordwesten sind deutlich die mehrfarbigen, schachbrettartig angeordneten Salinen von Janubio zu entdecken (zur Wanderung auf den Atalaya siehe nebenstehenden Kasten).

Auf einer teils miserablen Piste – man kann auch einen Umweg über Las Breñas und die LZ 2 machen – ist nach acht Kilometer das Hafen- und Urlaubsstädtchen **Playa Blanca** erreicht. Dort hat sich weitgehend eine ruhige Atmosphäre erhalten, obwohl inzwischen viele Wohnungen, Hotels und Apartmenthäuser entstanden sind. Im Ortskern haben sich die Architekten bemüht, den Inselstil zu erhalten: weiße Kuben und grün oder blau gestrichene Balkone, Fenster und Türen. Am Rand des Urlaubsortes, im Osten wie im Westen, sieht es dagegen recht ungemütlich aus: Ehrgeizige Hotelstadt-Planungen verlangten zuerst den Bau von Straßen inklusive der zugehörigen Laternenreihen. Durch den 1990 verfügten Baustopp blieben die Geisterstraßen jedoch leer, die Straßenbeleuchtung verrostet und lässt geknickt ihre Laternen hängen.

Beschaulich gibt sich die Strandpromenade, die von der **Playa Flamingo** im Westen bis zur **Playa Dorada** im Osten führt. In der Mitte des autofreien Spazierwegs reihen sich viele Fischrestaurants aneinander, fast alle haben eine Terrasse zum Meer hin, wo man genüsslich seine Vieja (einen Fisch aus der Familie der Papageienfische) oder eine Portion Lapas (Napfschnecken) verspeisen und einen süffigen Wein oder ein schäumendes Bier durch die Kehle fließen lassen kann. Ein besonders familiäres Bild bietet der kleine Ortsstrand zu Füßen des früheren Salzlagers, jetzt ein originelles Restaurant mit dem Namen „El Almacén de la Sal". Hier kann man Mütter beobachten, wie sie ihre Kinder im Sand buddeln lassen, während sie selbst oben in einem gemütlichen Sessel sitzen und den Café solo genießen.

Auch die Anlagen mit Hotels und Apartments strahlen Ruhe und Behaglichkeit aus, viel Grün und schöne Poolanlagen machen den Urlaub zum Genuss. Die Strände eignen sich hervorragend für Familien, sind sie doch flach abfallend und durch Molen vor starken Wellen geschützt.

Weitere Molen für Fährschiffe am westlichen Ortsrand markieren den Hafen. Hier treffen sich jeden Tag Ausflügler, die mit oder ohne Fahrzeug nach Corralejo auf Fuerteventura übersetzen. Vor der Schwesterinsel liegt die **Isla de los Lobos** mit dem markanten Vulkanberg. Auch dorthin schippern regelmäßig Boote mit Gästen, die auf dem naturgeschützten Eiland wandern wollen oder eine stille Bucht zum Baden suchen. Etwas abwegig, liegt Playa Blanca doch so nahe an den attraktiven **Playas del Papagayo** ☉. Wer allerdings am Wochenende diese sagenhaften Sandbuchten besucht, kann schon Lust bekommen, sich ein ruhigeres Plätzchen zu suchen. Die „Papagayos"

erreicht man zu Fuß vom Ostrand Playa Blancas aus (vorbei am „Hotel Dorada") oder über die Straße, die am Kreisverkehr nördlich des Ortes beginnt. Ein Schild weist dort nach Osten zu den Traumstränden.

Und endlich hat ein Übel sein Ende gefunden: Bisher bahnte sich fast jeder Geländewagen seine eigene Piste, und auf den am meisten ausgefahrenen Holperwegen wagten sich selbst klappernde Mietwagen zum Strandparadies. Infolge dieses Wildwuchses wurde die sensible Flora der Rubicón-Ebene geschädigt. Auch die ohnehin nicht sehr reiche Fauna hat sich in die Hügelwelt der Ajaches zurückgezogen. Wo ständig Motoren lärmen und Staubfahnen aufwirbeln, hoppelt kein Kaninchen mehr gern herum und suchen Igel und Eidechsen, Geckos und Blindschleichen lieber das Weite.

Endlich also haben die Naturschützer der zuständigen Gemeinde Yaiza sich durchgesetzt: An der Hauptpiste zum „Monumento Natural de Los Ajaches" wurde eine Sperre errichtet, an der die Autofahrer zur Kasse gebeten werden. Im Naturschutzgebiet ist außerdem die Zufahrt zu manchen Stränden mit großen Felsen gesperrt, sie sind nur für Fußgänger erreichbar. Der Autopulk, der vor allem am Wochenende fast unerträglich ist, darf nur noch an der **Playa Mujeres** und der **Playa de Puerto Muelas** parken. Dort regiert der entsprechende Trubel, vor allem in den Schulferien, wenn sich kanarische Familien mit Campingauto und Zelt gleich für Wochen hier einquartie-

Vergängliche Kunst am Strand: Sandskulpturen an der Playa Blanca.

ren und die Strände einer riesigen Wohnwagen-Burg ähneln. Ein Auto steht am anderen, fahrende Händler bieten Getränke an, ein Eisverkäufer zieht mit seiner Ware an ölglänzenden Leibern vorbei, und eifrige Väter zeigen den Kindern ihre Kunstfertigkeit beim Bau von Sandburgen.

Die letzte der acht Buchten, die Playa de Puerto Muelas, ist offiziell als FKK-Gebiet ausgewiesen. Sonne und Meer so zu genießen, wie der Herr Weiblein und Männlein schuf, scheint aber angesichts des Sonnenanbeter-Auflaufs wenig opportun. Die Nacktbader ziehen sich lieber an die kleineren Strände zurück, vorwiegend an die **Playa de Papagayo**, die dem ganzen Areal ihren Namen gab. Sie ist nach einer kleinen Klettertour abwärts über die Klippen zu erreichen und erfüllt alle Wünsche nach nahtloser Bräune. An manchen Tagen hat man sogar das Glück, eine Ecke zu finden, wo man dann in ungestörter Zweisamkeit die Sonne anbeten kann, so lange, bis der Schatten der Felswand das Gold der Sandbucht bedeckt.

Ein farblicher Kontrast in punkto Strand bietet sich einige Kilometer nördlich der Punta del Papagayo. Dort liegt der etwas wilde Ort **Playa Quemada**, übersetzt: „Verbrannter Strand". Zu Füßen der markanten Klippen-Landschaft breitet sich ein schwarzer Sand- und Kiesstrand aus. Hier sind vor allem am Wochenende viele Einheimische anzutreffen. Außer der zentralen **Playa de la Arena** kann man dort bei Ebbe ein paar kleinere Buchten erreichen, sollte dann aber den Gezeitenplan in der Tasche haben. Wer Hunger hat, findet in dem Fischernest ein paar Restaurants, die immer einmal wieder auch frischen Fisch servieren. Nur wenige wandern auf schwierigen Pfaden von den Playas del Papagayo über die **Punta Gorda** nach Playa Quemada.

Das absolute Kontrastprogramm zu dieser urigen Stimmung bietet gut drei Kilometer weiter östlich der Yachthafen **Puerto Calero**. Die Hafengebäude sind etwas kühl gehalten, aber wegen ihrer Zurückhaltung und unauffälligen Einbindung in die Landschaft verkörpern sie eben das, was Manrique immer predigte: Einklang mit der Natur.

Geradezu lebhaft ist der sportliche Ort allerdings noch nicht, auch wenn viele Boote im Hafen dümpeln. Die meisten werden hier nur „geparkt", entsprechend wenig Menschen bewegen sich über die Geschäftszeile, manche für Boutiquen geplante Räume stehen noch leer. Doch inzwischen hat sich die Qualität einiger Restaurants herumgesprochen. Das schicke „El Bar del Club" präsentiert sich im Kolonialstil und bietet leichte Kost für sportliche Gäste, vor allem viele Salate. Rustikaler gibt sich das italienische Restaurant „La Papardella", in dem eine neapolitanische Familie Pasta und Pizza serviert.

In Sichtweite zum eleganten Hafen, rund vier Kilometer östlich, winkt endlich die Hochburg lanzaroteñischen Urlaubsvergnügens: **Puerto del Carmen**, im Kern ein etwa fünf Kilometer langer Hotel-Apartment-Boutiquen-Restaurant-Bandwurm. Diese Urlauberstadt wirkt widersprüchlich: phantastische Strände auf der einen Seite, andererseits endlose Geschäftszeilen, terrassenförmig übereinander gestaffelte Apartmentanlagen, nur wenig Platz für Grün, aber dafür ein reiches Verführungspotpourri für den Einkaufsbummel, für Barbesuche und für heiße Rhythmen in der Nacht.

Puerto Calero ist der Anlaufpunkt für Segler und Skipper.

Den Mangel an Grün versucht man inzwischen mit der Anlage von Palmenalleen etwas zu beheben. Außerdem müssen die Anlagen großer Hotels und Apartmenthäuser hervorgehoben werden: Ihre Pool-Landschaften und subtropischen Gärten wetteifern miteinander, halten viele Gäste sogar davor zurück, den in den meisten Fällen jenseits der Durchgangsstraße liegenden Strand aufzusuchen. 70 Prozent der Hotelgäste bleiben schließlich während des gesamten Urlaubs am Pool – das zumindest hat die Hotelgemeinschaft Lanzarotes herausgefunden!

Vielleicht ist das die Garantie dafür, dass Strandurlauber jederzeit ein Plätzchen an der

Sonne finden. Der Hauptstrand des Urlauberzentrums ist mit dem im Südwesten liegenden Playa Blanca namensgleich: der vor der Stadtmitte liegende, gepflegte und bis zu 150 Meter breite Strand heißt ebenfalls **Playa Blanca ✪✪**, weiße Bucht – der sandige Küstensaum wird von bunten Sonnenschirmen und Liegen geschmückt, ist ziemlich windstill gelegen und fällt flach ins Meer ab, ein geeignetes Terrain vor allem für Kinder. Im Hintergrund, unterhalb der Avenida de las Playas, schirmen Palmen, Hibiskus und Geranien den Strand von der lauten Straße ab. Und für viele zählt die reizvolle Möglichkeit, ein paar Stufen hochzugehen zum Boulevard und mittendrin zu sein im Reich der unbegrenzten Vergnügungen – angefangen von leiblichen Genüssen vom Grillrost und aus dem Zapfhahn bis hin zum Shopper's Paradise aus Armani-Boutiquen und Souvenir-Shops voller Kitsch. Dazwischen locken das schweißtreibende „Hard Rock Café" und das von Costa Teguise hierher verlegte Casino.

Die Fischer verkaufen ihren Fang direkt an der Mole.

Kulinarisches

Frischer Fisch

In Puerto del Carmen hat sich die Fischerei noch behaupten können. Die Küstengewässer rund um Lanzarote sind schließlich noch nicht überfischt. Jeden Vormittag laufen die Fischerboote im kleinen Hafen ein und laden aus, was während der Nacht in die Netze ging. Die Fische werden gleich vor Ort ausgenommen und direkt verkauft – ein guter Tipp für Selbstversorger, die in der Nähe wohnen! Vor allem Sardinen sind hier sehr preiswert. Der größte Teil des Fangs wird in den Kühlkammern der Fischhalle gelagert und an die umliegenden Restaurants verteilt. Mehr als 500 Fischarten leben in den kanarischen Gewässern. Am gängigsten sind Thunfische, Barsche und Salmen, aber auch Rochen, Tintenfische und Muränen. Als Speisefisch ist bei den Einheimischen die Vieja aus der Familie der Papageienfische am beliebtesten.

Folgende Fische und Meeresfrüchte findet man häufig in Fischhallen und auf den Speisekarten:
Atún: Thunfisch
Cherne: Wrackbarsch
Salemas: Goldstriemen
Vieja: Papageienfisch
Lenguado: Seezunge
Bacalao: Dorsch/Stockfisch
Gambas: Krabben
Langosta: Languste
Langostino: Scampi
Mariscos: Krustentiere
Lapas: Napfschnecken
Mero: Zackenbarsch
Pulpo: Tintenfisch
Sama: Rotbrasse
Tiburón: Haifisch

Als Salz noch Gold wert war

In den Zeiten, als für lange Seefahrten die Lebensmittel noch mit Salz konserviert wurden, war das Mineral fast so kostbar wie Gold. Schiffe auf dem Weg nach Indien und Amerika machten deshalb meist einen Stopp auf Lanzarote, um Salz zu bunkern. Die Salinen an der Risco de Famara sollen sogar schon in der Antike in Betrieb gewesen

sein, jedenfalls fanden sie 1590 Platz in einer Karte des Festungs-Architekten Torriani. Im 19. Jh. wurde dann die Salzgewinnungsanlage im Osten von Arrecife eingerichtet, deren markante Überreste heute noch zu sehen sind. Die berühmten Salinen von Janubio stammen aus den 20er Jahren, bis zu 100.000 t Salz wurden dort jährlich produziert. Die modernen Kühlanlagen beendeten die Ära des Salzes zu Konservierungszwecken, der Salzabbau wurde bestenfalls noch für den Hausgebrauch weiter betrieben. Die Salinas de Janubio werden als Industriedenkmal erhalten.

Noch wird in den Salinas de Janubio Salz gewonnen.

Der Playa Blanca folgt im Osten die **Playa de los Pocillos**. Bei starkem Wellengang bildet sich zwischen Strand und Straße eine großflächige Lagune – vor allem für Kinder eine Gelegenheit zum Planschen und Toben. Im Winter jedoch hört der Spaß auf: Der starke Wind treibt meterhohe Wellen vor sich her, und das Schwimmen wird so zur Lebensgefahr! Nur allmählich können sich die Verantwortlichen daran gewöhnen, in derartige Situationen rote Flaggen zu hissen.

Ebenfalls dem Wind heftig ausgesetzt und deshalb bei Surfern sehr beliebt ist die im äußersten Osten der Stadt liegende **Playa del Matagorda**. Wie an der Playa de los Pocillos werden bei starkem Wind, also vornehmlich im Winter, die Sonnenschirme zusammengeklappt oder gar weggetragen. Und noch einen Nachteil hat die Playa del Matagorda, teilweise auch die Ostseite der Playa de los Pocillos: Die Flughafennähe kann an den Hauptflugtagen lästig werden, die Einflugschneise liegt direkt über den Stränden.

Der Feriengigant **Puerto del Carmen** verdeckt in seiner Monströsität den Ursprung der Siedlung, nämlich seinen Hafen. Dieser versteckt sich am westlichen Ende der Hotelszenerie und hat sich die Fischer-Atmosphäre bewahrt. Zwischen den bunten Booten tummeln sich zwar die obligatorischen Ausflugsschiffe, aber wenn ein Fischer einen guten Fang gemacht hat, verkauft er die Sardinen kiloweise und zerkleinert die großen Fische in küchentaugliche Stücke.

Rund um den Hafen zieht sich die Perlenschnur der Fischrestaurants, zweitklassige Ware kann sich hier keiner leisten. Der Hafen hieß früher La Tiñosa, was übersetzt „die Schäbige" heißt, heute bildet das **Centro Civico del Fondeadero** mit der „Lonja", einer sauberen, appetitanregenden Fischhalle, das Zentrum der Gegend. Im linken Teil werden Fischgerichte und Tapas serviert, im rechten die frisch gefangene Ware verkauft. Für Urlauber eine gute Gelegenheit, die in den kanarischen Gewässern lebenden Fische und Meeresfrüchte aus nächster Nähe – und dazu noch in ungekochtem Zustand – zu bestaunen.

Verlässt man die Lonja mit Blick auf den Hafen und schlendert ein paar Schritte abwärts, hört man von links das dumpfe Klacken metallener Kugeln. Hier vergnügen sich die Männer des Ortes jeden Abend mit ihrem Wettspiel auf der Bola-Bahn – ein idyllischer Anblick mit einem Hauch von Lokalkolorit, das sich eben auch in Puerto del Carmen noch entdecken lässt.

Yaiza ●●

Das hübsche, weiße Dorf ist die süd-
lichste Gemeinde der Insel. Es bildet
den Ausgangspunkt für Touren in die
Vulkanwelt des Parque Nacional de
Timanfaya, nach El Golfo und in den
Südwesten nach Playa Blanca. Die
Zufahrtstraßen zu dem wohl schönsten Ort der Insel, wie er auch gern bezeichnet wird, sind kunstvoll mit Palmen und endemischen Pflanzen geschmückt. Die Lava bildet dabei an
den Böschungen und auf den Mittelstreifen der Straßen ein dekoratives
Element. Das Dorf selbst schmücken
viele Blumen, Geranien, Hibiskus
und Bougainvillea.

Verkehr

Die Buslinie Arrecife – Puerto del
Carmen – Playa Blanca hält in der
Dorfmitte am Kirchplatz. Von Arrecife sind es rund 24 km, von Puerto del
Carmen über Macher und Uga rund
13 km, von Playa Blanca etwa 15 km.
Kommt man aus Richtung Uga, trifft
man kurz vor Yaiza auf einen Kreisverkehr, an dem die Umgehungsstraße beginnt. Ohne den Ort zu
berühren, erreicht man auf ihr den
Nationalpark, El Golfo und Playa
Blanca.

Sehenswürdigkeiten

Nuestra Señora de los Remedios
Plaza de los Remedios.
Ortskirche mit schöner, schlichter Fassade. Im Kircheninneren findet sich
ein barocker Hochaltar und eine interessant mit Blumen und Engeln bemal-
te Kassettendecke (Artesonado).
Ganztags – außer während der Mit-
tagszeit – durchgehend geöffnet.

Casa Benito Pérez Armas
Casa Cultura
Plaza de los Remedios.
Das restaurierte Herrenhaus im an-
dalusisch-kanarischen Baustil besitzt

einen schönen, idyllischen Innenhof;
hier lebte der Politiker und Schriftsteller Benito Pérez Armas (1871 –
1937). In der Galerie werden Werke
kaum bekannter Inselkünstler gezeigt, aber auch Bilder von César
Manrique und Ildefonso Aguilar.
Mo – Fr 9 – 13 und 16.30 – 19 Uhr.

Montaña de la Cinta
Im Südwesten des Dorfes.
Der Hausberg Yaizas ermöglicht einen herrlichen Blick über das Dorf
und die umliegenden Vulkanberge.
Eine Säule mit einer Gedenktafel erinnert an den Pastor Andrés Lorenzo
Curbelo, der 1730 von hier aus die
Ausbrüche im heutigen Parque Nacional de Timanfaya beobachtete und
die Ereignisse in seinem Tagebuch
festhielt (siehe dazu S. 115). Der Aufstieg dauert etwa 15 Min.

Unterkunft

** Casa Friedel
In einer Seitengasse gegenüber der
„Galeria Yaiza"
Tel. 928 83 01 99.
Gepflegtes, komfortables Ferienhaus
im Ort mit schönem Innenhof. Das
Haus befindet sich im Besitz der Ga-
leristin Friedel Leitz, der Ehefrau des
Künstlers Veno.

*Roman-
tisches
Ambiente:
die Front der
„Finca las
Salinas".*

Werkstatt des deutschen Künstlers Veno in der „Galería Yaiza".

Salinas de Janubio ✪
Etwa 6 km westlich von Yaiza.
Siehe S. 121.

Parque Nacional de Timanfaya
Siehe S. 112 – 123.

El Golfo
6 km nordwestlich von Yaiza.
Siehe S. 123.

Los Hervideros
Etwa 10 km westlich von Yaiza.
Siehe S. 121.

Playa de Janubio
Westlich der Salinen, erreichbar über die Straße von Yaiza nach Las Hoyas. Südöstlich der Salinen zweigt eine Piste nach Westen ab. Über sie erreicht man den pechschwarzen Sandstrand mit Lavafelsen – eine wilde, ursprüngliche Landschaft, die Naturfreunde und an Wochenenden auch viele Einheimische anzieht. Die Brandung ist sehr stark, weshalb Schwimmer vorsichtig sein sollten. In südwestlicher Richtung ist auf den Klippen ein Betonklotz auszumachen: die Meerwasser-Entsalzungsanlage Inalsa Sur für Playa Blanca (siehe auch S. 65).

Femés

Ruhiger Ort südlich von Yaiza. Unterhalb von Femés an der Straße nach Las Breñas wird roter und schwarzer Picón (Lavakörner) für den Trockenfeldbau abgebaut.

Im 15. Jh. lag südlich des heutigen Femés eine Siedlung, die – noch vor Teguise – Bischofssitz war. Nach der Zerstörung der Kapelle durch Piraten wurde weiter landeinwärts, im heutigen Femés, die Ermita de San Marcial gegründet.

Ein schöner Blick vom Ort über die Ebene El Rubicón bis zu den Inseln Lobos und Fuerteventura sowie nach

Galería Yaiza ✪

Stilvoll in einem Bauernhaus untergebracht, das von César Manrique restauriert wurde, präsentiert die bekannte Galerie eine Palette des modernen Malens auf Lanzarote. Ausgestellt werden Werke des Besitzers, der den Künstlernamen Veno trägt, sowie Bilder, Skulpturen und Keramiken anderer Künstler, die ebenfalls aus Lanzarote stammen oder sich auf der Insel niedergelassen haben. Viel Platz wird Tayó, dem Künstler aus Uga, gewidmet. Die Galerie liegt am südlichen Ortsausgang auf der linken Seite der Carretera nach Playa Blanca (Mo – Sa 17 – 19 Uhr, Tel. 928 83 01 99).

La Era
Trasera del Ayuntamiento
Tel. 928 83 00 16.
Stimmungsvolles, uriges Restaurant in den Räumen von zwei restaurierten, 300 Jahre alten Bauernhäusern, die von César Manrique umgebaut wurden. Schöner Innenhof. Inselgerichte nach alten Rezepten.
Im hinteren Teil des Anwesens serviert eine Bodega hauseigene Weine und schmackhafte Tapas.
Abends ist in jedem Fall eine Tischreservierung zu empfehlen.

El Volcan
Hauptstraße, neben der Plaza de los Remedios
Tel. 928 83 01 56.
Rustikales Restaurant mit spanisch-kanarischer Küche, viele Fleischgerichte, die Spezialität des Hauses ist Zicklein.

In Yaiza fühlt man sich vor allem wohl, wenn man gern durch Galerien bummelt. Hier gibt es ein breites Angebot.
Zur bekannten „Galería Yaiza" siehe nebenstehenden Kasten, zu weiteren Galerien siehe S. 37.

Sehenswürdigkeiten

Ermita de San Marcial

5 km östlich von Playa Blanca im Hinterland der Playas de Papagayo. Hochaltarwand mit der Statue des Schutzheiligen San Marcial. Decken im Mudejar-Stil. An den Wänden Bootsmodelle und Votivgaben für die Errettung aus Seenot.
Ohne regelmäßige Öffnungszeiten, nur am 7. Juli, dem Festtag von San Marcial, ist sicher geöffnet.

Restaurants

Balcón de Femés

Calle San Marcial 9
Tel. 908 02 30 93 (Handy).
Uriges Restaurant mit geschlossener Terrasse, guter Blick über die Südwestecke der Insel bis nach Fuerteventura. Kanarisch-spanische Gerichte.

Casa Emiliano

Femés Nr. 10
Tel. 928 83 02 23.
Sehr gemütliches Restaurant mit Terrasse, auch bei Urlaubern beliebt. Kanarische und internationale Küche, auch Schnitzel.

Einkaufen

Femés ist berühmt für seinen qualitativ hochwertigen Ziegenkäse. Die größte Käserei gehört der Familie Rey. Das Käselager befindet sich hinter der „Bar Femés" am Ortseingang, wenn man aus Richtung Yaiza/Uga kommt. In der Bar nach Señor Rey fragen.

Playa Blanca

Der aus einem Fischerort entstandene Urlaubsort, ganz im Süden der Insel, hat in seinem Kern noch viel von sei-

ner Ursprünglichkeit bewahren können. Die Stadtverwaltung ist bemüht, bei den zahlreichen Neubauten, die um das Zentrum „wuchern", den typischen Inselstil beizubehalten. Das bedeutet auf Lanzarote vorwiegend weiße Kuben, grüne Fenster und Türen. Nur in Richtung der Playas de Papagayo entfaltet die Architektur leider hemmungslos ihren gigantischen Größenwahn.
Playa Blanca ist auch der Fährhafen für Fahrten nach Fuerteventura und für Ausflüge zur Isla de los Lobos.

Verkehr

Playa Blanca liegt im äußersten Südwesten von Lanzarote. Vom Norden aus ist der Ort auf gut ausgebauten Fahrbahnen über Yaiza zu erreichen, von dem aus zwei parallele Straßen nach Playa Blanca führen. Es bestehen Busverbindungen mit Puerto del Carmen und mit Arrecife.
Zu Fähren nach Fuerteventura siehe Kap. 9, Seite 186.

Sehenswürdigkeiten

Castillo de las Coloradas

Etwa 2 km östlich von Playa Blanca in Richtung der Playas del Papagayo. Das aus Basaltgestein errichtete Kastell steht markant auf der Punta del Águila. Es wurde 1742 erbaut, aber bald darauf von Piraten dem Erdboden gleichgemacht. 1749 ließ König Carlos III. den neuen Wachtturm errichten. Man kann ein paar Stufen nach oben gehen und den schönen Blick über die farbenprächtige (deshalb „Coloradas") Felsenküste genießen. Schon lange besteht die Absicht, im Castillo ein Museum oder Ausstellungsräume für Kunst zu eröffnen.

Montaña Roja

Westlich von Playa Blanca.
Am westlichen Ortsrand ist die Montaña Roja (194 m) und der zum Kra-

ter führende Pfad schon deutlich zu sehen. Man kann um den Kraterrand herumlaufen und die kurze Strecke auch in den Krater absteigen. Als höchster Punkt in der Rubicón-Ebene kann man sich vom Berg aus in alle Richtungen orientieren.

Der Leuchtturm an der Punta de Pechiguera.

Unterkunft

**** **Lanzarote Princess**
Calle Maciot
Tel. 928 51 71 08
Fax 928 51 70 11
Internet:
www.h10.es/lanzarote_princess
Modernes und großzügig gestaltetes Hotel, etwa 400 Meter von der künstlich geschaffenen Playa Dorada entfernt. Es stehen 407 komfortabel eingerichtete Zimmer zur Verfügung. Großzügige Pool-Landschaft im Garten mit drei Becken. Für Kinder Planschbecken, Spielplatz, Miniclub ab vier Jahre. Tennisplatz, Tischtennis, Squash, Boccia, Minigolf.

**** **Playa Dorada Hesperia**
Costa de Papagayo
Tel. 928 51 71 20
Fax 928 51 74 32
Außen phantasielos gestaltet, innen modern und großzügig eingerichtet. Durch eine ruhige Uferpromenade von der hellen Playa Dorada getrennt. 266 komfortable Zimmer. Großzügige Pool-Landschaft mit zwei Becken und Kinderplanschbecken. Tennis, Tischtennis.

**** **Timanfaya Palace**
Valle Montaña Roja
Tel. 928 51 77 76
Fax 928 51 70 35
Internet: www.h10.es/timanfaya_palace
Mitte 1997 eröffnetes, komfortables Spitzenhotel. Direkt am Meer gelegen, etwa 250 Meter von der Playa Flamingo entfernt. 307 große, komfortable Zimmer. Großer Meerwasser-Pool. Für Kinder Planschbecken und Miniclub. Für Sportliche Tennis, Tischtennis, Boccia, Minigolf und Fitnessraum.

*** **Lanzasur Club**
Urbanisation Montaña Roja, Sector 6
Tel. 928 51 76 28
Fax 928 51 76 89.
Die architektonisch gelungene Bungalowanlage wurde rund um eine Pool-Landschaft mit zwei Becken gebaut. 500 m von der Playa Flamingo. 228 gut eingerichtete Bungalows mit Kitchenette. Mit einem Supermarkt. Für Kinder Planschbecken, Spielzimmer und Miniclub. Großer Fitnessraum, sechs Tennisplätze (auch Kursangebot).

*** **Atlantic Gardens**
Urbanisation Montaña Roja
Tel. 928 51 75 55
Fax 928 51 76 46.
Bungalowanlage mit zwei Pools, von der Playa Flamingo etwa 500 m entfernt.

Restaurants

Casa Salvador
Avenida Marítima 18
Tel. 928 51 70 25.
Ältestes Fischrestaurant des Ortes, bekannt für gute Qualität. Schöne Lage direkt an der Uferpromenade. Frischer Fisch.

Erholung ist garantiert im „Playa Dorada Hesperia" in Playa Blanca.

Almacén de la Sal

Avenida Marítima 20
Tel. 928 51 78 85.
Angenehmes Ambiente in einem restaurierten Salzlagerhaus. Fisch- und Fleischgerichte. Freitags mit kanarischer Live-Musik.

El Marisco „Casa Brigida"

Calle El Varadero 13/Ecke Calle el Falange
Tel. 928 51 73 85.
Kleines, feines und hochpreisiges Restaurant, gute kanarische Küche, bekannt für Fischgerichte.

Nachtleben

Playa Blanca ist eher für Familien und für einen ruhigen Urlaub konzipiert, ein Nachtleben mit Nachtbars und Diskotheken existiert kaum bzw. ist wenig gefragt.

Einkaufen

Mittwochsmarkt

Am Hafen vor dem Centro Punta Limones.
Gemischtes Angebot aus Afrika und Handarbeiten von der Insel. Sehr stimmungsvoll.

Aktivitäten

Insgesamt präsentiert sich Playa Blanca etwas ruhiger als andere Badeorte auf der Insel. Hierher kommen vor allem Familien mit Kindern und ältere Urlauber. Deshalb besteht auch kein so abwechslungsreiches Sportangebot wie an anderen touristischen Zentren.

Tauchen

Gute Tauchreviere sind von Playa Blanca aus schnell erreichbar. Seit vielen Jahren etabliert ist:

Divingschool Las Toninas
Hotel Playa Flamingo
Tel. 928 51 73 69.

Wasserski
Jet Ski Playa Dorada Hotel
Playa Dorada
Tel. 928 51 71 20.

Fahrradfahren

Rund um Playa Blanca ist die Landschaft flach, das Radfahren wenig anstrengend.
Wichtige Verleihstationen:

Easy Rider
Avenida de Llegada s/n
Tel. 928 51 79 26.
Verleih von Mountainbikes, organisierte Touren.

Zafari Cycle
Calle Los Limones 29
Tel. 928 51 76 91.
Verleih von Mountainbikes, Mopeds und Motorrädern.

España Bike Travel
C. C. Punta Limones 16
35570 Playa Blanca
Tel./Fax 928 51 80 57
Mobil-Tel. 639 93 10 74
Internet: http://hellasbike.com/clients/espanabike/Kanaren/Lanzarote/Inhalt_de.htm
Präsentationen von unterschiedlichen Tourenvorschlägen. Sowie interessante Angebote von geführten Touren und Preisinfos. Buchung per Internet möglich.

Geschichte

Meuterei im Rubicón

Als Jean de Béthencourt zum Rapport nach Spanien fuhr, ließ er zum Schutz der Insel Gadifer de la Salle zurück. Während dieser auf Lobos zwecks Truppenverpflegung Seehunde jagte, putschte auf Lanzarote Berneval, Kommandant des Rubicón-Forts. Der Guanchenführer Guardafía half de la Salle bei der Niederschlagung des Putsches. De la Salle verbündete sich aber anschließend mit Guardafías Rivalen Atchen. Kurz vor dem Höhepunkt der Auseinandersetzungen kehrte Béthencourt zurück, zwang Guardafía zur Kapitulation und die Guanchen zum Christentum. Seinen Widersacher de la Salle stellte er mit Hilfe des Königs von Kastilien politisch kalt.

Die Ebene des El Rubicón zeigt sich wenig einladend.

Ausflug

Los Pozos de San Marcial del Rubicón

Hinter der Playa del Pozo, einem der Papagayo-Stränden, befindet sich das geschützte archäologische Gebiet. Es handelt sich um tiefe, gemauerte Brunnen, die wahrscheinlich schon von den Altkanariern angelegt wurden. Oberhalb dieser Brunnen befindet sich ein Holzkreuz auf einem Steinwall. Es bezeichnet die Stelle, an der 1404 die erste christliche Kapelle auf Lanzarote errichtet wurde, zugleich der erste - Bischofssitz der Kanaren. Die Kapelle wurde von Piraten zerstört. Dieses Gebiet, auf dem Jean de Béthencourt eine Festungsanlage zur Abwehr der Piraten gebaut hatte, wird allmählich archäologisch erforscht.

Ausflüge

Fahrt mit dem Piratenschiff „Marea Errota"

Piratenfahrt entlang der Papagayo-Stränden bis Playa Quemada mit einem Stopp zum Baden. Viele Ulk-Einlagen, die manchmal etwas derb ausfallen.
Marea Errota
(am Hafen)
Tel. 928 51 76 33.

Isla de los Lobos

Von Playa Blanca aus verkehren nur unregelmäßig Boote zur Isla de los Lobos, dafür fahren Boote von Corralejo auf Fuerteventura zu der Insel. Samstags steuert meistens das Motorboot „Autarkie" im Rahmen einer organisierten Bootstour (mit Essen) von der Playa Blanca auf die Isla de los Lobos.

Fuerteventura

Regelmäßigen Fährdienst (zu genaueren Informationen siehe S. 186) ab Playa Blanca nach Corralejo/Fuerteventura bieten:
Lineas Fred. Olsen
(an der Mole)
Tel. 928 51 72 66

Naviera Armas
(an der Mole)
Tel. 928 51 79 12.

Playas del Papagayo ✪

Vom Ortsende in der Nähe der Playa Dorada bis zur ersten Papagayo-Bucht, der Playa de Mujeres, geht man rund 30 Min. Wer mit dem Auto unterwegs ist, fährt am Kreisverkehr im Norden von Playa Blanca nach Osten, die Piste ist ausgeschildert. Seit 1998 kostet die Fahrt in das Naturschutzgebiet Eintritt. Außerdem sind nur noch die Playa de Mujeres und die Playa de Puerto Muelas mit dem Auto erreichbar. Die naturbelassenen Buchten fallen sanft ins Meer ab, sind also auch für Kinder geeignet (siehe auch S. 56).
Oberhalb der Playa de Papagayo stehen die Ruinen des verlassenen Dorfes Papagayo. Ein Gebäude wurde wieder aufgebaut und ist gelegentlich als Restaurant geöffnet.

Los Pozos de San Marcial del Rubicón

Siehe nebenstehenden Kasten.

Information

Oficina de Turismo

Am Hafen.
Prospektmaterial gibt es neben dem Ticket-Verkauf für Fähren, auch Auskünfte über diverse Bus- und Fährverbindungen.

Puerto del Carmen

Etwa 8 km südwestlich von Arrecife. Der sonnigste Ort der Insel! Auf einer Strecke von 7 km liegt eine Ansammlung von Hotels, Apartmentanlagen (mehr als 30.000 Betten!), Geschäften, Diskos und Bars. Der alte Kern, der Fischereihafen, bietet auch heute noch Atmosphäre: Fischerboote und Ausflugsschiffe dümpeln im Wasser, eine Reihe Fischrestaurants steht am Ufer, Einheimische spielen auf der Plaza das traditionelle Bola, das „Spiel mit den Kugeln".
Im neuen Ortsteil führt die Avenida de las Playas entlang der Playa Blan-

Nur ein schlichtes Holzkreuz erinnert an die erste Kapelle auf der Insel.

ca (nicht zu verwechseln mit dem Urlaubsort Playa Blanca im Süden der Insel!). Hier dominieren Bars, Cafés, Restaurants, Boutiquen und Spielhallen. Mit einigen Ausnahmen sind die Hotelbauten in einem abgewandelten Inselstil gebaut, auf Hochhäuser hat man glücklicherweise verzichtet. Wer sich an der Playa Blanca aufhält, wird mit üppiger Begrünung zur höher liegenden Avenida verwöhnt.

Dieser Schmuck fehlt allerdings im Osten der Stadt. Für Fußgänger ist diese Zone bisher nicht sonderlich einladend, was jetzt allerdings Zug um Zug verändert wird: An der nördlichen Playa de Matagorda wird der Strand erweitert, und ein Gebäude für Windsurfer entsteht. Die Strandstraße zwischen den Hotels „Beatriz" und „Jameos Playa" wird Fußgängerzone, und in der Mitte entsteht ein Fahrradweg. Die Promenade führt weiter zur Playa de los Pocillos, über den bei Flut vom Meer überschwemmten Teil soll ein Holzsteg führen. Gegenüber den Riu-Hotels wird der „Platz der Nationen", ein Park mit Freizeit- und Kulturaktivitäten, gebaut. Die künstlerische Leitung des Projekts obliegt den Künstlern José Abad und Ildefonso Aguilar.

Blick auf die Badelandschaft des „Los Jameos Playa".

Sehenswürdigkeiten

Fischereihafen La Tiñosa
Der alte Kern, der Fischereihafen, hat sich seine immer noch etwas romantische Hafenatmosphäre erhalten. Hier liegen viele bunte Boote, und am Vormittag laden die Fischer ihren nächtlichen Fang aus, den sie auch direkt an Kunden verkaufen.

Nuestra Señora del Carmen
Oberhalb des Hafens an der Carretera del Carmen.
Einschiffige Kirche mit gotischen Spitzbögen.

Unterkunft

**** Los Jameos Playa
Playa de los Pocillos
Tel. 928 51 33 41
Fax 928 51 33 41.
Dies kann als eines der schönsten Hotels in Puerto del Carmen gelten. Seine Lobby wurde einem kanarischen Patio nachempfunden. Das Hotel wird nur durch die Uferstraße vom Strand getrennt.
Insgesamt 530 komfortable Zimmer. Schöne Pool-Landschaft mit zwei Becken. Für Kinder Planschbecken, Spielplatz und Betreuung (Juni – September, ab vier Jahren). Fitnesscenter, vier Tennisplätze, am Strand außerdem Tauch- und Surfschule.

Verkehr

Zahlreich sind die Busverbindungen von Puerto del Carmen aus nach Arrecife und nach Playa Blanca.
Innerhalb des lang gezogenen Urlaubsorts fahren regelmäßig Busse, auch Taxis warten überall. Mit dem eigenen bzw. gemieteten Wagen sollte man die vorgeschriebenen Haltezeiten beachten und ein Ticket lösen. Wer die Zeit überschreitet, muss mit empfindlichen Strafen rechnen. Bei nur geringfügiger Überziehung empfiehlt es sich, den jeweils zwischen zwei Zebrastreifen zuständigen Ordnungshüter zu suchen, der die Strafe gegen Bezahlung von 300 Peseten tilgen kann.

Insider News

Playa Quemada

Das Fischernest zwischen der Punta de Papagayo und Puerto del Carmen ist bei den Lanzaroteños sehr beliebt. Der schwarze Kies- und Sandstrand – übersetzt heißt der Ort „Verbrannter Strand" – liegt zu Füßen einer markanten Klippen-Landschaft. Das Terrassenrestaurant „Sette Islas" (Tel. 928 17 32 49) serviert kanarische Küche. Das urige „La Casitas" (Tel. 928 17 32 63; auch einfache Apartments) oberhalb ist bekannt für Fischgerichte, vor allem für Cazuela di pescado y mariscos (Fisch- und Muschelsuppe).

Wo der Sand geboren wird

Immer noch geistert das Gerücht herum, Lanzarotes und Fuerteventuras Sand sei aus der Sahara herübergeweht worden. Untersuchungen haben aber eine Mischung aus zerriebenem Basalt, kleinsten Teilen atlantischer Kleinlebewesen, Muscheln und Schneckenhäusern ergeben. Den Sand aus Basalt produziert die Naturgewalt des Ozeans. Die Splitter schwemmt der Kanarenstrom, ein Ausläufer des Golfstroms, an die Küsten. Je nach Wind und geologischer Gegebenheit ist der Sand also eine Mischung aus beiden Hauptbestandteilen, nur eben mal dunkler, mal heller. Außerdem ist der Kanarensand rauh wie Schmirgelpapier. Bestenfalls Sandstaub wird bei den entsprechenden Winden von Afrika herübergeweht.

Bei Caleta de Famara.

**** Riu Paraiso Playa de los Pocillos

Calle Francia 24
Tel. 928 51 24 00
Fax 928 51 24 09.
Gepflegte, komfortable Hotelanlage, durch die Uferstraße vom Strand getrennt. 248 komfortable Zimmer. Große Gartenanlage mit zwei Pools. Für Kinder Planschbecken, Spielplatz, Club für 4- bis 12-Jährige. Zwei Tennisplätze, Tischtennis. Tanz mit Orchester an sechs Abenden in der Woche.

**** Riu Palace Lanzarote

Playa de los Pocillos
Tel. 928 51 24 14
Fax 928 51 35 98.
Geschmackvoll eingerichtetes, komfortables Hotel, durch die Uferstraße vom Strand getrennt. 275 komfortable Zimmer. Schöne Gartenanlage mit Pool. Für Kinder Planschbecken, Spielplatz, Club für 4- bis 12-Jährige. Betont guter Service. 2 Tennisplätze, Tischtennis, Fitnesscenter. Jeden Abend Tanz mit Orchester. Umweltfreundliche Hotelführung.

**** Los Fariones

Playa Blanca
Calle Roque del Este 1
Tel. 928 51 01 75
Fax 928 51 02 02.
Gediegenes Hotel, direkt am Beginn der Playa Blanca. 242 gut eingerichtete Zimmer. Terrassenanlage mit vielen Palmen, Pool und direktem Zugang zum Strand. Für Kinder Meerwasser-Pool. Tennis, Minigolf. Tanz an sechs Abenden.

**** Aparthotel Fariones Playa Blanca

Calle Acatife 2
Tel. 928 51 01 75
Fax 928 51 02 02.
Von außen eine Bausünde, innen großzügig eingerichtet, doch etwas kühle Atmosphäre. 231 hervorragend ausgestattete Apartments. Gartenanlage mit Pool und Kinderplanschbecken, direkt am Strand gelegen. Tischtennis, Squash, Gymnastik und Tauchschule. Mittag- und Abendessen wird im benachbarten Hotel Los Fariones angeboten.

*** Apartments Kon-Tiki Club

Calle Guanapay 5
Tel. 928 51 39 50
Fax 928 51 39 77.
Im lanzaroteñischen Stil gebaute, terrassenförmige Apartmentanlage. 109 hervorragende Apartments. Garten mit Pool und Kinderabteilung. Etwa 100 m zur Playa Blanca.

*** Apartments Playa Club

Calle Pedro Barba 2
Tel. 928 51 37 19
Fax 928 51 09 06.
Ruhige Apartmentanlage, schöner Garten mit Palmen, Pool und Kinderplanschbecken. 146 gut ausgestattete Apartments. In der Nähe ein kleiner Strand, zur Playa Blanca 10 Min.

*** Apartments Barcarola Club

Avenida de las Playas 53
Tel. 928 51 07 50
Fax 928 51 08 16.
In landestypischer Architektur angelegte Apartmentanlage. Gepflegter Garten mit Pool und Kinderplanschbecken. 135 hervorragend ausgestattete Apartments. Im Zentrum der Stadt zwischen den Stränden Playa Blanca und Playa de los Pocillos.

Restaurants

La Ola

Avenida de Las Playas 10
Tel. 928 51 21 32.
Modernes, gemütliches Terrassenrestaurant. Fischspezialitäten, guter Service. Direkt am Meer mit Liegestühlen auf der Terrasse.

El Tomate

Calle Los Jameos 8
Tel. 928 51 19 85.

Gutbürgerliche, spanisch-internationale Küche, raffiniert zubereitet; unter deutscher Leitung, viele Fleischgerichte. Nur abends geöffnet, So geschlossen.

El Sardinero
Fischereihafen
Carretera del Carmen 9
Tel. 928 51 19 33.
Traditionelles Fischrestaurant mit Bar, direkt am alten Hafen, rustikal ausgestattet. Spezialität: Fischplatte mit Papas arrugadas und scharfer Mojo.

El Varadero
Fischereihafen
Plaza del Varadero 34
Tel. 928 51 31 62.
Gemütliches Hafenrestaurant, das in einer früheren Lagerhalle untergebracht ist; viel Ambiente, vorwiegend Fischgerichte.

La Lonja
Calle Varadero s/n
Tel. 928 51 13 77.
Stets frischer Fisch, beste Fisch-Tapas, ständig frisch zubereitet, große Auswahl.

Im Fokus

Puerto Calero

Der in der Landschaft versteckte Hafen wurde nach Ideen von César Manrique südlich der Straße von Tias nach Yaiza realisiert. Abfahrt zur Küste etwa 2 km westlich von Macher. Noch spürt man in dem Jachthafen, dass er nicht ganz eingeführt ist, weshalb manche Geschäfte der Ladenzeile bislang leer stehen.
250 Anlegeplätze, ein guter Ort für sämtliche Wassersport-Aktivitäten.

Restaurants

El Bar del Club
Am Jachthafen
Tel. 928 51 00 15.
Nobles Clubhaus mit sehr geschmackvoll eingerichteten Räumen und gemütlicher Terrasse. Internationale Küche, viele leichte Gerichte.

La Pappardella
In der Ladenzeile
Tel. 928 51 29 11.
Italienisches Restaurant mit großer Auswahl an Pasta und Pizza vom Holzkohleofen.

La Goleta
In der Ladenzeile
Tel. 928 51 06 86.
Kleines Restaurant mit hervorragenden Fischgerichten, lebende Langusten und Krebse warten im Bassin auf ihr Schicksal.

Aktivitäten

Catalanza
Local Nr. 1

Tel. 928 51 30 22.
Katamaran-Ausflüge, Verleih von Jachten und Motorbooten, Jetski und Schnorchelausrüstung, auch Hochseefischen.

Submarine Safaris
An der Mole
Tel. 928 51 28 98.
U-Boot-Fahrt mit der „Sub Fun 3" entlang der Küste vor Puerto Calero. Ein Erlebnis für die ganze Familie.

Das bunte „Sub Fun 3" unternimmt Fahrten in die Unterwasserwelt.

Shopping-Tipp in Puerto del Carmen: die Boutique „Banana Connection".

Italienisches Restaurant außerhalb von Puerto del Carmen an der Straße Macher – Yaiza. Fisch- und Grillgerichte, Spezialität: frische Pasta und Fischcarpaccio. Mo geschlossen.

Nachtleben

Puerto del Carmen gilt als das Zentrum für Nachtschwärmer auf Lanzarote; es bietet Vergnügen rund um die Uhr. Ein Zentrum der nächtlichen Unterhaltung ist das „Centro Comercial Atlántico". Unter dem unübersichtlichen Angebot an Discos, Pubs, Spielhöllen und Nachtclubs gibt es viele Absahner. Die Szene wechselt häufig, unsere kleine Auswahl enthält Treffs, die seit Jahren beständig sind.

Escuela El Fondeadero
Plaza del Varadero
Tel. 928 51 14 65.
Gaststätte der Restaurantfachschule mit gemütlicher Atmosphäre; bekannt für feine, original kanarische Küche.

Canarias Back-Paradies
Avenida de las Playas/ Hotel Fariones
Tel. 928 51 35 70.
Beliebtes Café mit Konditorei. Frühstück ab 7 Uhr. Deutscher Kaffee und Kuchen, Schwarzwälder Schinken etc.

El Pozo
Camino de la Molina 2
Tel. 928 51 24 54.

Waikiki Beach Club
Avenida de las Playas
Centro Comercial Atlántico
Tel. 928 51 24 21.
Gemütlicher Treff im hawaiianischen Stil, Terrasse an der Avenida, Musikberieselung in angenehmer Lautstärke. Exotische Drinks, Sandwiches, Eis, Kaffee.
Im Untergeschoss Saloon für Billard und Darts sowie die Disco „Dreams" mit DJs, die vor allem beim jungen Publikum beliebt sind.

American Hard Rock Café

Avenida de las Playas
bei „Rocas Blancas Apartments"
Tel. 928 51 02 33.
Stimmungsvolles Kellerlokal, amerikanisch-orientierte Dekoration mit Freiheitsstatue, Cadillac Baujahr 58, Harley Davidson, Aquarium. Musik der 60er Jahre bis heute. Amerikanisches und mexikanisches Essen. Nightclub-Shows für Männer.
12 – 3 Uhr, Live-Musik ab 21 Uhr.

Moonlight Bay

Playa de los Pocillos
Apartamentos Costa Mar
Tel. 928 51 07 69.
Wer keine Disko mag, genießt hier die Nacht bei Tanz nach Klängen der 60er und 70er Jahre. Live-Musik und Shows, Restaurant und Bar. Für Publikum ab 45 Jahren.
Täglich außer Mo 19.30 – 3 Uhr.

Dreams Disco

Unter dem Centro Atlántico.
Großer Tanzpalast für junge Leute, richtig voll ist es erst ab 4 Uhr.

Oasis Gran Casino

Avenida de las Playas 12
Tel. 928 51 50 00.
Das Casino wurde Ende 1996 von

Océano
Atlántico

Costa Teguise nach Puerto del Carmen verlegt. Amerikanisches Roulette, Black Jack, einarmige Banditen. Eintritt: 500 Peseten.
Geöffnet: Spielsaal ab 11 Uhr, Casino mit Restaurant 20 – 4 Uhr.

Einkaufen

Banana Connection

Avenida de las Playas (Komplex Barcarola)
Tel. 928 51 12 93.
Schicke Boutique für Damen. Fantasievolle Modelle des Designers David Mendieta aus Las Palmas de Gran Canaria.

Vero Moda

Avenida de las Playas 20
Tel. 928 51 04 43.
Erfrischende Mode für jüngere Damen und Herren, zum Beispiel „Jack & Jones".

Bottega Italiana

Centro Comercial
Los Arcos 2
Tel. 928 51 06 83.
Elegante Kleider und Schuhe, italienische und spanische Modelle.

Palm Center

Avenida de las Playas (Aparthotel Fariones).
Kaufhaus mit großer Auswahl, auch viele Souvenirs.

Santos

Avenida de las Playas (Centro Comercial Peñita)
Tel. 928 51 47 93.
Elegantes Geschäft für Schmuck u. Uhren. Internationale Marken wie Ebel, Omega, Majorica, Mont Blanc, Swarovski, Carrera y Carrera, Longines, Maurice Lacroix etc.

Antalia

Calle Cial Rocas Blancas 12
Tel. 928 51 17 19.
Vornehmes Geschäft für Schmuck

Ausflugs-Tipp

Tías und Macher

Die Hauptstraße Arrecife – Yaiza fährt nördlich von Puerto del Carmen durch die Orte Tías und Macher, die von Ausflüglern allerdings kaum beachtet werden. Tías ist die Verwaltungsgemeinde des Bezirks, zu der auch Puerto del Carmen gehört. Mitten im Ort liegt die **Ermita de San Antonio**, das ehemalige Zehnthaus, in dem zukünftig Ausstellungen stattfinden sollen. Die Restaurants von Tías werden vorwiegend von Einheimischen besucht oder von ein paar Kennern. Das „Iguaden" an der Avenida Central Nr. 63 gehört ebenso dazu wie das „Meson El Pueblo" in der Calle Libertad.
Ähnliche Empfehlungen kann man auch für den Ort Macher geben, knapp 3 km nördlich von Puerto del Carmen. Beliebt sind die Restaurants „El Asadero" (schöner Blick zum Meer, Mi geschl.), „El Lagar", eine Pizzeria in einem stilvoll renovierten Bauernhaus (Mo geschl.) und gegenüber die „Meson Calero" mit vorwiegend deutschen Fleischgerichten (So geschlossen).

und Uhren. Es gibt international bekannte Marken wie Les Must de Cartier, Tag Heuer, Bulgari, Gucci, Lladro, Swatch, Philippe Charriol, Breitling etc.

Sus Libros
Calle Teide 13
Tel. 928 51 28 02
Fax 928 51 28 59.
Gut sortierte Buchhandlung, aktuelle Literatur wird schnell besorgt.

Tienda Fundación César Manrique
Avenida de las Playas, östlich des „American Hard Rock Café".
Souvenirs, Poster, T-Shirts etc., es dominieren Manrique-Motive.

Chevere
Avenida de las Playas 55.
Große Auswahl an Kunsthandwerk der Insel, auch Töpferarbeiten der legendären Dorotea und des einheimischen Künstlers Juan Brito.

Galeria Espiral
Calle Toscon
Fax 928 51 26 54.
Kunstgalerie mit Werken verschiedener Künstler.
Mo – Fr 11 – 13.30 und 20 – 22 Uhr.

Aktivitäten

Tauchen
Gute Tauchreviere liegen vor Puerto del Carmen an den vorgelagerten Riffs oder im Süden, wo mit Hilfe von Schiffswracks ein Unterwasserpark eingerichtet wurde. Tauchschulen mit langer Erfahrung sind:
Atlantica Tauchzentrum
Im „Aparthotel Fariones"
Tel. 928 51 07 17.
Deutsche Tauchlehrer.

Barrakuda Club
Playa de los Pocillos
(Hotel La Geria)
Tel./Fax 928 51 27 65
(Nach 20 Uhr: Tel. 928 82 57 65).

Älteste Tauchschule von Puerto del Carmen, deutscher Tauchlehrer.

Safari Diving
Playa de la Barrilla, neben dem „Hotel Los Fariones"
Tel. 928 69 16 50.
Holländische Tauchlehrer.

R.C. Diving Lanzarote
Avenida de las Playas 38
Centro Aquarium
Tel. 928 51 42 90.
Spanischer Tauchlehrer.

Speedy Diving
Calle Tanausú 1
Apartments Arena Dorada
Tel. 928 51 14 02.
Deutscher Tauchlehrer.

Windsurfen
Die Playa Blanca gilt als ruhiger Schulungsstrand für Windsurfer. Bei Süd- und Südwestwind geht allerdings die Brandung hoch, wird Puerto del Carmen zum Funboard-Tipp. Bläst der Schirokko aus Afrika, wird die gesamte Ostküste selbst für Könner zu einer Herausforderung, vor allem aber vor den drei hintereinander liegenden Stränden Playa de los Pocillos, Playa de Matagorda und Playa de Guasimeta in der Nähe des Flughafens.
Eine schon länger bestehende Schule ist:
Centro Bic Sport
Playa de Matagorda
Tel. 928 51 01 40.

Drachenfliegen
Ein guter Startpunkt ist die Montaña Tinasoria (503 m), nördlich von Macher und La Asomado. Es empfiehlt sich, über Windverhältnisse etc. vorher Auskunft einzuholen bei:

Drachenflieger-Club Zonzamas
Avenida de las Playas
Centro Atlántico
Tel. 928 51 14 99.

U-Boot

Das Vergnügen, die Welt unter Wasser beobachten zu können, ohne nass zu werden, bieten:
Aquascope
Fischereihafen, Plaza del Varadero (am Ende der Mole)
Tel. 928 51 44 81.
Tauchen mit dem U-Boot, ab 10 Uhr jede halbe Stunde.

Glasboden-Katamaran

Es werden Touren mit dem Glasboden-Boot angeboten. Das Boot besitzt 32 Unterwasser-Fenster. Kleine Kreuzfahrt: täglich 11.30 und 12.45 Uhr; Fahrten zu den Inseln Lobos und Fuerteventura: Di, Mi, Sa und So um 9 Uhr.
Blue Dolphin
Fischereihafen, Plaza del Varadero
Tel. 928 51 23 23.

Reiten

Rancho Texas
An der Umgehungsstraße Calle Noruega s/n
Tel. 928 17 32 47.
Übungsstunden, auch in Deutsch, sowie Ausritte für mehrere Stunden oder einen ganzen Tag. Mit Pool und Cafeteria.

Fahrradfahren

Fahrradverleih Martin
Calle Anzuelo 22
Tel. 928 51 12 45.
Vermietung von Rädern und Zubehör, geführte Touren.

Fire Mountain Biking
Calle Princessa Ico 4
(nahe dem „Hotel Los Farione")
Tel. 928 51 22 67.
Radverleih, deutsche Leitung.

Information

Oficina de Turismo

Avenida de las Playas (Kiosk)
Oberhalb der Playa Blanca
Tel. 928 51 53 37.
Mo – Fr 10 – 14 und 16 – 19 Uhr, Sa 10 – 14 Uhr.

Gute Ausblicke auf den Strand bieten die Restaurants an der Promenade in Puerto del Carmen.

Im Fokus

Playa Honda

Es mag verwundern: Kein deutscher Veranstalter bietet Hotels oder Apartments in Playa Honda, dem Ort zwischen Puerto del Carmen und Arrecife, an, kein Ausflug führt dorthin. Doch von Puerto del Carmen aus kann man zu Fuß an die Playa Honda wandern. Die Tour beginnt an der Surfschule an der Playa de Matagorda im Osten von Puerto del Carmen. Von dort geht es immer am Strand und am Flughafen entlang. Und damit ist auch das Geheimnis gelöst: Die rechtwinklig angelegte Ferienstadt mit vielen unbewohnten Häusern liegt direkt in der An-

flugschneise – kein Platz für einen erholsamen Urlaub im europäischen Sinn. Aber der Sandstrand, die Playa de Guacimeta, ist breit und bei Einheimischen trotz des Lärms beliebt, vor allem bei FKK-Anhängern. Auch die Apartments werden vor allem von Canarios als Urlaubsdomizil genutzt. Hier herrscht kein Trubel wie in Puerto del Carmen, und manche Einheimische scheinen das „Aircraft-Watching" zu mögen. Man kann übrigens auch bis Arrecife weiter wandern: zunächst die Promenade entlang, die in einen Fußweg mündet. Vor Playa del Cable, bereits ein

Vorort von Arrecife, reizt eine halbrunde Bucht, die man aber meiden sollte, da Abwässer das Wasser verschmutzen. Von Playa del Cable bis Arrecife weisen weiße Pfeile auf die Fortsetzung des Weges hin. Wenn auch nicht der ruhigen Lage wegen, so kann man Playa Honda und Playa del Cable doch wegen einiger Restaurants empfehlen. Einheimische verkehren in Playa Honda gern im gleichnamigen, einfachen Restaurant, das in der Calle Princessa Ico am Meer liegt. Der Fisch kommt frisch auf den Tisch, die Preise sind sehr moderat.

Die Natur als Baumeister

Der Nordosten

Im Valle de Temisa in der Nähe des Ortes Tabayesco.

Die Harmonie von Natur und Architektur war das Credo von César Manrique. Die Vulkanlandschaft im Nordosten der Insel stand dem Künstler Pate für seine spektakulärsten Projekte.

L anzarotes berühmten Feuerbergen gegenüber, im Nordosten der Insel, erstreckt sich eine Vulkanlandschaft mit ganz eigenem Charakter. Sie hat den Künstler César Manrique besonders fasziniert und ihn zu spektakulären Projekten inspiriert.

Vor fünf- bis siebentausend Jahren rumorte es wieder einmal in der Unterwelt. Das aufgewühlte Magma suchte sich den Vulkan **Monte Corona** (609 m) aus, die höchste Erhebung im Nordosten Lanzarotes, um der Enge des Erdinneren zu entfliehen, und ergoss sich in Richtung Osten über die Insel. Der Hauptstrang des gewaltigen Lavastroms erstarrte schon recht bald an der Oberfläche, während die glühend heiße, flüssige Lava darunter munter weiterfloss. Auf diese Weise entstand ein Lavatunnel, von den Lanzaroteños **Atlántida** genannt, eine rund sieben Kilometer lange Röhre, die nach der Küstenlinie unter dem Wasser noch einmal 1,5 Kilometer weiterführt. Zu diesem riesigen Hohlraumverbund gehören die beiden berühmten Höhlen **Cueva de los Verdes** und **Jameos del Agua** ✪✪✪ am südlichen Ende des Malpaís de la Corona.

Die Jameos del Agua ziehen wohl die meisten Besucher auf Lanzarote an. César Manrique hat die Höhlen architektonisch umgestaltet und bearbeitet und sie so zu einem faszinierenden Erlebnisraum gemacht. Unter anderem wurden die zwei nach oben offenen und durch einen See verbundenen Grotten mit Restaurants und Tanzbühne ausgestattet. Das Glanzstück dieser Unterwelt ist zweifellos der Konzertsaal, den Manrique in einer der Grotten eingerichtet hat. Er fasst rund 600 Zuhörer (siehe auch Seite 157).

Die Arbeiten fanden 1968 statt, und es ist fraglich, ob die massiven Eingriffe in die Natur von damals auch heute noch so vorgenommen würden. Doch Manrique wusste, dass mit dem Tourismus auch Geld verdient werden muss, und spätestens im Konzertsaal vergisst man denn auch alle Zweifel an diesem Eingriff in die Natur. Die phänomenale Akustik, zumal wenn die Musik von Brian Eno ertönt und die Show des Künstlers Ildefonso Aguilar veranstaltet wird, entrückt die Besucher in eine andere Welt.

Eine Kuriosität birgt der Salzwassersee, der in den Jameos del Agua entstanden ist und unter dem Meeresspiegel liegt. Seine eigentümlichen Bewohner, die blinden Albino-Krebse (Munidopsis polymorpha), leben normalerweise in 3000 Meter Tiefe, wurden aber vor Jahrtausenden durch ein Seebeben einige Etagen nach oben befördert.

Bei der benachbarten **Cueva de los Verdes** hingegen

Harmonisch in den Fels gebaut wurde der Mirador del Río.

wurde das Gleichgewicht zwischen dem von der Natur Geschaffenen und dem von Menschenhand Errichteten bewahrt. Mit seinem bewährten Team, dem Polier Luis Morales und dem Bildhauer Jesús Soto, machte Manrique die Cueva de los Verdes zugänglich. Sie war seit Generationen als Mülldeponie missbraucht worden, der Zugang zu dem System aus Grotten- und Lavagängen war versperrt. Jetzt können die Besucher auf gemauerten Wegen zwei Kilometer in die fast unberührte Grottenwelt eintauchen. Sanfte Musik und dezent ausgeleuchtete Felsformationen begleiten die Besucher beim Spaziergang durch die 50 Meter unter der Erde liegende

Lavaröhre. Durch das Licht raffiniert modelliert, tauchen seltsame Lavabildnisse auf, der iranische Ayatollah Chomeini beispielsweise, ein Totenkopf, ein Haifischmaul und vieles mehr. Auch die in der erstarrten Lava enthaltenen Mineralien kommen durch das Licht besser zur Geltung, das Phosphorgelb des Schwefels, das Rot des Eisenoxyds, das Weiß des Kalziumsulfats und als Kontrast das tiefe Schwarz des Magnesiums.

Aufgeklappte Goldstriemen auf der Wäscheleine in Orzola.

Zwischen beiden Grottensystemen, mitten im Lavafeld versteckt, liegt die **Quesera de Bravo**. Juan Brito senior, Hobby-Archäologe aus Lanzarote, hatte die Bravo-Steine mit eigener Hand von Lavaschutt und Vulkanschlacke befreit. Dennoch ist das Geheimnis der Queseras immer noch nicht endgültig gelüftet (siehe Kasten auf S. 151)

Westlich des Monte Corona haben vor zwölf Millionen Jahren unterseeische Eruptionen ein weiteres Naturwunder geschaffen, indem sie ein 15 Kilometer langes und bis zu 479 Meter hohes Klippenband, den **Risco de Famara**, aus dem

Meer hoben. Dieser Bergzug mit Lanzarotes höchster Erhebung, der **Peñas del Chache** (671 m), hatte es Manrique angetan. Er wählte sich dort im äußersten Nordwesten einen 479 Meter hohen Berg aus und entwarf an der Stelle, an der bereits 1898 die **Batería del Río**, eine Beobachtungs-und Artilleriestation, errichtet worden war, sein außergewöhnliches Aussichtsrestaurant, den **Mirador del Río** ✪✪.

Manrique hat das Gebäude direkt in den Fels hineingesetzt, so dass es von außen kaum zu erkennen ist. Lediglich eine dreistufige Terrassenmauer aus braunen Vulkansteinen ist zu sehen, und ein Fensterauge weist dezent auf den Eingang hin. Nach Vollendung wurde die Dachkonstruktion mit Gras bepflanzt.

Heute zieht der Mirador del Río zahllose Besucher an. Durch eine mächtige Panoramascheibe blicken sie über die Meerenge, den „Río", hinüber auf La Graciosa und die Inseln des **Archipelago Chinijo**, auf die Isla de Montaña Clara und die Isla Alegranza. Bei klarem Wetter sind sogar die Felseninselchen Roque del Este sowie Roque del Oeste in der Ferne auszumachen. Als farblicher Kontrapunkt zu den dunkelblauen Fensterfronten leuchten vom Fuß der Klippen die **Salinas del Río** in einem starkem Rosa herauf, das winzige Krustentiere bewirken. Südlich der Salinas springt ein heller Sandstrand ins Auge und weckt Sehnsucht nach einsamen Plätzchen, die von schäumenden Wellen umschmeichelt werden. Doch dieses Paradies gibt es nicht umsonst, man muss es sich mit einer anstrengenden Wanderung erkämpfen (siehe Kasten auf S. 155).

Vom Mirador del Río geht der Blick nach Osten hinunter zum Fischer- und Hafenort **Orzola** zwischen der weit ins Meer hinausragenden Felsspitze Punta Fariones und der Malpaís de la Corona. Zwei Umstände machen Orzola bekannt: Erstens fährt von hier die Fähre zur Isla Graciosa ab, und zweitens ist der Ort für seine guten Fischrestaurants berühmt.

Hinzu kommen für Liebhaber ein paar wundervolle Strände südöstlich von Orzola, dort, wo das unwirtliche Lavaland das Meer berührt. Erst bei genauem Hinsehen bemerkt man, dass sich die Lava über ein Dünengebiet gelegt, es aber nur zum Teil bedeckt hat. Es ist ein Land der optischen Kontraste: Zwischen Orzola und den Jameos del Agua liegen immer wieder tief schwarze Platten in der Landschaft, dazwischen leuchten helle, weißsandige Buchten wie Inseln, eine echte Lagunenlandschaft. Am Wochenende besuchen viele Einheimische dieses bizarre Gelände, „Caletónes" genannt. Das Meer bildet vor allem bei Ebbe viele kleine Seen und Pfützen, die sich schnell erwärmen – was nicht nur für Kinder eine wahre Wonne ist. Und eine Fundgrube für Naturfreunde, die im Wasser Muscheln, Einsiedlerkrebse und Fischchen entdecken, an den Felsen ein paar flinke Eidechsen und schnell in den Schatten huschende Spitzmäuse.

Am **Caletón Blanco** darf man sogar zelten, die Genehmigung gibt es bei der Gemeindeverwaltung in Orzola. Feste Bauten sind im gesamten Malpaís jedoch verboten. Die Dünen wurden zum Naturpark erklärt, und seit die UNESCO Ende 1993 Lanzarote zum Biosphärenreservat ernannt hat, beobachten Umweltschützer aus aller Welt die Insel und ihre landschaftlichen Raritäten mit Argusaugen.

Südlich des Basalt-Landstrichs, gleich unterhalb des Fischerortes **Arrieta**, be-

Künstlerisch gestalteter Pool im Ausflugsziel Jameos del Agua.

gegnet man dann plötzlich einer anderen Welt: Auffallend viel Grün sticht ins Auge, Palmen recken sich in den Himmel, und in Gärten und auf Äckern stehen wie Zinnsoldaten aufgereiht stachelige Opuntien. Sie waren ursprünglich wegen der süßen Frucht aus Südamerika eingeführt worden, doch bald stand die Gewinnung von Karminrot aus den Larven im Vordergrund. Da Naturprodukte heute wieder hoch im Kurs stehen, erlebt dieser Wirtschaftszweig momentan einen bescheidenen Aufschwung (siehe Kasten auf S. 153). Allerdings ist der Lohn für das mühsame Sammeln durch südamerikanische und asiatische Konkurrenz stark gesunken. Quasi als Erinnerung an die fleißigen Larvensammler der Ortschaften Mala und Guatiza hat Manrique am nördlichen Ortsrand von **Guatiza** eine letzte Attraktion geschaffen: den **Jardín de Cactus** ✪✪, den Kaktusgarten.

Schon von weitem ist eine restaurierte Gofio-Mühle zu sehen, die zum Garten gehört. Vor der Anlage fällt ein vier Meter hoher Kaktus auf – ein „César-Gag" aus Metall. Den Kaktusgarten selbst hat Manrique mitten in einen still gelegten Steinbruch gesetzt, nachdem er ihn von seinem Los als Müllhalde befreit hatte. Im Lauf der Zeit hat er dann aus den 1429 Kakteenarten 10.000 Exemplare versammelt. Inseltypisch ragen groteske Stelen vulkanischen Ursprungs zwischen den Beeten empor, härteres Lavagestein, das dem früheren Abbau der für den Trockenfeldbau benötigten Picón-Kiesel widerstanden hat. Saftig grüne Pflanzen in einer eigentlich lebensabweisenden Lavalandschaft – das Aufeinandertreffen dieser beiden Extreme war für Manrique nur ein scheinbarer Widerspruch, er hat dieses Wunder, das Wunder seiner Insel, immer wieder in den Mittelpunkt seines Schaffens gestellt.

Im Fokus

Geheimnisvolle Queseras

Die tiefen Rinnen der sogenannten „Queseras", strahlenförmig in den Basalt gegraben, geben immer noch Rätsel auf: Für manche Archäologen stellen sie einen Altar dar, auf dem Blutopfer dargebracht wurden, andere behaupten, an diesen Stätten hätten die Guanchen den Göttern kostbare Milch geopfert, um sie um Regen zu bitten. Wesentlich spektakulärer klingt die These, es handle sich um Anlagen für die Bestimmung der Zeit oder für die Berechnung der Sternenbahnen.
Señor Brito hingegen sieht aufgrund seiner Ausgrabungen, die er in der Quesera de Bravo gemacht hat, in den Queseras keinen heiligen Platz für kultische Handlungen, sondern seiner Meinung nach erfüllten sie einen ganz profanen Zweck: Die großen Rinnen waren nämlich zur Guanchen-Zeit in Fächer mit Zwischen-

wänden aufgeteilt. Die einzelnen Abteilungen fungierten als Mörser, so Britos Meinung, in denen die Altkanarier in Gemeinschaft ihr Getreide zerstießen. Andere vermuten, hier seien die Äste der Tabaiba, der Wolfsmilch, zerquetscht worden, um den milchigen Saft zu gewinnen. In einer der breiten Rillen der Quesera bei Jameos del Agua sind die Steinfächer noch zu erkennen. Die Reste von steinernen Zwischenwänden deuten an, dass die rätselhaften Funde vielleicht tatsächlich als Reihenmörser Verwendung fanden.
In jedem Fall muss diese Art von Felsskulptur den Guanchen viel bedeutet haben, sonst hätten sie die Vorrichtung – ohne Metallwerkzeuge! – nicht mühevoll mit Steinen aus dem Basalt gemeißelt. Offen bleibt, warum sie gerade die Stelle mitten im Lavafeld

des vor etwa 5000 Jahren ausgebrochenen Monte Corona gewählt haben. Eine mögliche Erklärung, dass die einzigen Pflanzen in dieser Steinwüste die Verode (Oleanderblättrige Kleinie) und die Tabaiba (Balsam-Wolfsmilch) sind, mit deren betäubendem Milchsaft die Altkanarier Fische fingen, vielleicht sogar Kranke heilten. Möglicherweise trieben sie damit Handel, denn bei den Römern war der „Fleischleim" aus der Tabaiba ein begehrter Bestandteil heilender Mixturen.
Dem häufig zu hörenden Einwand, die Ureinwohner hätten niemals ihre Getreidemühlen weit weg von ihren Siedlungen gebaut, widerspricht Brito, der rund um die Quesera im Bereich der Malpaís insgesamt 66 bewohnte Höhlen registriert hat. Die Guanchen hausten also sozusagen gleich ums Eck.

Einen von Künstlerhand unberührten Picón-Steinbruch – vielleicht deshalb umso mysteriöser mit seinen Überbleibseln harten Vulkangesteins – finden Ausflügler, die vom Opuntiendorf **Guatiza** über Teseguite nach Teguise fahren. Etwa drei Kilometer südlich der Straße, die von Guatiza nach Tahíche führt, zweigt eine Nebenstraße nach Westen ab. Gleich darauf stoppt eine sich links und rechts der Fahrbahn ausbreitende, mondähnliche Szenerie die Fahrt: die **Montaña de Guenia**, Überreste der Picón-Wirtschaft.

Die Montaña de Guenia bildet die Südgrenze des lanzaroteñischen Nordostzipfels. Nördlich davon ragt der Bergzug **Risco de las Nieves** auf. An dessen Westgrenze zieht sich ein fruchtbares Tal entlang, dessen Hauptort sinnigerweise **Los Valles**, also „die Täler", heißt. Während der Vulkanausbrüche im Südwesten sind viele Bauern hierher geflohen und haben das Tal urbar gemacht. Mit viel Mühe wurden die Hänge terrassiert, Los Valles ist bis heute das Zentrum der Landwirtschaft geblieben. Viele der strahlend weißen Häuser rund um die schlichte **Ermita de Santa Catalina** fallen durch schräg gestellte Flachdächer auf, deren Rinnen zu hauseigenen Zisternen führen, Reservoirs für die wenigen Regentropfen, die im Winter fallen. Denn die Berge sind zu niedrig, um die vom Wind getriebenen Wolken zu stoppen und zum Regnen zu bringen.

Dieser ständige Passat wird seit 1993 oberhalb von Los Valles am Rand des **Barranco de Teneguime** genutzt. Im **Parque Eólico de Los Valles** ✪✪ gehen moderne Technik und Natur eine überraschend harmonische Ehe ein: 48 schlanke Gestelle, zwischen 18 und 23 Meter hoch, hängen ihre Flügel in den Wind und schaufeln, leise summend, über Generatoren Energie ins Netz. Bereits ein Drittel der für die Entsalzung von Meerwasser benötigten elektrischen Leistung wird von hier über ein 16 Kilometer

langes, unterirdisches Kabel vom Windkraftpark geliefert. Und wie es sich auf Lanzarote gehört, so wurde auch auf die optische Gestaltung Wert gelegt. Rabatten mit einheimischen Pflanzen zieren das 25 Hektar große Areal, hier wachsen Kanarische Palmen, Tabaibas, Wildoliven, Kanarenmargeriten und viele andere Arten.

Einen knappen Kilometer nördlich des Parks führt eine Piste westwärts zu einer der windigsten Ecken des Nordens: Nach zwei Kilometer Fahrt muss man beim Verlassen des Autos darauf achten, dass einem die Böen nicht die Tür aus der Hand reißen. Hier oben auf dem Kamm des **Risco de Famara** herrscht unaufhörlicher Sturm, der nur im Bereich der ummauerten, leider meistens geschlossenen **Ermita de las Nieves** etwas nachlässt. Vom Riff aus genießt man einen faszinierenden Blick auf den 600 Meter tiefer liegenden, von hohen Brechern bedrängten **Playa de Famara** (siehe S. 104) und an seinen beiden Enden auf die Touristensiedlung gleichen Namens sowie das Fischerdorf **La Caleta**.

Der Risco an der Ermita ist sehr gut dazu geeignet, dass man sich einen Überblick über Lanzarote verschafft: Im Südwesten sind die schwarzen Berge des Parque Nacional de Timanfaya zu entdecken, im Süden Teguise und dahinter sogar die Hauptstadt Arrecife. Im Norden fällt zunächst der tief eingeschnittene **Barranco de la Poceta** auf und hinter dem Kamm des Risco, von einer Militärstation markiert, Lanzarotes höchster Berg, der **Peñas del Chache** (670 m). Ganz oben im Norden lugt das Inselchen La Graciosa vorwitzig hinter dem Risco-Massiv hervor.

Eltern mit kleinen Kindern halten sich in der windigen Ecke nicht gern lange auf, der Ausguck ist nicht geschützt. Eine Mauer hingegen sichert den **Mirador Risco de Famara**, der hinter der Militärstation mit den

Die Ernte der Koschenille-Läuse ist Handarbeit.

runden Radarkugeln eingerichtet wurde. Man kann die Station rechts mit dem Auto umfahren und kommt gleich darauf zu dem von den Einheimischen liebevoll „Bosquecillo", Wäldchen, getauften Picknickplatz. Ein paar hölzerne Bänke und Tische stehen in dem kleinen Gehölz, das unter großer Anteilnahme der Bevölkerung von Umweltschützern aufgeforstet wurde. Einige Akazien und Kiefern sind zu finden, vorwiegend aber wilde Olivenbäume, die auf dieser windigen Höhe besser gedeihen. Tausend Pflanzen wurden bereits gesetzt, das Wäldchen soll ständig erweitert werden.

Nördlich des Ausgucks windet sich die Asphaltstraße hinab in das „Tal der Tausend Palmen", auch bekannt als „El Palmar", und nach **Haría** ✪✪. Nach kargen Felsen und dem von Lava überfluteten Malpaís wirkt das windstille Tal wie eine Oase. Hierher hatte sich auch Manrique zurückgezogen, als sein Lavahaus in Tahíche durch zu viele Neugierige ungemütlich wurde und er es lieber der von ihm gegründeten Stiftung überließ. Am palmengeschmückten Ortseingang liegt des Künstlers letztes Wohnhaus, erkennbar an einem im Garten errichteten Atelier mit Glaskuppel. Es kann nicht besucht werden, über die Verwendung gibt es in der Familie unterschiedliche Meinungen. Ein Teil ist der Ansicht, der Künstler solle im Garten die letzte Ruhe finden. (Bis jetzt liegt Manrique auf der anderen Seite des Dorfes, im Friedhof an der Straße nach Arrieta.) Sein Grab ist schlicht im Manrique-Stil gehalten: Lavasteine umfassen die Grabstätte, geschmückt ist sie mit Pflanzen der Insel, mit Sukkulenten und Kakteen. Und nur wer die Insel kennen gelernt hat, weiß, was die einfachen, in Stein geritzten Worte für Lanzarote bedeuten: „C. Manrique 1919 – 92".

Im Fokus

Koschenille

Ursprünglich wurden Opuntien im 16. Jahrhundert wegen ihrer schmackhaften Früchte von Mexiko auf die kanarischen Inseln gebracht. Doch Anfang des 19. Jahrhunderts entwickelte sich die Textilwirtschaft in Europa stark, und man benötigte große Mengen des roten Farbstoffs Karmin, der aus der Körperflüssigkeit der Koschenille, einer Schildlaus, die auf den Opuntien schmarotzt, gewonnen wurde. Weil aber 1822 Mexiko für Spanien als Kolonie verloren ging, fiel der wichtige Karminlieferant plötzlich aus. Zur gleichen Zeit erlebten die Kanaren einen schweren wirtschaftlichen Niedergang, vor allem weil der Zuckerexport durch die Erfindung des aus Rüben gewonnenen Zuckers zurückging und der Mehltau die Weinreben vernichtete. Die Züchtung der Koschenille auf den Opuntien kam für Lanzarote und die anderen Inseln also zur rechten Zeit. Ab 1830 begann auf den Kanaren der Karminboom, jährlich wurden bis zu 3000 Tonnen getrockneten Farbstoffs produziert. 1870 war dann der Boom mit der Entwicklung synthetischer Anilinfarben auf einen Schlag zu Ende. Den Bedarf an Karmin deckten Südamerika und Asien mit ihren billigeren Arbeitskräften. Nur Lanzarote erntete weiter, weil es für die nicht ausgewanderten Bauern kaum Alternativen gab. Heute noch werden zwischen Guatiza und Mala Larven geerntet, rund 15 Tonnen im Jahr. Die Läusezucht wird von der Inselregierung subventioniert.

Das Verfahren ist einfach: Nach der Befruchtung der Schildlaus-Weibchen werden diese in Leinensäckchen gesteckt und an die Opuntienblätter geheftet. Ohne vom Saft der Pflanzen kosten zu können, legen sie ihre Eier durch das Gewebe auf die Blätter. Die Larven aber saugen an der Opuntie, bis sie etwa vier Millimeter groß sind – ihre Körperflüssigkeit enthält jetzt den begehrten Farbstoff. Die weichen Larven werden morgens abgeschabt und in heißem Wasser abgetötet, dann an der Sonne getrocknet und zermahlen. 150.000 Larven benötigt man für ein Kilo Karminbasis. Dieses kostet zur Zeit hundert Mark.

Der Bedarf an Karmin steigt, vor allem seitdem Naturprodukte wieder im Trend liegen. Man benötigt sie vor allem in der Kosmetikindustrie und für die Färbung von Aperitivweinen, Limonaden und Süßigkeiten. Aber auch Orientteppiche werden mit dem Saft der Läuse gefärbt.

(Siehe auch Insider News auf S. 161.)

Von Orzola aus werden Güter nach La Graciosa verschifft.

Der Nordosten per Bike

Zwei Touren per Mountainbike im Nordosten bietet „Tommy's Bikes" an. Die Tour „La Corona" führt über insgesamt 24 km, eingeschlossen sind der Transfer von Costa Teguise sowie der Besuch der Lavahöhlen. Länger (63 km) und etwas anspruchsvoller ist die sogenannte „Nordtour", die nur zu 15 % auf Asphaltstraßen verläuft. Ein Badestopp und ein „Downhill" gehören ebenfalls zu der Runde. Im Internet kann man sich unter www.tommys-bikes.com/deutsch/Touren den Verlauf dieser (und weiterer) Touren anzeigen lassen.

Allgemeines

Der Nordostzipfel Lanzarotes ist landschaftlich äußerst abwechslungsreich. Viele der Sehenswürdigkeiten der Region sind César Manrique zu verdanken, der hier sein großes Anliegen, Architektur und Natur in Harmonie zu vereinen, in zahlreichen Projekten realisiert hat. Sei es in den von der Montaña Corona durch Eruptionen geschaffenen Lavaröhren, in dem mit todbringender Schmelze übergossenen Malpaís oder im „Tal der Tausend Palmen" bei Haría – in jeder dieser Landschaften hat Manrique unübersehbar seine Spuren hinterlassen.

Orzola ✪

Orzola genießt den Ruf, die besten Fischrestaurants der Insel zu besitzen. Ansonsten bildet der Ort einen idealen Ausgangspunkt für Ausflüge.

Verkehr

Die nordöstlichste Gemeinde Lanzarotes ist von Arrecife aus über Tahíche, Guatiza und Arrieta zu erreichen. Ab Arrieta gibt es zwei Möglichkeiten: entweder durchs Landesinnere, westlich des Malpaís de la Corona, oder entlang der Küste,

vorbei an den Jameos del Agua und den weißen Sandbuchten am Rand des von Lava überschütteten Landes. Die Entfernung Arrecife – Orzola beträgt in beiden Fällen knapp 40 km. Im Ort selbst gibt es mehrere Parkplätze, an Wochenenden sind sie allerdings überfüllt, und man muss manchmal schon weit außerhalb des Ortes parken.

2 mal täglich besteht eine Busverbindung mit Arrecife.

Der Fischerort ist auch Hafen für Bootsfahrten zur Insel La Graciosa.

Ausflüge

Jameos del Agua ✪✪✪

An der Küstenstraße Arrieta – Orzola Tel. 928 83 50 10.

Teil einer beim Ausbruch des Vulkans Corona entstandenen, 7 km langen Lavaröhre. Zwei nach oben offene Grotten sind durch einen natürlichen Tunnel mit einem unterirdischen See verbunden. In ihm leben einzigartige, blinde Albino-Krebse (Munidopsis polymorpha), die vor Jahrtausenden durch ein Seebeben aus der Tiefsee hochgespült wurden. Keine Münzen ins Wasser werfen: Oxydationsgefahr! Beide Grotten mit Restaurants. Konzertsaal für 600 Personen (siehe Kasten auf S. 157), anschließend der Jameo Grande mit Pool-Landschaft und tropischer Vegetation. Im Obergeschoss die Casa de los Volcanes, eine Arbeit des Künstlers Jesús Soto, mit Informationen über Vulkanausbrüche, Flora und Fauna der Kanaren.

Tgl. 9.30 – 19 Uhr.

In den Restaurants der Lavagrotten mit ihrer stimmungsvollen Flair werden typische Inselgerichte serviert. Öffnungszeiten der Restaurants: tgl. 13 – 15.30 und 20 – 23.30 Uhr, Di und Fr/Sa 19 – 3 Uhr mit Folklore und Tanz.

Mirador del Río ✪✪

Westlich von Orzola, nördlich von Haría

Tel. 908 64 43 18.

Die Cafeteria mit Panoramascheibe und Aussichtspunkten wurde von César Manrique unauffällig, zwischen zwei Basaltkuppen, in einer Höhe von 480 m in den Felsen gebaut. Die Höhe heißt auch Batería del Norte oder Batería del Río, weil an dieser Stelle im Amerikanisch-Spanischen Krieg (1898) ein Artillerieposten installiert war. Vom Norden her ist vom Mirador nichts außer zwei breiten Panoramascheiben zu sehen.

Vom Aussichtspunkt selbst fällt der Blick auf die vielfarbigen Salzfelder neben dem nur schwer zu erreichenden Sandstrand Playa del Risco (siehe auf dieser Seite unten). Gegenüber, auf der anderen Seite der Meerenge El Río, liegen die Isla Graciosa mit dem Hafen Caleta del Sebo sowie die zum Mini-Archipel gehörenden Inseln Montaña Clara und Alegranza sowie die Felsen Roque del Oeste und Roque del Este.

Zum Felsenbau gehört natürlich auch ein Geschäft mit Büchern und diversen Souvenirs.

Tgl. im Sommer 10 – 19, im Winter 10 – 18 Uhr.

Im Fokus

Wanderung zur Playa del Risco

Etwa drei Kilometer südlich des Mirador del Río wurde bei Las Rositas in der Nähe einiger Hausruinen die Straße zu einer Bucht ausgebaut. Ein gepflasteter Weg führt nach Westen zu einem Parkplatz, von dort geht es küstenwärts auf zwei Strommasten zu, die neben einer gemauerten Plattform stehen. Von der Terrasse genießt man einen wundervollen Blick über die mächtige Felswand des Risco und hinunter zum Meeresarm El Río sowie zum Strand der Sehnsüchte. Auch der in Serpentinen nach unten führende Wanderweg, inzwischen ordentlich ausgebaut, ist von hier aus gut auszumachen. Je nach Gangart erreicht man die Küste in 30 – 45 Minuten. Dort führt der Pfad nach Norden weiter, und man steht bald an der Playa del Risco, einem großen Strand mit feinem Sand. Oft liegen von den Wellen angetriebene Plastikreste am Ufer, an manchen Stellen der Playa sorgt das Wasser allerdings für eine Selbstreinigung. Im Sommer stellen schon mal Naturfreunde ihre Zelte am Strand auf. Gelegentlich bringen sogar Lanzaroteños ihre Familien für ein verlängertes Wochenende mit dem Boot hierher.

Der Wanderweg führt dann in einiger Distanz vom Ufer weiter bis zu den **Salinas del Río**. Die Salinen sind zwar nicht mehr in Betrieb, trotzdem entdeckt man in den Becken weißes Salz. Denn die Wannen werden bei stärkerer Brandung auf natürliche Weise gefüllt, anschließend verdunstet das Wasser und lässt das früher für die Konservierung von Lebensmitteln wichtige Mineral zurück. Die Salinas kann man umrunden. Auf der Meerseite stehen Ruinen, die früheren Salzlager. Bald kommt die Playa del Risco, die bei der Runde um die Salinen kurz aus den Augen verschwindet, wieder in Sicht.

Für den Rückweg sollte man mehr als eine Stunde rechnen, schließlich sind 440 Höhenmeter zu überwinden.

Am Beginn der Wanderung sieht man das Ziel tief unter sich liegen.

Die wegen ihrer Funktion umstrittene Quesera de Bravo.

Napfschnecken – und was von ihnen übrig blieb

Auf den Kanarischen Inseln sind in der Nähe altkanarischer Siedlungen viele sogenannte „Concheras" (übersetzt: Muschelhaufen) entdeckt worden. Sie stammen von den Ureinwohnern, die nach dem Verzehr die Gehäuse der Muscheln und Schnecken einfach wegwarfen. Die Guanchen gingen mindestens bis zu ihrer Unterwerfung im 15. Jh. dieser Gewohnheit nach. Napfschnecken im fossilen Zustand, verpackt in Lavagestein, kann man dagegen bei Ebbe an den Küsten um Orzola und auf der Isla Graciosa entdecken.

Cueva de los Verdes

1 km westlich der Jameos del Agua.
Ein weiterer Teil des 7 km langen Atlántida-Tunnels, der beim Ausbruch des Monte Corona entstanden ist. Früher diente der Ort als Versteck vor angreifenden Piraten und der Familie Verde (deshalb der Name) als Zuflucht (17. Jh.). Etwa zwei Kilometer Höhlensystem mit Gängen, Vulkanröhren und Grotten wurden von Jesús Soto erschlossen. In der großen Höhle beweist Musik vom Band die hervorragende Akustik.
Während der Führung passiert man eine verschlossene eiserne Tür. Dahinter verbirgt sich das größte vulkanologische Labor im Atlantik, das alle Bewegungen in der Erde misst. (Die Gegenmessungen werden von Seismographen in Peking wahrgenommen!) Am Schluss der Tour eine Überraschung, über die man am besten nicht schreibt ...
Dauer der geführten Tour: etwa 50 Min.; Beginn: jeweils zur vollen Stunde; spärliche deutsche Übersetzung.
Tgl. 10 –17 Uhr, letzter Einlass um 16 Uhr.

Quesera de Bravo

Bei den Jameos del Agua, 5 km nördlich von Punta de Mujeres. Von der Straße, die von der Kreuzung hoch zur Cueva de los Verdes führt, sind es 100 m, danach führt ein Trampelpfad nach links, also nach Süden durch das Malpaís. Der Pfad endet auf einem Lavahügel, auf dem sich das Steinmonument befindet. Traumhafter Blick auf den schäumenden Atlantik! Über die Bedeutung des Guanchen-Monuments streiten sich die Wissenschaftler: Trankopferaltar oder Gemeinschaftsmörser für Getreide evtl. zur Gewinnung des Heilsaftes aus Wolfsmilchgewächsen (siehe Kasten auf S. 151).

Malpaís de la Corona

Zwischen Orzola und Arrieta.
Bizarre Lavalandschaft, entstanden durch Ausbrüche des Monte Corona vor mehr als 5000 Jahren. Im Küstengebiet blieb die ursprüngliche Dünenlandschaft erhalten, dadurch bildeten sich mehrere gleißend weiße Sandbuchten (Caletónes). Bei Ebbe bilden sich hier herrliche natürliche Pools. Ein guter Tipp für Naturliebhaber, die auf Service verzichten können!

Isla Graciosa

Ein regelmäßiger Fährdienst verbindet Orzola mit Caleta del Sebo, dem Hafen der Isla Graciosa. Dreimal täglich hin und zurück.
Lineas Maritimas Romero S. L.
Calle Garcia Escamez 11
35540 Graciosa
Tel. 928 84 20 55.
(Nähere Informationen zur Isla Graciosa siehe S. 173 – 175.)

Las Pardelas

An der Straße zum Mirador del Río, 1 km südlich von Orzola
Tel. 928 84 25 45.
Abwechslungsreicher Ausflug für Familien. Inmitten der Lavalandschaft hat Carlos Dizy Hernandez mit seiner Familie ein idyllisches Ausflugsziel geschaffen: einen großen Garten mit den Pflanzen der Insel, dazwischen tummeln sich Kühe, Esel, Ziegen und Schafe. Abwechselnd werden Vor-

führungen geboten wie die Herstellung von Gofio, Töpfern nach Guanchenart, und Kinder können auf dem Esel reiten. Zum Erholungsgarten gehört ein Restaurant mit Terrasse. Di – So 10 – 18 Uhr.

Bootstour

Ein besonderes Angebot macht der Inhaber des Restaurants „Punta Fariones". Für Gruppen ab mindestens zehn Personen organisiert er Bootsausflüge, zu denen ein Besuch der Isla Graciosa und ein Grillessen an einem Strand des Inselchens gehören. Buchung im Restaurant (siehe unten). Abfahrt um 10.30, Rückkehr um 17.30 Uhr.

Unterkunft

* Apartementos Luisa
Calle La Quemadita 10
Tel. 928 84 25 73.
Einfache, saubere Ferienwohnungen am Hafen. Vermittlung über das Restaurant „Punta Fariones".

* Perla del Atlántico
Calle Peña de Dionisio
Tel. 928 84 25 54.

Einfache, saubere Apartments über dem gleichnamigen Restaurant, schöner Blick zum Hafen und zum Meer.

* Apartementos Los Vientos
Calle La Quemadita 10
Tel. 928 84 25 57.
Gut eingerichtete Apartments in einem schönen Garten, direkt neben dem Hafen.

Restaurants

Punta Fariones
Calle La Quemadita 8
Tel. 928 84 25 58.
Ältestes und preiswertes Fischrestaurant des Hafens, wahrscheinlich das beste der Insel. Zwei einfach eingerichtete Räume am Fischereihafen. Garantiert frischer Fisch, empfehlenswert ist die Fischplatte, als Vorspeise sollte man Napfschnecken (Lapas) versuchen.

Casa Arraez
Calle Peña de Dionisio
Tel. 928 84 25 88.
Kleines Fischrestaurant mit Terrasse, Blick zum Hafen. Frischer Fisch je nach Fang, frische Sardinen.

Im Fokus

Klassik in den Lavahöhlen

Über 600 Sitzplätzen wölbt sich die zu einem bizarren Himmel erstarrte Lava. Ein Jahr lang experimentierte César Manrique, bis 1977 die unterirdische Konzerthalle in den Jameos del Agua seinen Vorstellungen entsprach und eröffnet wurde. In dieser „Kathedrale des Klangs" ein Konzert zu erleben, sollte man sich nicht entgehen lassen. In den Wintermonaten findet im „Auditorio Jameos del Agua" das anspruchsvolle „Festival de Música Canarias" statt, geleitet und organisiert von Ildefonso Aguilar. Zu den bei den Lanzaroteños beliebtesten Gastspielen gehörten die des kürzlich verstorbenen Alfredo Kraus und des Sinfonieorchesters von Las Palmas de Gran Canaria. Auch außerhalb des Festivals gibt es Sinfoniekonzerte, klassische Musikabende und Gitarrenkonzerte. Bei Tagesbesuchen können die Gäste im Auditorio Jameos del Agua den sphärischen Klängen von Brian Eno lauschen.

Freitags und für Gruppen nach Vereinbarung gibt es die ebenfalls von Ildefonso Aguilar kreierte Audiovisionsschau über die Insel Lanzarote.
Auskünfte und Buchungen der Konzerte:
Cabildo Insular
Area de Educación y Cultura
Calle José Betancort 33
35500 Arrecife
Tel./Fax 928 80 40 95.

Tipp für Botaniker

Pflanzen im Famara-Massiv

In den Schluchten des Famara-Massivs ist die Pflanzenwelt sehr abwechslungsreich, auch einige endemische Pflanzen wachsen hier.
Häufig vorkommen der rotviolette und weiße Flaumhaarige Strandflieder (Limonium puberulum), die gelbe Kristall-Resede (Reseda lancelotae), die kleinen Sonnen des Seidenhaarigen Goldsterns (Nauplius intermedius), das samtene Zwerg-Gliedkraut (Sideritis canariensis), eine Abart des Schmetterlingsblütlers mit Namen Geißkleeartiger Hornklee (Lotus cytisoides), die filzige Baumwoll-Strohblume (Helichrysum gossypinum), der etwas klebrige Broussonet-Salbei (Salvia broussonetii), das zartgelbe, empfindliche Kanaren-Sonnenröschen (Helianthemum canariense), der rosaviolette Oregano-Thymian (Thymus origanoides) sowie die hellgelb bis cremefarbene Madeira-Kanarenmargerite (Argyranthemum maderense), die trotz des Namens auf Lanzarote endemisch ist.

Perla del Atlántico

Calle Peña de Dionisio
Tel. 928 84 25 52.
Rustikales Restaurant mit Blick zum Hafen. Frischer Fisch und Meeresfrüchte, je nach Fang.

Bahía de Orzola

Calle La Quemadita 3
Tel. 928 84 25 75
Beliebtes Fischrestaurant am Beginn der kleinen Hafenpromenade.

Einkaufen

Bodega Herederos

An der Straße Orzola – Mirador del Río.
In der Bodega, die zur Finca „Los Lajares" gehört, werden Rotwein, Weißwein, Rosé, Malvasía und Moscatel verkauft.

Arrieta

Ein Fischerdorf, das direkt an den schwarzen Klippen errichtet wurde. Vor allem am Wochenende ist der Ort stark besucht. Dann trifft man sich am gepflegten Sandstrand, der Playa de la Garita, im Süden des Dorfes. Fast mit dem Ort zusammengewachsen ist das Dorf Punta de Mujeres, nördlich von Arrieta, mit seinem kleinen Sandstrand Playa de la Seba. Erwähnenswert sind der nette Ortskern des Fischerdorfes und die Meerwasser-Schwimmbecken zwischen den rauhen Lavaklippen am Rand des Dorfes.

Verkehr

Von Arrecife aus über Tahíche und Guatiza zu erreichen, ca. 24 km. 2 mal täglich hält hier der Bus Arrecife – Orzola.

Sehenswürdigkeiten

Juguete del Vinto

An der Kreuzung der Straße nach Orzola und nach Haría.
César Manriques letztes Windspiel steht hier mitten auf der Kreuzung in leuchtendem Rot.

Casa Juanita

Siehe Kasten auf S. 157.

Unterkunft

** Casitas del Mar

Carretera Arriete s/n
Punta Mujeres
Tel./Fax 928 83 51 99.
Bungalow-Siedlung im benachbarten Fischerort Punta de Mujeres, direkt an der Lavaküste. Die Einrichtung ist einfach, ein kleiner Pool ist vorhanden. Guter Standort für Windsurfer, Wellenreiter und Wanderer. In dem Ort gibt es mehrere Lebensmittelgeschäfte und Restaurants.

* Apartementos Victor R. Guillen

Calle los Cocederos 12 – 14
Arrieta
Tel. 928 81 18 36.
Einfache Ferienwohnungen in der Nähe des Meeres.

* El Ancla

Calle La Garita 25
Arrieta
Tel. 928 83 52 30.
Einfache, gepflegte Apartments.

Restaurants

Die meisten Restaurants haben allerdings nur bis etwa 20.30 Uhr geöffnet. Die wichtigsten sind:

El Lago

Calle La Garita 27
Tel. 928 84 81 76.
Gemütlich eingerichtetes Restaurant mit angenehmer Atmosphäre. Frischer Fisch, Spezialität des Hauses: Fischsuppe und Lobster. Auch Fleischgerichte. Barbetrieb bis Mitternacht. Gehobene Preisklasse. Di Ruhetag.

Amanecer
Calle La Garita 46
Tel. 928 83 54 84.
Beliebtes, einfach eingerichtetes und gepflegtes Familienrestaurant mit Terrasse zum Meer, freundliche Bedienung. Spezialität: frische Seezunge im Januar/Februar, Calamares im November/Dezember, sonst frische Fische je nach Fang. Do Ruhetag.

Los Pescaditos
Calle La Garita 58
Tel. 928 84 82 66.
Einfaches und gemütliches, preiswertes Restaurant mit Blick zum Meer. Frischer Fisch je nach Fang, eingelegte Meeresfrüchte. Mi Ruhetag.

El Ancla
Calle La Garita 25
Tel. 928 83 52 30.
Gutes Restaurant, die Bar ist ein Fischerboot. Frischer Fisch, Meeresfrüchte, Paella. Mo Ruhetag.

Avinguey
Calle Pared del Agual Breñas s/n
Punta de Mujeres
Tel. 928 84 81 20.
Familiäres Restaurant mit Fischspezialitäten, gute Auswahl an Tapas.

Ausflüge

Valle de Temisa
Westlich von Arrieta.
Inselweit eines der schönsten Täler. Hier wird intensiv Landwirtschaft, teils nach der Methode des Trockenfeldbaus, betrieben. Hauptort ist Tabayesco. Eine kleine Wanderung vermittelt einen Eindruck vom Leben im Tal: Am Ortseingang verlässt man die Fahrstraße und nimmt den nördlichen Weg durch Tabayesco. Dieser mündet dann in die Piste des Tales, die von schlanken Palmen eingerahmt wird. Hinter kleinen Mäuerchen verstecken sich Mandelbäume, auf den Feldern gedeihen Kartoffeln, Zwiebeln und Linsen. Pittoresk sind manche Felder,

Der Jardín de Cactus bei Guatiza ist nicht zu übersehen.

die sich mit schwarzen Lapilli den Hang hochziehen. Nach etwa 3 km stößt man auf eine Gabelung: Geradeaus führt der Weg zu einem bäuerlichen Anwesen, die nach Süden führende Piste geht hoch zur Asphaltstraße Tabayesco – Haría.

Mala/Guatiza

Die zwei Ortschaften, die fast ineinander übergehen, stehen mitten zwischen Opuntienfeldern. Wenn man Glück hat, entdeckt man Einwohner, wie sie mühsam die Koschenille, die Larve einer Schildlausart, von den Blättern kratzen. Karmin, der Farbstoff, der in der Körperflüssigkeit der Larve enthalten ist, wird in der Kosmetik- und Getränkeindustrie verwendet (siehe S. 157).
Erreichen kann man die beiden Orte mit dem Bus, der von Arrecife nach Orzola fährt und in Guatiza und Mala hält.

Sehenswürdigkeiten

Jardín de Cactus ✪✪
Am Nordrand von Guatiza
Tel. 928 52 93 97.
Von César Manrique in einem aufgelassenen Steinbruch eingerichteter Kaktusgarten mit mehr als 10.000 Kakteen und 1450 verschiedenen Arten von Sukkulenten. Der Garten in-

Nahtlos braun
Charco de Palo liegt östlich von Guatiza und südöstlich von Mala an der Küste. Die ruhige Feriensiedlung ist das Inselmekka für FKK-Anhänger. Durch Molen geschützte Sandbuchten und natürliche Meerwasserpools laden zum Baden ein. Sportliche Schwimmer steigen vom „Affenfelsen" über eine Leiter in die meist starke Brandung. Die Mehrzahl der Apartments und Bungalows sind in deutscher Hand (z. B. Oböna-FKK-Reisen). Zur Anlage gehören mehrere Restaurants. Siehe auch im Internet unter www.titan-sr.de /s/sharco.htm

Ermita de las Nieves

Die Ermita de las Nieves steht nördlich von Los Valles auf der Risco de Famara in der Nähe des Windparks von Los Valles (Parque Eólico). Der Name bedeutet übersetzt „Schneekapelle". Man behauptet, hier oben habe es im Jahr 1852 tatsächlich einmal geschneit. Jedenfalls steht in einer Altarnische der Ermita die Virgen de las Nieves. Unabhängig davon, ob damals Schnee fiel oder nicht – die Gläubigen der Insel kommen an diese Stelle und beten um den auf Lanzarote seltenen Regen. Die Stelle auf windiger Höhe wurde gut gewählt, denn hier oben sieht man täglich die Passatwolken aus dem Nordosten heranziehen. Wegen der geringen Höhe des Bergmassivs bleiben sie allerdings nur selten hängen und ziehen weiter zu den südlich gelegenen Inseln, ohne ihr Fruchtbarkeit spendendes Nass abzuladen. Nur an ein paar Tagen im Winter werden die frommen Gebete belohnt, dann kann es wie aus Kübeln schütten.

mitten einer Opuntienlandschaft ist eine Hommage des Künstlers an die Kakteenzüchter der Gegend: Die Bauern von Guatiza und Mala züchten – wenige trotzen noch immer der billigeren Konkurrenz aus Südamerika – auf den Blättern der Kakteen die Koschenille. Zum Garten gehört eine restaurierte, funktionierende Gofio-Windmühle sowie ein Restaurant.
Tgl. 10 – 19 Uhr,
im Winter 10 –18 Uhr.

Iglesia Santo Gusto
Guatiza.
Schlichte Kirche mitten auf einem mit Blumen und Lava gestalteten Platz. Lavagestein verziert die Fassade, auffallende Zwiebelform-Kuppel mit Glasfenstern. Geschnitzter Holzaltar und Holzempore.

Picón-Steinbruch Montaña de Guenia
Etwa 3 km südlich der Straße, die von Guatiza nach Tahíche führt, die Nebenstraße Richtung Westen nach Teseguite und Teguise nehmen. Bald nach der Abzweigung wird die Landschaft links und rechts der Fahrbahn zu einer dunkelgrauen, gespenstischen Szenerie mit Resten harten Vulkangesteins. In der Montaña de Guenia wurde lange Zeit Picón für den Trockenfeldbau abgebaut, nur weniger ergiebige Wände und die seltsamen Figuren nicht abbaubaren Basaltgesteins blieben zurück. Eine geeignete Kulisse für einen Science-Fiction-Film.

Don Quijote
Mala
Calle El Rastro 1
Tel. 928 52 93 01.
Rustikal eingerichtetes Restaurant, deutsche Leitung, kanarisch-spanische Küche mit deutschem Einschlag.

Econatura
Carretera Mala – Arrieta s/n
Mala
Tel. 928 17 31 06.
Das Unternehmen hat sich auf diverse Sportarten konzentriert. Es betreibt einen Fahrradverleih, man kann dort reiten, und außerdem bietet es Sportklettern und Höhlenführungen an.

Los Valles

Das Bauerndorf mit seinen weiß leuchtenden Häusern liegt in einem fruchtbaren Tal an der Straße Teguise – Haría. Die Hänge sind terrassiert, an Wegen und Straßen stehen Palmen

Die Ermita de las Nieves zwischen Haría und Teguise.

Stromerzeu-
gung durch
Windkraft
im Parque
Eólico de los
Valles.

Koschenille per Internet

Auch wenn der Koschenille-Boom längst abgebbt ist, die verbliebenen Händler gehen durchaus mit der Zeit und versuchen, ihr Produkt auch über moderne Medien an den Mann zu bringen. Die Internet-Seite www.cochinilla/org hält beispielsweise Informationen zu allen Bereichen der Koschenille-Produktion bereit (leider nur auf Spanisch). Die kanarische Händlervereinigung International Canary Traders S.R.L. hält unter der Internet-Adresse www.arrakis.es/~rp deblas/aleman.htm auch auf Deutsch Wissenswertes bereit. Dort erhält man auch Informationen zur Produktion und Verwendung des Farbstoffes (mit Links zu weiteren Seiten zum Thema, diese allerdings teils in Englisch, teils in Spanisch). Vor allem kann man dort aber über die E-mail-Adresse rpdeblas@arrakis.es auch Koschenille in kleinen Mengen bestellen!

---

und Agaven. Viele Dächer der Häuser haben Vorrichtungen für das Auffangen von Regenwasser.

Sehenswürdigkeiten

Ermita de Santa Catalina
In der Dorfmitte, unterhalb der Hauptstraße.
Die schlichte, edle Kirche (18. Jh.) liegt eingebettet in einen kleinen Park mit Lavaboden und Palmen. In der Kirche stehen drei Heiligenfiguren: Jesus, der heilige Antonius und die heilige Catarina.

Casa Peraza
Oberhalb des Dorfes an der Hauptstraße.
Restauriertes Gutshaus. Viele Pläne hatte man während der Restaurierung, doch die Gemeinde will kein Geld ausgeben. Beachtenswert ist die alte kanarische Bauweise.

Ausflüge

Parque Eólico de Los Valles ✪✪
An der Straße Teguise – Haría, oberhalb von Los Valles und der Montaña Temejo.
48 Windkraftwerke stehen auf einem eingezäunten Gelände von 250.000 m². 42 vom Typ AWP 56-100 (American Wind Power) mit 100 kw Leistung, Rotordurchmesser 18 m; 6 vom Typ MADE AE-23 (dänisch) mit 180 kw

Leistung, Rotordurchmesser 23 m. Unterirdisches 20.000-Volt-Kabel zur Meerwasser-Entsalzungsanlage in Arrecife mit 16 km Länge.
Die Anlage ist mit viel Geschmack gestaltet, inseltypische Botanik gibt den Ton an. Man kann den Windpark von außen besichtigen.

Ermita de las Nieves
Schöne, schlichte Kapelle der heiligen Jungfrau zum Schnee. Meist geschlossen (siehe Kasten auf S. 160).

Risco de Famara
Neben der Ermita de las Nieves.
Ein paar Schritte von der Ermita entfernt, findet man einen sehr schönen Aussichtspunkt mit Blick auf die Playa de Famara und über den Barranco de la Boceta auf den höchsten Berg der Insel, den Peñas del Chache (668 m).

Bosquecillo/Mirador Risco de Famara
Von der Straße GC 700 nördlich des Parque Eólico den nach Westen abzweigenden Weg zur militärischen Radarstation nehmen, dann die Station nördlich umfahren. Zum Wäldchen (Bosquecillo) führen spärliche und schlecht lesbare Holzschilder mit dem Hinweis „Mirador Risco de Famara". Der Picknickplatz mit einigen Bänken und Tischen wurde vor allem mit wilden Olivenbäumen aufgefors-

Monte Corona

Der Vulkan Monte Corona beherrscht mit 609 m Höhe den gesamten Nordosten Lanzarotes. Im Verlauf des Ausbruchs vor etwa 3000 Jahren schickte er Lava vor allem in Richtung Osten, wo das Malpaís de la Corona entstand, aber auch nach Westen, wo die Magma über die Famara-Klippen dem Meer zuströmte. So einladend für eine Wanderung der klassische Kegel auch sein mag, der Berg steht mittlerweile unter Naturschutz. Jeder Tritt vernichtet hier das kärgliche Leben und verhindert das Wachstum neuer Pflanzen, man sollte sich die Tour also verkneifen. Vom kleinen Örtchen Ye, nordöstlich des Vulkans gelegen, kann man allerdings bis an den Fuß der Vulkans wandern – ein besonderes Vergnügen nach einem der seltenen Frühjahrsregen, die dann die ansonsten kargen Hänge des Kraterberges mit einem zarten Hauch von frischem Grün überziehen.

tet, außerdem stehen hier noch Kiefern und Akazien – ein bemerkenswerter Forst auf einer Insel mit geringer Vegetation! Der beeindruckende Blick vom Mirador am Rand der Klippen reicht von der Playa de Famara bis zur Isla Graciosa.

Restaurant

Mirador del Valle

Oberhalb von Los Valles an der Hauptstraße nach Haría
Tel. 928 52 80 36.
Restaurierte alte Finca, rustikal eingerichtet, mit herrlichem Blick auf das Tal und das Dorf Los Valles. Gute Küche, vor allem Grillspezialitäten, Kaninchen und Lamm.

Haría ✺✺

Der Ort liegt in einem fruchtbaren Palmental im Norden Lanzarotes. Die traditionelle Architektur ist hier noch vielfach erhalten. Hier hatte César Manrique seinen zweiten Wohnsitz, nachdem er sein Haus in Tahíche der Stiftung und der Öffentlichkeit überlassen hatte. Im Friedhof von Haría liegt der Künstler begraben.
Die schattige, lang gestreckte Plaza León y Castillo mit Restaurants und der Kirche am hinteren Ende ist ein Zentrum für Müßiggänger. An der Plaza de la Constitución fällt das

prächtige klassizistische Rathaus auf, das im 19.Jh. gebaut wurde, als Haría kurze Zeit Sitz der gesetzgebenden Versammlung war. Die Gemeinde bemüht sich, das inseltypische Kunsthandwerk am Leben zu erhalten.

Verkehr

Von Arrecife aus ist Haría am einfachsten über Teguise und Los Valles erreichbar (ca. 26 km). Busse mit dem Ziel Maguez verkehren 4 mal täglich ab Arrecife.

Sehenswürdigkeiten

Taller y Tienda de Artesanía Municipal
Gegenüber der Markthalle.
Zentrum und Verkaufsräume für inseltypisches Kunsthandwerk, Stickereien, Trachten, Keramik, Körbe, Puppen etc. Ein Korbflechter, manchmal ein Töpfer und eine Rosettenstickerin zeigen ihre Geschicklichkeit. Der Korbflechter stellt auch die inseltypischen, konischen Hüte her. Tgl. 10 – 13.30 und 16 – 19 Uhr, im Winter 15 – 18 Uhr.

Nuestra Señora de la Encarnación
Die Kirche von 1619 wurde 1956 und 1958 durch Stürme zerstört, der Neubau von 1966 ist architektonisch uninteressant. Die alten Kirchenschätze

Lanzarotes Bauern haben in mühevoller Handarbeit das Land terrassiert.

werden im Nebenbau aufbewahrt. Hier soll das Museo Sacro Popular de Haría eröffnet werden, doch seit Jahren bleibt es nur bei der Absicht.

Almogaren de Max

Am südlichen Ortseingang neben dem Restaurant „El Cortijo".
Eine Sammlung von Miniaturen aus aller Welt, zum Beispiel die Sieben Weltwunder auf einem Zahnstocher, Stierkampf auf einem Nadelkopf, Fußballspiel auf einem Reiskorn, Miniaturmalereien auf verschiedenen Materialien. Amüsant, die meisten Darstellungen sind nur mit der Lupe zu erkennen. Tgl. 10 – 18 Uhr.

Restaurants

Papa Loca

Plaza de León Castillo 5 (kein Telefon).
Kleines, preisgünstiges Restaurant mit Flair; Tische auch auf dem Platz. Kanarische Küche, Spezialitäten: Zickleinbraten, frische Sardinen.

Ney-Ya

Plaza de la Constitución
Tel. 928 64 04 65.
Von Einheimischen und Touristen bevorzugtes Restaurant mit kanarischen und auch deutschen Spezialitäten. Sa geschlossen.

El Cortijo

Am südlichen Ortsrand
Tel. 928 83 50 06.
Großes bäuerliches Anwesen mit rustikalen Räumen und Tischen im Freien. Gute kanarische Küche, Fisch und Fleisch. Spezialität: Palmenlikör. Mo geschlossen.

Ausflüge

Máguez

2 km nördlich von Haría.
Der kleine Ort ist mittlerweile fast mit Haría zusammengewachsen. Sehenswert ist die Kirche Santa Bárbara, vor

Tropisches Leben im Guinate Park.

allem aufgrund eines von César Manrique entworfenen Altar. Manrique ließ auch die baufällige Kirche im Jahr 1974 nach dem Muster des alten Gotteshauses neu aufbauen. Leider ist die Kirche nur sehr selten geöffnet.

Guinate Tropical Park

Etwa 5 km nördlich von Haría
Tel. 928 83 55 00.
Der über 45.000 m² große Park wurde in mehreren Terrassen angelegt. Zwischen Teichen und einem Wasserfall stehen Volieren mit Hunderten von Vogelarten, darunter viele Papageien und Tukane. Auch Ziegen, Affen und andere Tiere sind zu sehen. Papageien-Show in der Cafeteria. Die Pflanzenwelt wurde allerdings nur spärlich beschriftet.
Tgl. 10 – 17 Uhr.

Mirador de Guinate

Knapp 1 km nach dem Tropical Park. Parkplatz mit großartigem Ausblick aus der luftigen Höhe von etwa 600 m Höhe hinunter auf die Playa de Famara, zu den Salinen und hinüber zur Isla Graciosa.

Mirador de Haría

An der Straße nach Los Valles – Teguise, am Ende der Serpentinenstraße. Schöner Aussichtspunkt oberhalb von Haría mit Blick nach Osten. Vom Mirador sieht man das „Tal der Tausend Palmen", hinunter ins Valle de Temisa mit dem Dorf Tabayesco und bis zur Ostküste mit dem kleinen Fischerdorf Arrieta.

Ein Versteck für Piraten

Nahezu unberührt sind die Strände auf der Insel La Graciosa.

Früher schlüpften Piraten auf der kleinen Insel unter.
Heute leben hier nur noch brave Fischer und kämpfen um
ihre bescheidene Existenz.

Nördlich von Lanzarote liegt das kleine Inselchen La Graciosa mit dem Hafen Caleta del Sebo.

Zuerst kommt der frühere Hafen **Pedro Barba** in Sicht, heute eine selten bewohnte Feriensiedlung reicher Lanzaroteños. Dann taucht bereits die Mole von **Caleta del Sebo**, dem heutigen Haupthafen, auf, hinter dem sich sanfte, abgeschliffene Vulkanberge erheben. Kahl und steinig breitet sich das Eiland aus, aus der Distanz ist kaum Bewuchs auszumachen, und außer den weißen Würfeln des Ortes erinnert die Insel an eine Mondlandschaft. Nein, wenn man ehrlich ist: **La Graciosa** ✪✪ macht während der Anreise von Orzola herüber zunächst alles andere als einen einladenden Eindruck.

Doch sobald man in den geschützten Hafen einfährt, ändert sich das Bild. An den Hafenanlagen reiben sich bunte Fischerboote aneinander. Eine alte Frau mit einer Schubkarre wartet auf einen Sack Brot, den sie zum Supermarkt befördern will. Ein junges Paar empfängt eine ankommende Familie, die an ihren Koffern als Touristen zu erkennen sind. Das Gepäck wird ebenfalls mit einer Schubkarre zur Pension gebracht. Eine Gruppe junger Rucksack-Wanderer entfernt sich in Richtung Westen, denn hinter dem Hafen beginnt die Reihe unverbauter Strände – eine Verlockung für wilde Camper.

Die Zeiten haben sich also doch geändert. Denn das kleine Inselchen La Graciosa im Norden von Lanzarote war früher bestenfalls ein Versteck für Piraten. Richtig wohnen wollte hier niemand, weil Frischwasser-Quellen fehlten. Erst 1876 erwarb Silva Ferro aus Teguise das Weide- und das Fischrecht. Dann baute Ferro eine Fischkonservenfabrik, ein paar Arbeiter aus Arrecife und Arrieta siedelten sich an. Doch schon 1899 war das Unternehmen pleite. Wegen der allgemeinen Armut auf Lanzarote, die dem Niedergang des Marktes mit der Koschenille und den landwirtschaftlichen Produkten folgte, blieben die Arbeiter auf dem Eiland. Sie lebten vom Fischfang, von Meeresfrüchten und kleinen Ziegenherden. Wasser brachten sie mit großem Aufwand von Lanzarote herüber, von der Quelle am Risco de Famara.

Etwas leichter wurde das Inselleben zwar mittlerweile, von Luxus kann aber bei weitem nicht die Rede sein: Die „Carretilla", der Schubkarren, darf als das offizielle Fahrzeug und Transportmittel der Insel gelten. Auf den Sandstraßen von Caleta del Sebo – Asphalt ist unbekannt – gibt es kein besseres Gefährt. Und absolut umweltfreundlich ist es obendrein. Obwohl: Ganz ohne Motorenlärm geht es anscheinend auch auf dem abgeschiedenen Inselchen nicht! Es gibt einen Kühlwagen für den Fischtransport und einen Traktor für die kleine Ackerfläche, die während der für die Fischerei schlechten Jahreszeit bewirtschaftet wird.

Und auf La Graciosa stehen sogar Autos herum! Wozu, das fragt man sich etwas verwirrt,

Noch ist das Meer um La Graciosa nicht überfischt.

wozu Automobile auf einem Eiland ohne Straßen? Man schätzt den Bestand auf etwa 60 Fahrzeuge. Vorwiegend sind es „Prestige-Karossen" – einer fängt an, sich ein Auto vor das Haus zu stellen, da können die anderen nicht nachstehen. Ein paar Führerscheinbesitzer versuchen sogar, mit ihren Wagen Geld zu verdienen: Sie bieten den wenigen Besuchern an, sie zu einem der stillen Strände zu fahren – für rund 40 Mark und mit Abholgarantie am späten Nachmittag!

Doch der motorisierte Service lohnt sich kaum für den steinigen Hausstrand von Caleta del Sebo an der **Punta Corrales** oder für die sich anschließende breite Sandstrandzone, die **Bahía de Salado**. Sie gilt als das schönste Strandstück der Insel. Bei Ebbe ragen Lavafelsen aus dem Wasser, in dem allerlei Wassergetier zu finden ist; Lapas beispielsweise, die leckeren Napfschnecken, die man mit etwas Glück sogar als Fossilien entdeckt. Wer nun wirklich nicht gut zu Fuß ist, könnte sich an die

Playa Francesa im Süden chauffieren lassen oder an die folgende, bei Nacktbadern beliebte **Playa de la Cocina**, markant von einem gelb leuchtenden Steilfelsen, der **Montaña Amarilla** begrenzt.

Doch ein Fußmarsch dorthin zeigt wesentlich mehr von der Landschaft. Eine Stunde ist man dorthin unterwegs, es geht vorbei an kugeligem Strauchdornlattich, durch knotige Jochblattgewächse und wollig behaarten Schizogynen, die den Sanddünen Halt geben. Es ist eine wahre Entdeckungsreise in die Flora und Fauna der Insel. Bunte Schneckenhäuser, die bei jedem Schritt unter den Schuhsohlen knirschen, endemische Eidechsen, Heuschrecken und Spinnen, die starke Fäden zwischen die Büsche weben, lenken die Blicke auf sich.

Zwei Stunden Fußmarsch dauert der Weg vom Hafen in den Norden zur **Playa de las Conchas**, dem Muschelstrand. Liebhaber und Kenner der „anmutigen" – denn nichts anderes

bedeutet „graciosa" – Insel ziehen sich hierher zurück. Sie schätzen es gar nicht, wenn fußfaule Touristen mit qualmenden Fahrzeugen angekarrt werden. Die dann obendrein enttäuscht sind, weil die gefährliche See an dieser Stelle das freie Bad im Meer meistens verbietet. Oder die ohne Wasser und Verpflegung ankommen und es einfach nicht fassen können, dass an diesem schönen Strand keine Frittenbude und kein Eiskiosk zu finden sind.

Auch wenn es auf den ersten Blick nicht so aussieht, aber in den letzten hundert Jahren nahm Isla Graciosa einen steten Aufschwung. Heute vertritt die resolute Bürgermeisterin Margarita Paéz Guadalupe, von den Insulanern liebevoll „Margarona" genannt, insgesamt 620 Menschen. Und das seit 1981. Wenn Margarona nicht regiert, sitzt sie an der Kasse ihres Supermarkts, einem von zwei Geschäften im Hafenstädtchen Caleta del Sebo. Mehr Siedlungen gibt es nicht auf der Insel, wenn man mal von Pedro Barba absieht.

So geruhsam, wie sich das Hafenstädtchen Caleta del Sebo vielleicht bei der Ankunft der Boote aus Orzola präsentiert, ist das Leben der Insulaner in Wirklichkeit nicht. Die vom Fischfang lebenden Bewohner der Isla Graciosa haben Kämpfe auszustehen: Mit aller Macht wehren sie sich gegen die Absicht der Regierung in Madrid, aus dem Inselgebiet La Graciosa, Montaña Clara, Alegranza, Roque del Oeste und Roque del Este – dazu gehört noch ein Gebiet zwischen dem lanzaroteñischen Hafen Orzola und den steilen Famara-Klippen – einen streng geschützten Nationalpark zu machen.

Dieses politische Thema beschäftigt die Fischer ebenso wie die Frauen, die mit ihren für die Isla Graciosa typischen, stumpfkegeligen Strohhüten, den Slajeros, energisch nicken, wenn jemand gegen Madrid wettert. Denn jede Beschränkung der Fangquoten würde die Existenz der Inselfischer bedrohen. Und die Schaffung eines Nationalparks würde eine beträchtliche Beschneidung der Fangrechte nach sich ziehen (siehe Kasten auf S. 170).

Wie tückisch das Meer im Bereich des kleinen Archipels sein kann, schilderte bereits **Alexander von Humboldt** in seinem Buch „Südamerikanische Reise". Im Juni 1799 wollte der Entdecker und Wissenschaftler auf Lanzarote stoppen und in Erfahrung bringen, ob die Engländer die Reede von Santa Cruz auf Teneriffa blockierten. Die erste Überraschung: „Man hielt einen Basaltfelsen für ein Kastell, man salutierte ihm durch

Nach langem Spaziergang kann man an der Playa Francesa baden.

Aufhissen der spanischen Flagge und warf das Boot aus, um sich durch einen Offizier beim Kommandanten des vermeintlichen Forts erkundigen zu lassen, ob die Engländer in der Umgegend kreuzten." Doch die Mannschaft hatte versehentlich das unbewohnte La Graciosa geehrt. Dann schildert von Humboldt weiter: „Wir versuchten, aus der Bucht herauszukommen, und zwar durch den Kanal zwischen Alegranza und Montaña Clara, durch den wir ohne Schwierigkeiten hineingelangt waren, um an der Nordspitze von Graciosa ans Land zu gehen ... Da der schwache Wind und die Strömung uns aus dem Kanal nicht herauskommen ließen, beschloss man, während der Nacht zwischen der Insel Clara und der Roca del Oeste zu kreuzen. Dies hätte beinahe sehr schlimme Folgen für uns gehabt. Es ist gefährlich, sich bei Windstille in der Nähe dieses Riffes aufzuhalten, gegen das die Strömung ausnehmend stark hinzieht ... Die Korvette gehorchte dem Steuer fast nicht mehr, und jeden Augenblick fürchtete man zu stranden. Es ist schwer begreiflich, wie eine einzelne Basaltkuppe mitten im weiten Weltmeer das Wasser in solche Aufregung versetzen kann ... Am 18. morgens wurde der Wind etwas frischer, und so gelang es uns, aus dem Kanal zu kommen ..."

Die Fischer von Graciosa kennen diese unberechenbaren Tücken des Meeres und haben deshalb ganz konkrete Verbesserungsvorschläge für die Zukunft: Die „Cofradía de Pescadores de la Graciosa" verlangt Unterstützung beim Aufbau einer Fischzucht auch mit Hilfe schwimmender Käfige – eine Investition in die Zukunft, da die Tiere damit auch vor rücksichtslosen Fischräubern gesichert wären. Um all dies durchzusetzen, sollte die Insel eine eigene Verwaltung bekommen. Bisher gehört die kleine Inselwelt nämlich zur alten Hauptstadt Teguise auf Lanzarote. Das sehen die Bewohner Graciosas mit Unbehagen. Für die besonderen Verhältnisse La Graciosas hätten „die dort drüben" kein Verständnis, die Insel brauche ihre eigenen Abgeordneten im Inselparlament.

Im Fokus

Fischerei und Umweltschutz

La Graciosa ist schon seit 1986 ein Naturpark mit der Bezeichnung Parque Natural Los Islotes, für den viele Schutzmaßnahmen gelten. Diese Regeln werden von den Bewohnern akzeptiert, denn man fand einen Modus vivendi, um die Anmut der Insel, ihre Fauna und Flora zu schützen, ohne dabei die Existenz der Fischer zu gefährden.

106 Fischer mit 68 eingetragenen Booten gehören der „Cofradía", der Fischereigenossenschaft, an. Sie alle wissen, dass die Zukunft der Menschen auf La Graciosa nur gewährleistet ist, wenn die Regierung ihnen die Lebensgrundlage, den Fischfang, unter den längst akzeptierten Einschränkungen belässt.

Graciosas Fischer kennen die Bedeutung der unterseeischen Platte zwischen dem Inselchen Alegranza und der Hauptinsel des kleinen Archipels. Diese Zone ist ein natürliches Aufzuchtbecken, wer hier räubert, zerstört die eigene Zukunft.

Die ist aber durch fremde Fischerei-Nationen gefährdet.

Denn aus dem iberischen Teil Europas kommen immer wieder Fischfangflotten mit Schleppnetzen und räubern, meist nachts und ohne Licht, die Platte leer. Vor allem die Portugiesen haben hier einen schlechten Ruf, ihnen werden regelrechte Metzeleien unterstellt. Mit ihren Fanggeräten ziehen sie angeblich Steine von der Platte, die die Fische erschlagen. Dann stehen sie mit ihren gigantischen Netzen vor Alegranza und versperren den Weg der Fische, die im Schutzgebiet der Platte laichen wollen.

Doch auch ohne diese Raubzüge sind die Gewässer um La Graciosa gefährdet, da für die Kanaren keine geschützte 200-Meilen-Zone gilt. Aus politischen Gründen können nur zwölf Meilen beansprucht werden. Aber selbst diese Schutzzone hilft wenig, wenn fremde Fischer nicht durch schärfere Kontrollen fern gehalten werden.

Um die eigene Zunft zu schützen, haben sich La Graciosas Fischer schon lange eingeschränkt: Im Naturpark darf nur mit der Legangel, der Palangre, gefischt werden. Das ist, vereinfacht ausgedrückt, ein langes Seil, an dem eine Reihe von Angelhaken befestigt wird. Pro Boot sind maximal 500 Angelhaken erlaubt. Um das Brutgeschäft nicht zu stören, dürfen auch die auf den Kanaren üblichen, käfigartigen Reusen zwischen dem 1. Dezember und dem 15. April nicht eingesetzt werden.

Damit die Käfige überhaupt nicht mehr verwendet werden – sie liegen auf dem Meeresboden und reißen beim Heraufholen viel Meeresflora los –, will die Regierung für die Stilllegung eine Prämie bezahlen. Die Fischer sind einverstanden, „sobald das Geld fließt".

Mit Hilfe größerer Boote könnten die Inselfischer daneben auch eine Überwachungsfunktion in den stürmischen Teilen der Reserva Marina de los Islotes übernehmen, doch ohne Subventionen kann sich keiner von ihnen eine derartige Investition leisten. So treiben weiterhin die Raubfischer anderer Nationen dort ihr Unwesen.

W ie falsch die Verwaltung Teguises die Zukunft von La Graciosa einschätzt, wird an den Versuchen deutlich, touristische Einrichtungen zu installieren. Nur mit massiver Gegenwehr konnten die Einwohner von Caleta del Sebo bisher Schlimmeres verhüten: Schon in den 60er Jahren sollte die ganze Insel mit Ferienhäusern zugebaut und ein Flughafen errichtet werden. Dann hatten die Touristikmanager die Idee, vom Mirador del Río auf Lanzarote eine Seilbahn herüber zu führen. Andere schlugen den Bau eines Tunnels vor. In jüngster Zeit kam die Idee auf, die

Playa de Francesa zu einem Jachthafen und die Playa de las Conchas zu einer Apartment-Siedlung auszubauen. Der Aufruf des Dorfältesten fegte den Plan sofort vom Tisch.

Bei Ebbe kann man an der rauhen Küste Napfschnecken finden.

Zu den hundert Fremdenbetten im Ort können nach Vorstellung der Einheimischen zwar ruhig noch ein paar dazukommen, vielleicht sogar ein kleines Hostal, aber nur soweit es von den Insulanern selber finanziert werden kann. Und vor allem sollen die Strände frei bleiben. Bei diesem Unterfangen steht den Bewohnern von La Graciosa die Bürokratie zur Seite, und zwar in Form der eigentümlichen Besitzverhältnisse: Seit etwa hundert Jahren gehört La Graciosa als Ziegenweide zur lanzaroteñischen Gemeinde Teguise. In der Francozeit wurde La Graciosa zum Nationalbesitz erklärt, Teguise behielt nur das Verwaltungsrecht über das Hafenstädtchen. Eine Ausdehnung des Gemeindegebiets ist also nur mit einer Genehmigung aus Madrid möglich. Andererseits haben junge Paare, die auf La Graciosa heiraten – einer der beiden muss dabei von der Insel stammen –, An-

Parade der Boote bei der Meeresprozession.

Veranstaltungs-Tipp

Meeresprozession

Beim Fest der Nuestra Señora del Carmen am 15. oder 16. Juli ist La Graciosa überfüllt. Die Romero-Linie weitet dann ihren Fahrplan aus, in Orzola auf Lanzarote ist kein Parkplatz mehr zu finden, die jungen Leute campen zu Hunderten rund um La Graciosas Hafen Caleta del Sebo, und die Hochseekutter der Thunfischjäger, sonst auf hoher See oder in Arrecife stationiert, besuchen ihren Heimathafen.

An der Kirche der Fischer geht die Prozession los, angeführt von der Bürgermeisterin. Dabei wird die Madonna in einem zur Sänfte umgebauten Boot zum Hafen getragen und auf einen bunt geschmückten Fischerkahn gehoben. Dann beginnt die Meeresprozession: Dem Boot mit der Madonna folgen alle Wasserfahrzeuge der Insel, umkreist von den flitzenden Motorbooten und den Jet-Rollern der Jugend. Die Seekarawane bewegt sich zunächst auf die Famara-Felsen zu, schwenkt dann nach Nordost bis zu den Felsnadeln der Punta Fariones und kehrt wieder zum Hafen zurück. Alles ist begleitet vom Krachen und Zischen der Böller und Raketen. Nach der Rückkehr wird gefeiert bis in den frühen Morgen.

171

Mero, Morena und Merluza

Um La Graciosa und seine Besonderheiten richtig kennen zu lernen, sollte man auf der Insel übernachten. Besonders interessant sind die Abende, wenn die Fischer am Hafen ihren Fang ausladen und in die Kühlräume der Cofradía bringen. Bis zu 20 Fischarten werden im Bereich der fünf Inseln, die zum „Parque Natural Los Islotes" gehören, gefangen. Besonders ins Auge fallen der goldrote Braune Zackenbarsch (Mero), die gescheckte Muräne (Morena), pralle Barrakudas (Barracuda), der Wrackbarsch (Cherne) mit seinem wilden Gesichtsausdruck, die Goldbrasse (Dorada), das mit giftigen Stachelflossen bewehrte Petermännchen (Araña), weiter der Sägebarsch (Cabrilla), der Papageienfisch (Vieja), der Goldstriemen (Salema) sowie Seehecht (Merluza), Schwertfisch (Pez espada) und Rochen (Raya).

Hinter dem Hafen von Caleta ragt der Risco de Famara auf.

Die Fischer von La Graciosa landen jeden Morgen ihren frischen Fang an.

spruch auf zweihundert Quadratmeter Baugrund. Seit 1992 ist aber kein Gemeindeboden mehr vorhanden, etwa zehn Paare warten auf die Vergrößerung des Hafengebiets. Auch dann gehört ihnen jedoch nur das gebaute Haus, Grund und Boden bleiben – wie bei allen Einwohnern von Caleta de Sebo – Eigentum der Gemeinde Teguise. Diese Verhältnisse führten auch zu der seltsamen Situation, dass frühere Bewohner von Pedro Barba ihre Häuser an Lanzaroteños verkauften, die sie zu Ferienhäusern umbauten, aber auf Grundbesitz, der ihnen nicht gehört. Sorgen wegen Landflucht gibt es auf La Graciosa nicht.

Die Fischerei und neuerdings der vorsichtige Tourismus garantieren noch immer ein gutes Einkommen. Die Familien gedeihen, 70 Kinder werden in acht Klassen von zehn Lehrern unterrichtet, zehn Kinder besuchen die Vorschule. Die Arbeit auf der Insel konzentriert sich allerdings auf das Sommerhalbjahr, dann ist für Tourismus und Fischerei Hochsaison.

Während des Winters müssen die Insulaner alle Arbeiten selber machen. Keiner wird arbeitslos, sie müssen aber „Allrounder" sein. „Von drüben" kommt niemand, weil hier nur sechs Monate lang Geld verdient werden kann.

Die meisten jungen Fischer arbeiten auf einem großen Fischerboot. Sie fangen Thunfische vor der kleinen Kanareninsel Hierro. 15 Tage sind sie auf See, 15 Tage dauert die Rückfahrt, dann folgen zehn Tage Ruhe. Dieser Rhythmus wird nur im Januar und Februar unterbrochen, die See ist dann zu rauh, die jungen Fischer streichen ihre Häuser, reparieren Boote und kümmern sich um die kleine Landwirtschaft, die viele noch betreiben. So wird La Graciosa seine Beschaulichkeit bewahren – hoffentlich!

Allgemeines

La Graciosa, wörtlich: die Anmutige, gehört zusammen mit Alegranza, der Isla de Montaña Clara, dem Roque del Este und dem Roque del Oeste zum Archipelago Chinijo im Norden von Lanzarote.

Der Archipel bildet den Parque Natural Los Islotes, der in einen Nationalpark umgewandelt werden soll – was die Fischer in ihrem Broterwerb erheblich einschränken würde.

Von Lanzarote ist La Graciosa durch den etwa 1 km breiten Meeresarm El Río getrennt.

Rund 600 Menschen leben im Fischereihafen Caleta del Sebo, die meisten vom Fischfang, einige vom Tourismus. Die „Inselhauptstadt" gehört verwaltungstechnisch zur Lanzarote-Gemeinde Teguise, der Grund und Boden Graciosas ist Staatsbesitz.

Die kleine Insel bedecken mehrere Vulkankrater. Einige Berge, von denen der Agujas Grandes mit 266 m der höchste ist, ragen besonders heraus.

Mit Süßwasser wird die Insel durch die Meerwasser-Entsalzungsanlage in Arrecife versorgt. Die kleine, 1978 auf La Graciosa gebaute Entsalzungsanlage wird nur noch in Notfällen eingesetzt. Seit 1985 gibt es jederzeit elektrischen Strom, der per Seekabel aus Lanzarote herübergeleitet wird. Vorher erzeugten Generatoren Strom, die Versorgung war auf die Abendstunden begrenzt. Auf der Insel gibt es noch keine asphaltierten Straßen, sondern nur Sandpisten.

Der Tourismus hält sich auf La Graciosa in Grenzen, bisher haben sich die Einwohner vehement gegen einen zu starken Ausbau gewehrt. Allerdings gibt es inzwischen mehrere Apartmenthäuser, wenn auch meistens nur Tagesgäste anzutreffen sind. Wer auf der Insel bleiben will, muss schon ein Fan von Ruhe und Abgeschiedenheit sein.

Verkehr

Zwischen dem Hafenort Orzola auf Lanzarote und La Graciosa gibt es täglich Bootsverkehr. Die Romero-Boote fahren um 10, 12 und 17 Uhr nach Caleta del Sebo, um 8, 11 und 16 Uhr zurück nach Lanzarote (im Sommer bei Bedarf häufiger).

Lineas Marítimas Romero
S. L. Calle García Escamez 11
35540 Graciosa
Tel. 928 84 20 55.

Auf der Insel bieten einige Privatleute Transfers zu den schönsten Stränden an (mit Abholung am Nachmittag). Auskunft erhält man in den Bars und Restaurants des Hafenstädtchens.

Sehenswürdigkeiten

Pedro Barba

Im Nordosten der Insel.

Das ehemalige Fischerdorf ist über eine Sandpiste zu erreichen, aber auch zu Fuß von Caleta del Sebo aus entlang der Küste.

Die Häuser des Dorfes wurden in den 60er Jahren an reiche Canarios verkauft und renoviert. Die Siedlung ist sehr gepflegt, Kakteen, Palmen und Agaven schmücken das Dorf. Am Rand liegt ein kleiner Strand mit Kies und Sand. Im Winter kann man Pedro Barba ungestört besichtigen, in dieser Zeit ist es total verlassen. Nur im Sommer kommen die Besitzer von Lanzarote herüber. Die Stromversorgung erfolgt über eine Solaranlage.

Unterkunft

* Apartments Romero

Am Fischereihafen
Tel. 928 84 20 55.

Gut eingerichtete, saubere Apartments. Auskunft im Restaurant „El Marinero".

* Pension Enriquetta

Am nördlichen Ortsrand

Fossilien

Als vor ungefähr 20 – 16 Mio. Jahren Magma aus den unterirdischen Kammern nach oben schoss und große Brocken an Meeresboden mit sich riss, erblickte mit der Inselwelt der östlichen Kanaren auch die Isla Graciosa das Licht der Sonne. Heute noch kann der Wanderer den Ursprung des Bodens unter seinen Füßen entdecken: Zwischen den gepressten Sedimenten findet man auch im Inneren der Insel allerlei frühere Meeresbewohner. Wer aufmerksam über die Insel geht, kann fossile Korallen, Muscheln und anderes Meeresgetier entdecken, mit etwas Glück sogar das versteinerte Gehäuse einer Napfschnecke.

La Graciosa digital

Unter der Internet-Adresse http://home. t-online.de/home /La_Graciosa findet man Infos und Bilder zur Insel (E-mail: La_Graciosa@t-online.de).

Zur Playa de las Conchas gelangt man am besten mit dem Fahrrad.

Tel. 928 84 20 51
Fax 928 84 21 99.
Einfache, saubere Zimmer, teilweise mit Dusche/WC.

* Pension Girasol Playa
Calle García Escamez 1
Tel. 928 84 21 01.
Einfache, saubere Zimmer, teilweise mit Dusche/WC, einige mit Blick zum Fischereihafen.

* Luis Cabrera
Ortsmitte
Auskunft über Caleta de Famara
Tel. 982 52 85 03
Fax 982 54 21 20.
Gemütlich eingerichtete Apartments, 10 Min. entfernt vom Fährhafen.

In mehreren Häusern werden außerdem privat Apartments und Zimmer angeboten; man kann jeden Inselbewohner danach fragen.

Camping
Am Westrand von Caleta del Sebo (Playa de Salado) ist Zelten gestattet. Dusche und WC sind vorhanden.

Restaurants

El Marinero
Calle García Escamez 11
Tel. 928 84 20 55.
Einfaches, preiswertes Restaurant, vorwiegend Fischgerichte. Vorher erkundigen, da die Wirtin nicht immer kocht.

Enriquetta
Im nördlichen Teil des Ortes.
Tel. 928 84 20 51.
Einfaches, preiswertes Restaurant, vorwiegend Fischgerichte.

Girasol Playa
Calle García Escamez 1
Tel. 928 84 21 01.
Gemütliches Restaurant, gute Fischgerichte.

Casa Chano
Neben den Frigoríficas, der Eisfabrik
Tel. 928 84 20 68.
Kleine, saubere Bar mit wenigen Tischen; Fischgerichte und Paella sind zu empfehlen.

Aktivitäten

Wandern
Die Rundwanderung mit 25 km ist in etwa 7 Std. zu bewältigen, sie führt allerdings streckenweise durch sehr eintöniges Gelände. Wer den nördlichen Teil auslässt, kann die Tour auch auf fünf Stunden verkürzen: Dafür ist der Weg von der Playa de las Conchas zwischen den Kraterbergen Agujas Grandes und Montaña del Mojón direkt zurück nach Caleta de Sebo einzuschlagen.
Es gibt keine Hinweisschilder, doch die Insel mit ihren vier kleinen Bergen ist übersichtlich. Außerdem kann man sich immer wieder an den Famara-Steilfelsen auf Lanzarote orientieren.
Der Weg zur Playa de la Cocina im Südwesten ist deutlich erkennbar und führt im Prinzip immer an der Küste entlang, zuerst vorbei an der Playa del Salado, dann über die Dünen an der Playa Francesa. Bis hierher sind es vom Ortsrand etwa 45 Min. Gehzeit. Etwas landeinwärts führen dann mehrere Spuren in Richtung der Montaña Amarilla (172 m), eine schon von

weitem sichtbare, tief gelbe Felswand. Man erreicht die Playa de la Cocina nach weiteren 15 Min. Vorsicht beim Abstieg in die Bucht, der Boden ist rutschig!

Radfahren
Am westlichen Ende von Caleta del Sebo in Richtung Punta Corrales vermietet „Marco" Mountainbikes aller Art. „Rent a bike" heißt ein anderes kleines Geschäft in der Nähe der „Pension Enriquetta". Vermittlungen sind auch über die Pensionen möglich.

Strände

Bahía de Salado: breiter Sandstrand in der Nähe des Hafens, mit einigen Steinburgen als Windschutz. Hier kann man auch kostenlos zelten, es gibt sogar eine Dusche und ein WC.
Playa Francesa: etwas windige Sandbucht, ziemlich ungeschützt. Bei Ebbe werden die Lavafelsen freigelegt. Dann bilden sich hinter ihnen ziemlich große Lagunen, teils mit Fischen und Muscheln.
Playa de la Cocina: kleine Sandbucht im Südwesten der Insel zwischen Felsen, überragt vom gelben Steilfelsen Montaña Amarilla. Wegen seiner Abgeschiedenheit ist diese Playa bei Nacktbadern beliebt. Vorsicht beim Einstieg, teils stehen rauhe Felsen dicht unter der Wasseroberfläche!
Caleta del Burro: Die unter der Montaña del Mojón liegende Sandbucht im Westteil der Insel ist sehr stark dem Wind ausgesetzt, Schwimmen ist deshalb kaum möglich.
Playa de las Conchas: Der etwa 70 m lange „Strand der Muscheln" liegt sehr schön unterhalb der Montaña Bermeja im Nordwesten der Insel. Allerdings ist Schwimmen wegen des hohen Wellenganges und wegen der tückischen Unterwasserströmung selten möglich. Durch die starken Wellen reinigt sich der Strand selbst vom sonst häufig an-

zutreffenden Teer. Genau gegenüber liegt die Isla de Montaña Clara.

Nachbarinseln

Alegranza
Siehe Kasten auf S. 174.
Trips zur nördlichsten Kanareninsel müssen privat organisiert werden. Bester Ausgangspunkt dafür ist aber Orzola auf Lanzarote. Wegen der stürmischen See fahren allerdings nur größere Boote nach Alegranza.

Montaña Clara
Die gegenüber der Playa de las Conchas liegende Insel ist nur 1 km² groß und besteht im Prinzip nur aus einem Vulkan. Beliebt ist sie bei Anglern und Fischern. An der Punta de la Camella im Norden bildete sich durch den Abbruch einer Vulkanflanke ein windgeschütztes Naturschwimmbecken. Die Isla de Montaña Clara dient zahlreichen Zugvögeln als Durchgangsstation. Wie auch auf Alegranza nisten hier Falken und Fischadler.
Von Orzola aus (im Restaurant „Punta Fariones" fragen) oder ab La Graciosa (einfach in einer Bar erkundigen) gibt es immer wieder Fischer, die bereit sind, Gäste zur Nachbarinsel zu bringen.

Roque del Este
Der „Ostfelsen", ein 570 m langer und 84 m hoher Lavablock, liegt 12 km nordöstlich von Lanzarote. Boote können nur an der flachen Stelle La Cueva landen. Taucher finden in einer unter Wasser liegenden Höhle im Nordosten eine seltene und reichhaltige Meeresfauna. Auf dem Roque del Este nisten Möwen und Falken.

Roque del Oeste
Der „Westfelsen", ein 40 m hoher Felsblock, liegt nördlich der Isla de Montaña Clara. Weil er bei starkem Seegang für die Schifffahrt gefährlich ist, nennen ihn die Fischer auch Roque del Infierno, Höllenfelsen.

Die Kirche der Fischer
Die Kirche von Caleta del Sebo wurde erst 1974 von den Einwohnern gebaut. Sie ist der „Virgen del Mar" gewidmet, der Jungfrau vom Meer. Alles in dem Kirchenraum hat mit der Seefahrt bzw. der Fischerei zu tun: Der Altar steht auf einem Anker, die Altarwand mit Kreuz und Jungfrau ist als Boot gestaltet und mit einem Fischernetz umrahmt, das Lesepult ist ein Ruder, eine Reuse bildet den Fuß des Taufbeckens, als Weihwasserschale dient ein Schildkrötenpanzer, als Schöpfkelle eine Jakobsmuschel. Die Kerzenständer sind aus Paddeln und Fischen gebastelt. Außer für Gottesdienste ist die Kirche meist geschlossen. Dann sollte man im Supermarkt nach dem Schlüssel fragen.

Die „Kirche der Fischer".

Das versteinerte Meer

Fuerteventura

Seit Jahrtau-
senden rollen
die Wogen des
Atlantiks an
die Küste von
Fuerteventura.

Nur einen Tagesausflug von Lanzarote entfernt, bietet
die karge Schwester Fuerteventura endlos weite Sandstrände
und Buchten, aber auch Kleinode kanarischer Kultur.

Fuerteventura hat seinen Ruf weg: öde, karg, dafür aber mit schier endlosen Sandstränden. Nicht, dass dieses Bild vollkommen falsch wäre, aber es ist nur ein Teil der Wahrheit! Die Insel lädt ebenso zu Entdeckungsfahrten ein, hinter ihrer rauhen Schale verbirgt sich ein malerischer Kern: Weiß blitzende Dörfer mit alten Kirchen, fruchtbare Täler zu Füßen beeindruckender, baumloser Vulkanberge und Spuren der Altkanarier prägen den Norden, Sonne, Sand und Spaß dominieren im Süden. Doch ein Tag reicht kaum aus, die vielen Seiten Fuerteventuras, seine kulturellen und historischen Highlights, kennen zu lernen. Deshalb sollte man seinen Kurzbesuch auf **Fuerteventura ✿✿** mit Bedacht planen, zumal wenn man obendrein noch ein nettes Restaurant besuchen oder einen Abstecher an einen der zahlreichen Strände unternehmen will.

Auf der 35-minütigen Überfahrt von Lanzarotes Playa Blanca nach **Corralejo,** dem Touristenzentrum im Norden, bleibt einem allerdings nicht viel Zeit zum Überlegen. Kaum hat man die **Isla de los Lobos** backbords liegen lassen, läuft die Fähre schon in den Hafen ein. Corralejo umgibt eine beeindruckende Dünenlandschaft, die bis ans Meer heranreicht: Die endlose, goldgelbe **Playa de Corralejo**, südöstlich der Urlauberstadt, lädt zum Strandvergnügen ein, während man im **Parque Natural de las Dunas de Corralejo** seltene Flora entdecken kann. Hier gedeihen bläuliche Stranddisteln und die gelb blühende Strand-Wolfsmilch. Kleinere Sandverwehungen wuchern aus den Dünen auf die Straße.

Weiter im Westen erreicht man über die Hauptstraße bald historisches Terrain. Dort liegt in recht karger Umgebung, zu Füßen der 329 Meter hohen **Montaña Oliva** und ihrer Vulkankegel, die Ortschaft **La Oliva**. Noch erzählen einige Gebäude von der einstmals ruhmreichen Vergangenheit – denn das Städtchen soll angeblich das Zentrum des altkanarischen Königreichs Maxorata gewesen sein. Die **Casa de los Coroneles** hingegen, das „Haus der Obristen", erinnert an die Zeit vor 1859, als das Gebäude den Sitz der damaligen Militärregierung beherbergte.

An der Playa de Corralejo herrscht erfreulicherweise kein Platzmangel.

Ursprünglich war in La Oliva ein großes Kunstzentrum geplant, doch das Vorhaben wurde nie verwirklicht, so dass die Casa de los Coroneles und die einst prächtige **Casa del Inglès** leider allmählich zerfallen. Wenigstens wurde das ehemalige Zehnthaus **La Cilla** restauriert und darin das **Museo del Grano**, das Getreidemuseum, untergebracht. Auch die **Casa del Capellán** mit einmaligen ornamentalen Fenster- und Türrahmen aus Stein soll gerettet werden. Vorerst steht dies allerdings nur auf dem Papier der Behörden.

Realität dagegen ist seit 1992 das auf Privatinitiative hin gegründete **Centro de Arte Canario**. Das architektonisch gelungene Ensemble am Stadtrand beherbergt eine sehenswerte Kunstsammlung, die die Werke kanarischer Künstler zusammenfasst. So erzählen beispielsweise die beeindruckenden Metallgesellen des Albert Agulló, zu sehen im Kunstgarten, von den Legenden der Insel; darunter auch die Geschichte vom zerzausten Koloss Majohoré (siehe Kasten auf S. 180).

Blühende Mandelbäume machen das Hinterland im Frühjahr zu einer wahren Farborgie.

Viel mehr als La Oliva ist aber derzeit das kleine Örtchen **Tindaya** in aller Munde. Seinen Namen hat das Dorf vom heiligen Berg im Norden erhalten, der **Montaña Tindaya**, die schon für die Altkanarier ein Kultplatz war (siehe auch Kasten auf S. 181). So richtig aufmerksam auf den Flecken wurde man allerdings erst, als die Pläne des Basken **Eduardo Chillida** bekannt wurden, den Berg auszuhöhlen und in seine Mitte eine Pyramide zu stellen. Mit diesem Projekt, den „Buenos sentimientos de la Humanidad", dem „Monument der Toleranz", will der Künstler sein Lebenswerk krönen. Von Toleranz aller-

Vom Winde verweht

Einem alten Mythos zufolge sind die Insulaner selbst schuld daran, dass ihre Heimat so karg geworden ist: In grauer Vorzeit, so erzählt man sich, als Fuerteventura noch grün und fruchtbar war, kamen bei den Guanchen mehr Mädchen als Jungen zur Welt. Kurzerhand wurden die überzähligen Töchter den Göttern geopfert. Doch das gefiel den Allmächtigen keineswegs, und sie beauftragten den Gott der Winde, zur Strafe die Felder und Bäume der Insel zu zerstören. Gesagt, getan.

Ein Guanche jedoch musste die Rache der Götter am eigenen Leibe erfahren: Majohoré, ein riesiger Ziegenhirte von sagenhafter Stärke und ebensolcher Zeugungskraft. Die Götter zerfetzten den Armen und verstreuten seine Körperteile über die Insel. Nur noch sein Geist schwebte über dem Land.

Die Guanchen nun sahen in seiner Fruchtbarkeit eine Rettung aus ihrer misslichen Lage und suchten nach seiner „Männlichkeit". Als sie den Phallus fanden, banden sie ihn an einen der wenigen noch verbliebenen Bäume und beteten ihn an. Dies sollte die Götter versöhnen und ihre Heimaterde wieder fruchtbar machen – wie man aber heute sieht, vollbrachte das beste Stück des Hirten keine großen Wunder mehr. Auf dieser Legende basieren die großen Figuren, die der Künstler Agulló im Centro de Arte Canario in La Oliva ausstellt.

dings wollen die Naturschützer wenig wissen, im Gegenteil: Ihr Widerstand wächst, so dass der Berg seit einiger Zeit abgeriegelt ist und nur mit einer offiziellen Genehmigung bestiegen und besichtigt werden kann.

Doch die Anstrengungen lohnen sich: Atemberaubend weit fliegt der Blick vom Gipfel der Montaña Tindaya in alle Richtungen. Im Norden liegt La Oliva, überall zwischen den alten, abgeschliffenen Vulkanbergen blinken kleine weiße Dörfchen hervor, und am fernen Horizont leuchtet blau das Meer.

In Tefía wurde ein typisches Bauerndorf vor dem Verfall gerettet.

Südlich von Tindaya erhebt sich das Pendant zur Montaña Tindaya, die **Montaña Quemada**. An ihrer Ostflanke wollte eigentlich der Schriftsteller Miguel de Unamuno, der „Verbannte der Insel" (siehe Kasten auf S. 185), bestattet werden. Letztendlich blieb ihm ein Grab in seinem Exil erspart, ein Monument ist die einzig sichtbare Erinnerung an seinen Wunsch.

Rund sieben Kilometer weiter südlich liegt das Bauerndörfchen **Tefía**. Vor dem Ort fällt das **Poblado de Artesanía** auf. Liebevoll restaurierte Bauernhäuser mit Vorhöfen, Backhäusern, Zisternen und Strohhaufen, Dächern aus Lehm und Stroh prägen das Bild – gerettete Volkskultur. Doch das geplante Zentrum für Kunsthandwerk konnte mangels Geld leider niemals realisiert werden, aber allein schon die Besichtigung der alten Bauernsiedlung ist einen Halt wert.

Ähnlich wie Tindaya wird auch **Betancuria** von einem markanten Aussichtsberg geprägt. Als 1404 der Eroberer Jean de Béthencourt die Insel eroberte, gründete er an diesem Ort zu Füßen der **Montaña Tegú** die erste Hauptstadt der Insel. In ihm lässt sich noch ein Hauch der alten Zeit erspüren, er gilt als Schmuckstück Fuerteventuras. Das alte Zentrum ist inzwischen als „Conjunto histórico artístico", als kunsthistorisches Ensemble, unter Denkmalschutz gestellt. Schließlich bietet kein anderer Ort eine derartige Ansammlung von Sehenswürdigkeiten. Kein Wunder also, dass sich die Busausflügler hier gegenseitig auf die Füße treten und es vorübergehend Schluss ist mit der idyllischen Ruhe. Zwischen 10 Uhr morgens und 4 Uhr nachmittags ist in den kleinen Gassen der Teufel los, und vor der **Iglesia de Santa María**, die bereits 1424 zur Kathedrale erhoben wurde, bilden sich lange Schlangen. Als wertvollstes Stück der Kirche gilt der prächtige Ba-

rockaltar mit der Statue der Santa María de Buenaventura, ein schönes Beispiel für den Inselbarock, der stilistische Einflüsse aus Südamerika nicht verheimlichen kann und deshalb auch „Indianerbarock" genannt wird. Die überbordenden Schnitzereien sind voll von Blumen und Früchten, die schönsten Arrangements prangen in den beiden oberen, seitlichen Halbrundungen: Äpfel, Trauben, Granatäpfel, tropische Nüsse und Blumen.

Doch die Geschichte der heute nur sechshundert Einwohner zählenden Kleinstadt reicht noch weiter zurück. Das kleine **Museo de Arqueología** präsentiert eine übersichtliche Auswahl von Zeugnissen der Majos, der altkanarischen Bewohner der Inseln Lanzarote und Fuerteventura.

Im Fokus

Montaña Tindaya – der heilige Berg

Der Berg liegt nördlich des kleinen Ortes Tindaya. Nach neuesten Messungen ist er 404 m hoch (und nicht 397 m, wie noch in vielen Karten vermerkt). Zahlreiche Spuren weisen die Erhebung als Kultplatz der Altkanarier aus. Insgesamt wurden bisher 213 Steingravierungen entdeckt, die meisten stellen schematische Grundrisse von Füßen dar. In der Nähe des Gipfels, wo sich der Wind häufig in einen derben Sturm verwandelt, haben Archäologen auch einige Tumuli, lang gestreckte Gräber, entdeckt.

Die Besteigung des Berges ist nur in Begleitung eines Führers erlaubt. Er kennt die wichtigsten Fundstellen und historischen Sehenswürdigkeiten, er achtet aber auch darauf, dass man nicht durch unvorsichtiges Betreten der Zeugnisse Schaden anrichtet. Die

obersten Platten des harten, rötlichen Trachytgesteins lösen sich nämlich schnell unter einem unüberlegten Tritt.
Die Tour auf die Montaña darf man ja nicht unterschätzen! Denn der Fels ist glatt, manch-

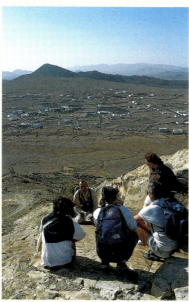

Blick vom Gipfel der Montaña Tindaya.

mal sogar sehr steil, der starke Wind bringt „Leichtgewichtler" schnell aus dem Lot, und schwindelfrei sollte man auf jeden Fall sein.
An die Steinplatten schmiegt sich übrigens eine nur auf Lanzarote und Fuerteventura wachsende Pflanze: Die „Burchards Fliegenblume" (Caralluma burchardi) sieht zwar wie ein kleiner Kaktus aus, doch sie gehört zur Familie der Seidenpflanzengewächse. Die amtliche Genehmigung ist kostenlos erhältlich bei:
Cabildo Insular,
Medio Ambiente
Puerto del Rosario
Calle Prof. Juan Tadeo Cabrera 20, 2. Stock
Tel. 928 85 21 06.
Mo – Fr 8 – 15.15 Uhr.
Unter der Internet-Adresse www.cabildofuer.es/tindaya/tindaya.html erfährt man – leider nur auf Spanisch – mehr zum Projekt von Eduardo Chillida.

Die Sammlung – viele Funde mussten leider an das Archäologische Museum in Las Palmas de Gran Canaria abgetreten werden – ist auch ein Beweis dafür, wie sehr die Ureinwohner wieder in das Bewusstsein der heutigen Inselbewohner gerückt sind.

Die herrliche Lage des Ortes kann man am besten aus der „Vogelperspektive" würdigen: Von der **Montaña Tegú** (645 m) aus sieht man auf Betancuria herab, wie es mit seinen roten Ziegeldächern daliegt, eingebettet in das fruchtbare Tal. Zu Füßen des ausgebauten **Mirador de Morro Velosa** streckt sich die gesamte Insel von Nord nach Süd vor den Augen des Betrachters aus, nach Norden ins sanft gewellte Valle de Santa Inés, nach Süden ins Valle de Río Palmas. Auch die Montaña Tegú wählten sich die Altkanarier mit ihrer Vorliebe für landschaftlich herausragende Orte zur Kultstätte aus.

Eine geologische Besonderheit fällt beim Blick vom Berg aber auch auf: Drei steile Bergwände vereinen sich zu einem monströsen, dreiseitigen Auffangsystem für den seltenen Winterregen; der gesamte Niederschlag fließt dank dieser riesigen Felsformation dem Barranco zu und sammelt sich in den Brunnen des fruchtbaren Palmentals am Fuß der Montaña. Ohne diesen „Trichter" könnten hier im Palmental kaum Feldfrüchte angebaut werden. Auch rund um die Streusiedlung **Vega de Río de las Palmas** drehen sich die Windräder und pumpen Wasser aus den Brunnen auf die Felder. Die vielen schlanken Kanarischen Dattelpalmen lassen auch hier vergessen, dass Fuerteventura als unfruchtbare Insel gilt. Ziegenherden streunen wie zur Guanchenzeit über die Felder. Hier wachsen Kartoffeln und Tomaten, Gemüse und Zwiebeln. Auf Terrassenfeldern gelang es sogar, eine kleine Bananenplantage und einen Weingarten anzulegen.

Nicht ganz so grün, aber dank des **Embalse de las Peñitas** doch voller Leben, präsentiert sich die Schlucht, die von Vega de Río de las Palmas bis nach Ajuy an der Westküste führt. Ziegen grasen auch auf dem Weg abwärts in den Barranco, der vom „Wasserüberschuss" des Stausees profitiert. Dies bemerkt man am besten, wenn man sich auf einem Ziegenpfad das Tal erwandert – allerdings sollten nur erfahrene Wanderer auf ihm wandeln. Der Steig führt zu einer kleinen weißen Kapelle, der **Ermita Virgen de la Peña**. An ihrer Stelle haben Hirten einst die winzige, wunderschöne Alabaster-Madonna gefunden, die vermutlich Jean de Béthencourt auf die Insel gebracht hat. Die zwischenzeitlich verschollene Statue thront heute oben in Vega in der Dorfkirche und wird dort seit langem als Inselheilige verehrt.

Der Stausee gleich nebenan hat viele Jahre lang wertvolles Wasser gespeichert. Doch heute ist das Wasser für die Landwirtschaft des Tals nicht mehr brauchbar, ein Tamarisken-Wäldchen, das an seinem Ufer gewachsen ist, hat den See versalzen. 7,5 Gramm Salz pro Liter wurden gemessen, 0,4 Gramm wären normal. Die Tamarisken, die hier ursprünglich nicht heimisch waren, müssten also gefällt werden. Aber Naturschützer wehren sich gegen eine Abholzung. Mittlerweile ist der Embalse de las Peñitas auch völlig verschlammt. Regenwasser, das nicht in die Brunnen des Palmentals sickert, fließt durch den toten See und bahnt sich seinen Weg hinunter bis nach **Ajuy,** dem kleinen Fischerdorf

Am Mirador Betancuria liegt dem Betrachter der Inselnorden zu Füßen.

an der schwarzen Lavaküste im Westen. In dieser Bucht sollen 1404 die Eroberer Jean de Béthencourt und Gadifer de la Salle gelandet sein. In einer Blitzaktion stürmten sie mit ihren Truppen die Schlucht aufwärts und überrumpelten die im Tal lebenden, ahnungslosen Bauern.

Wer in das kleine Fischerdorf an der Caleta Negra möchte, dabei aber nicht durch das Barranco de la Peña wandern will, der kann mit dem Auto von Betancuria aus den Weg über Pájara nehmen. Am Meer schlagen wilde Wellen gegen die Lavafelsen, und große schwarze Sand- und Kiesabschnitte laden die Sonnenanbeter ein. Sportlich Ambitionierte erklimmen den hohen Felsen und genießen von oben einen Blick auf die beeindruckende Szenerie. Zur Stärkung warten in den Restaurants des kleinen Ortes dann leckere frische Fische darauf, gut zubereitet verspeist zu werden.

Pájara selbst ist das wohlhabende Verwaltungszentrum des gesamten Südens. Zu einem Zwischenstopp in dem gepflegten Ort lädt die Iglesia de Virgen de la Regla mit ihrem Hauptportal ein. Auch an ihm fallen Motive auf, die an Lateinamerika errinnern und möglicherweise von ehemaligen Emigranten herüber nach Fuerteventura gebracht wurden: Pumas und Schlangen, Sonnensymbole und Indianerköpfe mit Federschmuck.

In **Tuineje** begegnet man wieder der Geschichte der Insel. Der Ort erinnert an die „Schlacht von Tamasite" am 12. Oktober 1740, in der sich die Inselbewohner aufopferungsbereit und erfolgreich gegen einen Trupp gut bewaff-

---

Im Fokus

Die Schlacht am Tamasite

Seit 1974 wird im Bereich der Städtchen Tarajalejo, Gran Tarajal, Tiscamanita und Tuineje Ende September/Anfang Oktober zwei Wochen lang von Laien die Schlacht am Tamasite aufgeführt.

Der Hintergrund: Am 13. Oktober 1740 landeten englische Truppen in Gran Tarajal. Sie wollten die wichtigen Seewege nach Amerika und Indien kontrollieren und die Spanier von den Kanaren vertreiben. Mit Flinten, Pistolen und Granaten bewaffnet, schlich sich ein Kommando durch die trockenen Barrancos in Richtung Betancuria. In Tuineje läuteten die Glocken Sturm, doch die Truppen plünderten die Kirche. Der Kommandant von Betancuria befahl seinen Männern, alle Kamele zu rekrutieren. Dann wurde den Engländern noch ein letztes Angebot gemacht: freies Geleit mit der Abgabe aller Waffen und der Rückgabe des Kirchenraubes als einzige Bedingung. Aber sie lehnten ab und verschanzten sich hinter dem Berg Tamasite am Höhenzug El Cuchilette mit ihren schussbereiten Gewehren.

Dann stürmte eine Phalanx aus 50 Kamelen die feindlichen Stellungen. Der Kugelhagel der Engländer wurde von den dickhäutigen Körpern der Tiere abgefangen, und die Majoreros konnten weiter stürmen. Entmutigt durch die Wirkungslosigkeit ihrer modernen Bewaffnung und erschreckt durch den Anblick der Tiere flohen die Angreifer, 22 starben bei der Militäraktion.

Dieses Ereignis ist in der Kirche von Tuineje zu beiden Altarseiten in naiven Bildern dargestellt.

Das dicke Fell der Kamele verhalf den Canarios zum Sieg.

neter englischer Piraten zu Wehr setzten (siehe Kasten auf S. 183).

Von Tuineje führt die Rundreise wieder nach Norden. Der nächste Stopp ist in **Tascamanite** angesagt: Das neue Mühlenmuseum, das **Centro Interpretación de los Molinos**, das in einem restaurierten Landgut untergebracht wurde, informiert über das Mühlenhandwerk, in der Molina wird das Mahlen von Gofio sogar praktisch demonstriert. Und in der Pfarrkirche von **Agua de Bueyes** wartet die Regenmadonna auf einen Besuch (siehe Kasten auf S. 193).

Antigua schließlich hat sich der Pflege des Kunsthandwerks verschrieben. In der „Artesanía Molino de Antigua" bekommt man einen guten Überblick über das traditionelle Kunsthandwerk auf Fuerteventura. Vor allem Töpferwaren aus Lehm, Sand und Tegue – ein spezieller weißer Lehm, den es nur auf der Insel gibt – bestimmen das Angebot.

Vorbei am **Malpaís Grande**, wo sich Fuerteventura noch einmal in aller Ödnis und Kargheit präsentiert, erreicht man die Ostküste. In **Pozo Negro** bevorzugt die lebendige Schuljugend den schwarzen Strand, Feinschmecker hingegen schätzen die wenigen Fischrestaurants. Historisch Interessierten bietet die Ausgrabungsstätte **La Atalayita**, westlich von Pozo Negro, die Gelegenheit, ein Guanchendorf zu besichtigen. Mitten in einem überdimensionalen Feld aus Lavaschollen stehen Rundhütten der Guanchen, einige hoch gemauert und be-

deckt, von vielen anderen sind nur die Grundmauern übrig geblieben.

Wenn man ein wenig im schwarzen, staubigen Boden buddelt, kommen mit etwas Glück Muschelschalen zum Vorschein, vor allem die Reste von Napfschnecken. Diese „Concheras" weisen darauf hin, dass hier Altkanarier die Meeresfrüchte bei einem gemeinsamen Mahl verspeist haben – jahrhundertelang am selben Platz, so wie es die Tradition vorschrieb. (Zu den Concheras siehe auch die Insider News auf S. 165.)

Selbst die heutige Hauptstadt **Puerto del Rosario** – etwa 25 Kilometer nördlich von Pozo Negro – ist, im übertragenen Sinn, ebenfalls auf Concheras gebaut. Denn zu einer Zeit, als die Stadt noch Puerto de Cabras, übersetzt „Ziegenhafen", hieß, waren diese Muschelhaufen ein begehrter Exportartikel. Die Muschelschalen wurden zerstoßen und zu Hühnerkraftfutter verarbeitet und erzielten einträgliche Gewinne. Dafür wurden zahlreiche Concheras abgetragen – und mit ihnen Zeugnisse, die von der Lebensart der Altkanarier auf Fuerteventura kündeten. Doch der Muschelabbau ist inzwischen passé, längst werden die bedauernswerten Legehennen auf andere Weise gefüttert und haben sich die Insulaner neue Erwerbsquellen erschlossen, wie so oft in ihrer Geschichte: Soda für die Seifenherstellung, das aus dem im Winter leuchtend rot blühenden Salzkraut durch Verbrennen gewonnen wurde, verlor völlig an Bedeutung; Koschenille, die getrockneten Schildlaus-Larven für das Färben von Lippenstiften, Getränken und Stoffen, wurde durch die Entdeckung der Anilinfarben gänzlich verdrängt; und für die Orseille, die Färberflechte, die auf den Felsen der vom Passat feuchten Nordostseite wächst und seit den Zeiten der Phönizier als Grundlage für Purpur äußerst begehrt war, existiert heute längst kein Markt mehr.

Die Mauern von La Atalayita heben sich kaum von der umgebenden Lava ab.

Diese wirtschaftlichen Rückschläge haben selbstverständlich auch in der Inselhauptstadt ihre Spuren hinterlassen, und lange schien in ihr die Zeit stehen geblieben zu sein. Man wird Puerto del Rosario auch gegenwärtig wohl kaum als eine Perle der Kanaren bezeichnen können. Sie gilt eher als provinziell, und selbst die Einheimischen sprechen heutzutage immer noch etwas verächtlich vom „Puerto de Cabras", vom Ziegenhafen.

Doch hat sich mittlerweile auch einiges getan. So bietet das im Jahr 1995 errichtete **Museo Unamuno** einen guten Einblick in das Leben des Schriftstellers und Philosophen, der 1924 zu einem Zwangsaufenthalt auf Fuerteventura verdammt war (siehe Kasten auf dieser Seite).

Hinterhof-idyll an der Corniche in Puerto del Rosario.

Die größte Überraschung jedoch präsentiert inzwischen die Hafenzone. In ihrem westlichen Teil stehen moderne, saubere Geschäftshäuser, geschmückt durch geschmackvolle Bepflanzung. Weiter östlich wurde die alte Hafenstraße restauriert, die alte Mauer, auf der die kleinen Fischerhäuschen zu kleben scheinen, erhielten einen neuen Anstrich, die Parkflächen sind von hoch aufragenden Palmen bestanden, und in Richtung Haupthafen haben sich ein paar stimmungsvolle Restaurants etabliert. Sie verführen immer wieder die Besucher von der Nachbarinsel dazu, länger in dem „Ziegenhafen" zu verweilen als geplant. In geselliger Runde lassen dann die „Inselhüpfer" aus Lanzarote die Schwester Fuerteventura hoch leben und vergessen dabei vollkommen, dass sie ihre Rundtour noch mit der 42 km langen Rückfahrt nach Corralejo beenden müssen. Doch die letzte Fähre am Abend wartet nicht ...!

Literatur

Auf die Insel verbannt

Der spanische Philosoph und Schriftsteller **Miguel de Unamuno** (1864 – 1936) verbrachte unfreiwillig einige Monate auf Fuerteventura. Hatte er es doch gewagt, den spanischen Militärdiktator General Primo de Rivera zu kritisieren, als dieser seine wegen Drogenhandels verurteilte Geliebte aus dem Gefängis entließ. Unamuno wurde verbannt und traf am 12. März in **Puerto del Rosario** ein, wo er im „Hotel Fuerteventura" Quartier bezog. Der Philosoph traf sich mit den Intellektuellen der Insel und schrieb Novellen und Berichte für verschiedene Tageszeitungen in Europa. Auch fuhr er über die karge Insel, die er poetisch „versteinertes Meer" nannte, und beschrieb das einfache Leben der Menschen. Nach vier Monaten konnte Unamuno mit französischer Hilfe nach Gran Canaria fliehen.
Trotz seiner späteren Begnadigung zog Unamuno das Exil in Frankreich vor und agierte von dort aus weiter gegen die Militärregierung. Diktator Rivera dankte 1930 ab, und Unamuno nahm wieder seine Professur in Salamanca auf. Allerdings sympathisierte er jetzt mit General Franco und verscherzte es sich mit der neuen republikanischen Regierung. Kurz nach dem faschistischen Putsch Francos, am 31. Dezember 1936, starb der baskische Philosoph. 1995 wurde das ehemalige „Hotel Fuerteventura" in Puerto del Rosario restauriert und für das Publikum geöffnet (siehe S. 200).

Insider News

Törn mit der „Cesar II"

Von Puerto del Carmen aus kann man mit dem flotten Schiff „Cesar II" einen organisierten Ausflug nach Corralejos auf Fuerteventura und zur Isla de los Lobos unternehmen. Dabei kann man ebenso die Dünen von Corralejos besuchen wie vor der Insel schnorcheln. Eingeschlossen ist ein kleiner Mittagssnack. Mo, Mi, Do, Fr und Sa, die Tour kostet 6100 Ptas.

Yaren Turística
Av. Juan Carlos I.
n°10
Puerto del Carmen
Tel. 928 51 17 43
Fax 928 51 04 84.

Allgemeines

Auf Fuerteventura leben etwa 40.000 Einwohner, die Mehrzahl davon in der nördlichen Inselhälfte. Die Insel ist mit 1653 km² und einer Nord-Süd-Ausdehnung von 92 km etwa doppelt so groß wie Lanzarote.

Im Süden liegt mit der Jandía-Halbinsel das Zentrum des Tourismus, Sehenswürdigkeiten im klassischen Sinn bietet eher der Norden. Während einer Tagestour von Lanzarote aus lassen sich kulturelle Highlights mit Strandabstechern kombinieren.

Anreise

Zwei Fährlinien verbinden Lanzarote und Fuerteventura: Lineas Fred. Olsen mit der Fähre „Buganvilla" und La Naviera Canaria mit der Fähre „Volcan de Tindaya". Abfahrtszeiten ab Playa Blanca um 8, 9, 10, 11, 14, 17, 18 und 19, im Sommer auch um 21 Uhr. Rückfahrt ab Corralejo/Fuerteventura, um 8, 9, 10, 11, 14, 17, 18, 19, im Sommer auch um 20 Uhr.

Es empfiehlt sich, den Mietwagen von Lanzarote auf die Fähre mitzunehmen, allerdings muss man vorher den Mietschein vom Autovermieter abstempeln lassen, damit der Versicherungsschutz auch für die Nachbarinsel gilt.

Mit folgenden Preisen ist für die Überfahrt zu rechnen: Auto 2700 Pts., Erwachsene 2000 Pts., Kinder 1000 Pts.

Verkehr

Die Straßen auf Fuerteventura sind in sehr gutem Zustand. Fast überall in den Städtchen und auf dem Land gilt an Kreuzungen die Kreisverkehrsregelung. Die Beschilderung lässt allerdings an vielen Stellen zu wünschen übrig, manchmal fehlt sogar das Ortsschild. Die Touristenbüros geben allerdings eine recht brauchbare Karte kostenlos heraus.

Information

Patronato de Turismo
Avenida de la Constitución 5
Puerto del Rosario
Tel. 928 53 08 44.
Zuständig für die ganze Insel.
Mo – Fr 10 – 13 und 16 – 20 Uhr.

Zu Informationen aus dem Internet siehe Kasten auf dieser Seite.

Tipps aus dem Internet

Auch im Internet kann man sich unter diversen Adressen einstimmen und vorab informieren. Hier eine kleine Auswahl von Internet-Adressen:

www.vt.fh-koeln.de/~jherkert/seiten/fuerte.htm: virtueller Kurzreiseführer, regional gegliedert.

www.lanzarote-fuerte.com/Fuerteventura/fuertede.htm: mit Unterpunkten zu den Themen Essen & Trinken, Klima, Strände, Sport, Clubs – teilweise über die Kanaren allgemein; viele Fotos, einige Links.

www.cabildofuer.es: Unter den Menüpunkten „Fuerteventura" und „Turismo" finden sich Infos zu Apartments und Bungalows, aber auch zu Bootsausflügen und zum Thema Windsurfen; leider nur auf Spanisch.

www.infocanarias.com/infocanarias/infoservice/FuerteWanderg.html: enthält eine Liste mit empfehlenswerten Wanderungen, die das Cabildo Insular veranstaltet (deutschsprachige Reiseleitung, Erklärung von Sehenswürdigkeiten und Flora/Fauna).

www.abcanarias.com/Fuerteventura/Reisefuhrer.html: Unter „Freizeit und Sport" findet man eine lange Liste diverser Sportunternehmen (nur wenige Links).

www.red2000.com/spain/canarias/fuerteve: kurze optische Einführung ohne Links.

Im Fokus

Tipps für den Ausflug

Fuerteventura ist einen Ausflug wert, zweifelsohne! Dennoch darf man sich nicht zu viel vornehmen, um die Insel gleichzeitig auch noch genießen zu können. Allein die Distanz von Corralejo bis nach Betancuria beträgt einfach etwa 50 km. Wenn man also unterwegs auch noch in La Oliva und Tefía Halt machen will, gar nicht zu reden von einem Abstecher nach Caleta de Cotillo oder der Zeit für ein gemütliches Essen, dann wird die Spanne zwischen der Ankunft und der letzten Abfahrt von Fuerteventura schon knapp. Für einen Tagesausflug empfiehlt sich deshalb ein Route Corralejo – La Oliva – Tefía (eventuell mit einem Kurzbesuch in Caleta del Cotillo), die insgesamt etwas mehr als 30 km lang ist. Alternativ sollten Besucher, die die Montaña Tindaya besteigen wollen, eine Route Corralejo (Playas del Corralejo) – Puerto del Rosario (wo man die Erlaubnis für die Bergbesteigung einholen kann) – Tindaya – La Oliva – Corralejo wählen (Länge: etwa 85 km).
Wer bis Betancuria oder gar nach Vega de Río de las Palmas samt Ajuy fahren und unterwegs noch Besichtigungen vornehmen will, der sollte eine Übernachtung auf der Insel einplanen. Schließlich ist eine Rundfahrt von Corralejo über La Oliva, Betancuria, Tuineje (mit Abstechern nach Ajuy und Pozo Negro) und Puerto Rosario 150 km lang.

Eine Fahrt in den Süden rentiert sich für Ausflügler von Lanzarote her kaum – zum einen weil auf der nördlichen Inselhälfte auch herrliche Strände locken, zum anderen weil die Tour (mit Besichtigung der Highlights) doch mindestens drei Tage erfordert.

187

In Corralejo laufen die Fähren von Lanzarote ein.

Corralejo

Hafenstadt im Norden der Insel, die in den letzten Jahren nach allen Seiten erweitert wurde, allerdings teilweise ohne Gespür für inseltypische Architektur. Lediglich um den Hafen und um die Plaza Pública herum kann man noch etwas Ursprünglichkeit finden. Hauptanziehungspunkt des Ortes ist der ihn umgebende Parque Natural de las Dunas de Corralejo.

Verkehr

Die Stadt selbst ist sehr verkehrsreich, es wird viel gebaut, weshalb die Orientierung nicht immer leicht fällt. Entlastung bringt die Umgehungsstraße, die vom Hafen direkt nach Süden führt. Viele Hotels und Apartments sind mit der Stadt durch den „Minitren", eine elektrische Bimmelbahn, verbunden. Sie fährt jede halbe Stunde von 9 – 23.30 Uhr.

Sehenswürdigkeit

Parque Natural de las Dunas de Corralejo
Die etwa 5 km südöstlich von Corralejo liegenden naturgeschützten Dünen werden von allen großen Hotels oder per Linienbus angefahren. Autos dürfen die Dünenlandschaft nicht befahren. Am feinsandigen Strand gibt es viel Platz für sonnenhungrige Urlauber. Wer in den Dünen wandert, entdeckt eine überraschend reiche Pflanzenwelt.

Unterkunft

**** Dunapark
Avenida Generalissimo Franco s/n
Tel. 928 53 52 51
Fax 928 53 54 91.
Komfortables Hotel in der Nähe der Playa Galera gelegen. 79 geschmackvoll ausgestattete Zimmer, Pool und Planschbecken im schönen Garten, Fitnessraum, Sauna und Tennisplatz.

**** RIU Palace Tres Islas
Carretera Grandes Playas
Playa de Corralejo
Tel. 928 53 57 00
Fax 928 53 58 58.

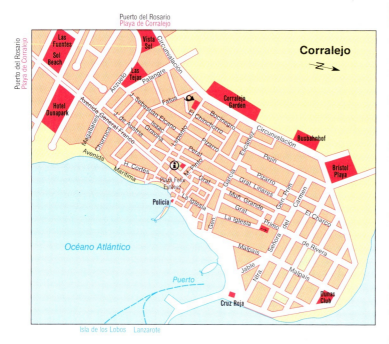

Komfortables Hotel mit 365 gut eingerichteten Zimmern. Ruhig gelegen, direkt am feinsandigen, weitläufigen Strand. Mit Boutiquen, zwei Pools und Kinderbecken, Tennis und Tischtennis, Boccia, Volleyball, Fitnesscenter; Unterhaltungsprogramm für Kinder von 4 bis 14 Jahren. Die Hotelführung achtet sehr auf den Umweltschutz.

*** Los Barqueros
Avenida Grandes Playas 1
Tel. 928 53 52 51
Fax 928 53 54 91.
Gut ausgestatte Anlage mit 80 Apartments in der Nähe der Playa Galera. Pool und Kinderbecken im Palmengarten, Tennis.

*** Las Aguas
Avenida Grandes Playas 99
Tel. 928 86 64 49
Fax 928 53 51 77.
Gut ausgestattetes Haus mit insgesamt 160 Apartments, direkt am Strand, Meerwasser-Pool im Garten, Kinderbecken, Spielplatz, Fahrradverleih.

** Corralejo Beach
Avenida Generalissimo Franco s/n
Tel. 928 86 63 15
Fax 928 86 63 17
Internet:
www.corralejobeach.com/aleman/
corralejobeach.html
Ordentliches Apartmenthaus in der Nähe des Strandes, 158 Studios und Apartments. Außerdem Pool, Gymnastikraum, Sauna, Squash und Kinderspielplatz.

** Manhattan
Calle Gravina 19
Tel. 928 86 66 43.
Einfaches, sauberes Hostal mitten in der Stadt.

** Corralejo
Calle Colón 12
Tel./Fax 928 53 52 46.

Wie eine Spielzeugstadt präsentiert sich Corralejo vom Hafen aus.

Einfaches, sauberes Stadthotel, das älteste in Corralejo.

Restaurants

Fogalero
Avenida Marítima 5
Tel. 928 86 75 71.
Bei Einheimischen und Touristen beliebtes Restaurant, Terrasse an der Mole, kanarische Küche.

El Frio del Pescador
Avenida Marítima 3
Tel. 928 86 76 83.
Restaurant mit Blick aufs Meer, Fischspezialitäten von hoher Qualität.

Manhattan
Calle Gravina 19
Tel. 928 86 66 43.
Einfaches, gutes Restaurant, das vornehmlich Fleisch- und Fischgerichte serviert, speziell Flambiertes.

Marquesinas
Muelle Chico/Avenida Marítima
Tel. 928 53 54 35.
Einfaches Hafenlokal an der alten Mole mit guter Küche, vor allem Fischgerichte.

El Pajaro Bistro
Calle Red s/n, in der Nähe des Hotels „Dunapark"
Tel. 928 86 71 71.

Insider News

Monte Bayoyo

Corralejos Hausberg – auch als „Monte San Rafael" bekannt und in den Karten erwähnt – liegt nicht weit südwestlich von Corralejo. Der 269 m hohe Berg bietet einen wunderbaren Blick über den Nordteil der Insel, über Corralejo und hinüber zur Isla de los Lobos und nach Lanzarote. Eine Wanderung auf den Berg ist durchaus empfehlenswert, trotz des wenig erfreulichen Beginns. Denn der Weg führt am Stadtrand zunächst an einer Müllkippe vorbei nach oben. Durch Verbauungen ist der Einstieg nicht leicht zu finden, besser vorher fragen. Für Hin- und Rückweg darf man mit etwa 2 Std. rechnen.

Geschützte Dünen

Seit 1982 stehen Strand und Dünen von Corralejo unter Naturschutz. Südlich der Stadt sind die Dünen im Lauf der Zeit gewandert: An manchen Stellen ist der Asphalt der in den 70er Jahren gebauten Straße von Sand überweht. Naturschützer befürchten negative Folgen durch den Damm, der für die Straße aufgeschüttet wurde. Zum einen kann der Sand nicht mehr landeinwärts geblasen werden und bedeckt statt dessen den ufernahen Meeresgrund, was für Meeresflora und -fauna Sauerstoffmangel verursachen könnte. Andererseits kommt landeinwärts zu wenig Sandnachschub: Die Dünen bauen sich langsam ab und sind in 50 Jahren nicht mehr vorhanden.

Die Dünen von Corralejo.

Beliebtes Restaurant mit Fleisch- und Fischgerichten.

Poco Loco
Avenida Generalissimo Franco 16
Tel. 928 86 66 62.
Beliebtes Steakhaus, große Portionen für hungrige Gäste.

La Terraza
Calle Aristides Hernández Morán s/n, in der Nähe des Hotels „Dunapark"
Tel. 928 86 71 27.
Bekannt für gute Steaks.

Nachtleben

Das Nachtleben ist im Vergleich zu anderen Urlaubsorten bescheiden, auch wechseln die Nachtbars oft den Besitzer und damit die Qualität. Schon lange eingeführt und beliebt sind die „Waikiki Bar" am Strand (Calle Aristides Hernández Morán), in der Stadtmitte im Centro Atlántico die „Disco Pacha" (1. Stock) und der Surfer-Treff „Kiwi Bar" (am Südende des Centers) sowie als wichtiger Treff das „Rock Café" in der Avenida Generalissimo Franco/Ecke Calle Dr. Aristides Hernández Morán.

Einkaufen

Surf Live Fuerte
Avenida Generalissimo Franco 70
Alles für Wassersportler.

Tesoro
Calle Dr. Aristides Hernández Morán
Große Auswahl an inseltypischem und modernem Kunsthandwerk.

Libreria Las Tabaibas
Calle Lepanto 5
Gute Auswahl an Büchern über Fuerteventura und die anderen Kanarischen Inseln.

Market
Avenida Generalissimo Franco, gegenüber dem Hotel „Lobos Bahía".

Gemischter Markt; Mo, Di, Fr 18 – 22 Uhr.

Aktivitäten

Windsurfen
Fanatic Fun Center
Surfschule Ulrich Cop
Avenida Grandes Playas 131
Tel. 928 53 59 99
Fax 928 53 59 98
Internet: www.fanatic-surf.com
E-mail: ucop@jet.es

Flag Beach Windsurf Center
General Linares 31
Tel. 609 02 98 04 (Handy)
Fax 928 53 55 39
Internet:
www.flagbeach.demon.co.uk
E-mail: info@flagbeach.com
Direkt am Strand außerhalb von Corralejo, Surfkurse und Vermietung, Catsegeln.

Mistral Windsurf Center
Corralejo Bay/Playa Galera
Tel. 928 86 62 95
Fax 928 86 62 95.
Direkt am Strand in Stadtmitte, Kurse und Vermietung.

Tauchen
Dive Center Atlántico
Avenida Grandes Playas 72
Tel. 928 53 57 53
Fax 928 53 58 25.
Direkt am Strand, Tauchkurse, Tauchen mit eigener Ausrüstung.

Dive Center Corralejo
Apdo. Correos 29
Tel. 928 86 62 43
Alteingesessener Tauchveranstalter mit eigenem Boot, auch Vermietung der Ausrüstung.

Radfahren
Vulcano Biking
Calle Acorazada España 10
Tel. 928 53 57 06.
Mountainbike-Verleih und Touren.

Hochseeangeln

Am Sporthafen (Muelle Deportivo) gibt es mehrere Anbieter, z. B.:
Pez Espada
Tel. 928 86 61 28.

Pez Velero
Tel. 928 86 61 73.

Ausflüge

Catamarán Celia Cruz

Am Hafen
Tel. 907 54 89 87.
Boot mit Unterwasserfenster, Fahrten entlang der Küste, rund um die Isla de los Lobos und zu den Playas de Papagayo auf Lanzarote.

Isla de Lobos

Von Corralejo aus fahren Boote jeden Tag um 10 Uhr auf die Insel, die Rückfahrt von Lobos ist um 16 Uhr. Auf der Insel liegt eine Badebucht (siehe auch Kasten „Die schönsten Strände" auf S. 194), Rundwanderungen sind möglich, interessante Vogelwelt. An der Anlegestelle gibt es zwei einfache, aber relativ teure Restaurants (Essen gleich nach der Ankunft bestellen!).

Information

Oficina de Informacion y Turismo

Plaza Pública de Corralejo s/n
Tel. 928 86 62 35
Fax 928 86 61 86.
In der Stadtmitte, gutes Material, prima Auskünfte, auch in Deutsch.

Cotillo

Ein kleiner Fischerort im Nordwesten der Insel, teils mit schönen kubischen Häusern und ursprünglichem Flair, teils aber auch mit weniger stilvollen Ferienhäusern. Der Fischerhafen liegt hinter ein paar Klippen, südlich davon beginnen die weiten Sandstrände, die sich mit einigen Unterbrechungen bis in den Süden der Insel fortsetzen.

Surfer im Wind vor der Playa de Corralejo.

Von Corralejo aus sind es, vorbei am Ort Lajares, über gut ausgebaute Straßen knapp 20 km. Vom Süden ist Cotillo ab La Oliva nach knapp 15 km zu erreichen.

Sehenswürdigkeiten

Castillo de Tostón Rico Roque

Am südlichen Ortsrand.
1741 – 1743 als Schutz gegen Piratenüberfälle gebauter Wachtturm aus Lavagestein (nicht begehbar!). Auf den meisten Karten und in Beschreibungen wird der Turm auch „Castillo de Rico Roque" genannt, was nach Meinung einheimischer Historiker aber falsch ist.

Kalkbrennöfen

Zwischen Castillo und Fischerhafen. Zwei bislang verfallene, große Kalkbrennöfen wurden wieder errichtet und geben dem Dorfbild zusammen mit dem Castillo seinen besonderen Charakter.

Unterkunft

** MH - Mariquita Hierro

Calle Maria Hierro 3
Tel. 928 53 85 98
Fax 928 53 86 58.
Neu erbautes, einziges Hotel des Dorfes, 18 gut eingerichtete Zimmer, Pool auf dem Dach.

Wassersport

Surfer-Eldorado

Windsurfer finden auf Fuerteventura ideale Voraussetzungen. Die besten Spots im Norden liegen zwischen Corralejo und der Isla de los Lobos (für Fortgeschrittene), im Osten vor Caleta de Fustes (Anfänger und Fortgeschrittene) und im Süden in Costa Calma (für Anfänger, aber auch für Speedfans und Manöverprofis) bzw. auf der gesamten Jandía-Halbinsel. Die beste Jahreszeit für Surfer ist der Sommer, wenn gleichmäßige ablandige Winde wehen. Im Winter kommen dagegen bei stürmischeren Winden die Profis auf ihre Kosten. Herbst und Frühling herrscht Flaute.

** Cotillo Lagos
500 m nördlich von Cotillo
Tel. 928 17 53 88
Fax 928 85 20 99.
Ferienanlage mit 61 ordentlich einge-
richteten Apartments, direkt am
Strand, mit Restaurant, unter deut-
scher Leitung.

** Apartamentos Playa
Guillermo Gutierrez González
Calle San Pedro 12
Tel./Fax 928 53 85 22.
Einfache, saubere Apartments.

* Juan Benítez
Calle El Caletón 10
Tel./Fax 982 53 85 03.
Einfache, saubere Apartments, teil-
weise mit Küche und Terrasse. Pool
vorhanden.

*Kalkbrennofen
im Uferbereich
von Cotillo.*

Restaurants

Casa Chano
Calle el Caletón s/n, in der Nähe des
Castillo
Tel. 928 53 86 26.
Gutes Fischrestaurant, Spezialität ist
die Cazuela (Fischeintopf), Mo ge-
schlossen.

La Marisma
Calle Santo Tomás s/n
Tel. 928 53 85 43.

Gute kanarische Küche, Fisch, Meeresfrüchte und Fleisch.

Los Delfines
Calle Mallorquín 30
Tel. 928 53 85 89.
Bekanntes Restaurant mit großer
Auswahl an frischem Fisch, auch Pa-
ella ist im Angebot.

La Higuera
Im Vorort El Roque
Tel. 928 53 86 44.
Bei Einheimischen beliebtes Restau-
rant mit viel Atmosphäre. Kanarische
Küche, gute Tapas-Auswahl. Vermit-
telt auch Apartments.

Einkaufen

Escuela de Artesanía Canaria
Calle Coronel del Hierro 14
Lajares (5 km östlich von Cotillo)
Tel. 928 86 83 00.
Es werden typische Handarbeiten der
Insel angeboten, darunter auch Ca-
lados, für Fuerteventura typische
Stickereien aus der angeschlossenen
Schule für Kunsthandwerk – und das
schon seit 56 Jahren! Auch Literatur
und Landkarten sind erhältlich.

Aktivitäten

Tauchen
El Cotillo Diving
(in der Nähe des Hafens)
Tel. 909 14 41 86 (Handy)
Fax 928 86 82 63.
Tauchschule mit deutschen Lehrern.

La Oliva

Viele Gebäude des Ortes stammen
noch aus der Zeit, als La Oliva
Hauptstadt der Insel war. Bei einigen
fehlt allerdings noch das Geld für eine Restaurierung. Rund um die Kirche ist ein großer, schattiger Park entstanden, sehr schön ist auch das
Kunstzentrum am Ostrand des netten
Städtchens.

Ständige Kunstausstellung im Centro de Arte Canario in La Oliva.

Centro de Arte Canario (Casa Mané)

Am östlichen Ortsrand, gut ausgeschildert.

Hier findet man eine Ausstellung der wichtigsten kanarischen Künstler in einem Kunstgarten. Das Untergeschoss dominiert eine großartige Kunstsammlung, die 25 kanarische Künstler präsentiert. In der oberirdischen Casa Man können Kunstfreunde die Werke von drei berühmten Künstlern der Kanaren bzw. Spaniens bewundern oder auch erwerben. Es sind vertreten: Mario Antigono aus Las Palmas auf Gran Canaria, Albert Agulló aus Elche, ein Liebhaber der Insel Fuerteventura, und der mit vielen Preisen überschüttete Alberto Manrique (nicht mit César Manrique verwandt), ebenfalls aus Gran Canaria. Alberto Manriques Werk ist nirgendwo so umfassend ausgestellt wie in La Oliva.

Mo – Sa 10 – 17, im Sommer bis 18 Uhr.

Im Internet kann man sich unter www.cabildofuer.es/casa_mane einen guten ersten Eindruck über die Ausstellung verschaffen.

Casa de los Coroneles

Am östlichen Ortsrand in der Nähe der Casa Mané.

Haus des Obristen aus dem 18. Jh. mit barocken Holzbalkonen und angeblich 365 Fenstern. Über die Restaurierung des mittlerweile etwas heruntergekommenen Gebäudes wird seit langem gestritten.

Nuestra Señora de Candelaria

In der Ortsmitte.

Für den Ort unverhältnismäßig große, dreischiffige Kirche. Ganz in Weiß gehalten, doch mit dunklem Turm aus Vulkangestein. Den Hauptaltar zieren Gemälde aus dem 18. Jh. und ein recht drastisches Großgemälde des Jüngsten Gerichts.

Tindaya

Kleiner, recht unberührter Ort rund 7 km südwestlich von La Oliva. Die Streusiedlung am Fuß der Montaña Tindaya ist von Cotillo auch über eine teils recht abenteuerliche Piste durch einen Barranco zu erreichen.

Montaña Tindaya

Der 404 m hohe Berg war den Altkanariern heilig, mehr als 200 in den Fels gravierte, schematische Darstellungen, vorwiegend Füße, weisen den Berg als ehemaligen Kultplatz aus. Der Aufstieg ist nur schwindelfreien Personen zu empfehlen, das harte Ergussgestein ist außerdem ziemlich glatt. Viel Aufregung verursacht die Idee des baskischen Bildhauers Eduardo Chillida, den Berg für ein Kunstobjekt unter dem Titel „Monument der Toleranz" auszuhöhlen! Nicht zuletzt die Umweltschützer befürchten Schäden am Berg, denn die Montaña Tindaya steht unter Naturschutz und kann nur mit Genehmigung bestiegen werden (siehe Kasten auf S. 181).

Monumento de Unamuno

2 km südlich des Ortes, erreichbar über eine Piste, die am südlichen Ortsende vor Einmündung in die Hauptstraße nach Südwesten abzweigt. Oder auf der Hauptstraße 4 km in Richtung Tefía, dann auf eine Piste in Westrichtung abzweigen. Künstlerisch wenig gelungene Statue des Dichters Unamuno (siehe Kasten auf S. 185) auf einem hohen Sockel vor einer weißen Mauer, mitten in der Landschaft.

Bar-Café Maria

Am östlichen Ortsrand
Kein Telefon.
Einfaches Restaurant mit kleiner

Agua de Bueyes

Der Ort Agua de Bueyes liegt westlich der FV 20 zwischen Antigua und Tuineje. Er ist bekannt für die „Regenmadonna", auch „Madonna de Guadalupe" genannt. Das Fest zu Ehren der Madonna wird jedes Jahr um den 28. Februar herum gefeiert, die Gläubigen erbitten sich dabei von der Jungfrau Maria Regen und Fruchtbarkeit. Im Rahmen der Festlichkeiten sind wunderschöne Trachten zu sehen und ergreifende Lieder zu hören. Als Höhepunkt tritt regelmäßig die Sopranistin Marianjele Dorta auf. Zur Begleitung ihrer Lieder streicht sie mit Kastagnetten über die „Huesera", ein Musikinstrument aus Ziegenknochen, (siehe Bild auf S. 46 oben). Den Schlüssel für das Gotteshaus von Agua de Bueyes, das neben der wundertätigen Madonna auch eine sehenswerte Decke aufweist, holt man sich bei Señor Gutierrez oberhalb der Bar „Agua Bueyes" im Haus Nr. 56 (hinter dem Haus Nr. 55).

Die schönsten Strände von Fuerteventura

Fuerteventura ist bekannt für seine endlosen, hellen, z. T. auch schwarzen Sandstrände. Vor allem der Süden und der Norden haben grenzenlose Badefreuden zu bieten. Die Westküste besteht dagegen in großen Teilen aus Steilküste. Nachfolgend werden die empfehlenswertesten Strände, ausgehend von Corralejo, im Uhrzeigersinn beschrieben (siehe auch Karte auf S. 187).

Playa Galera
Der Stadtstrand von Corralejo, etwa 1 km lang, flach abfallend, belebt.

Playa de Corralejo
Etwa 7 km langer, teils sehr breiter Sandstrand im Südosten von Corralejo. Er fällt flach ab und eignet sich auch für Kinder. Weiter in Richtung Süden, nach den beiden Strandhotels „Oliva Beach" und „Tres Islas", ist viel Platz für Individualisten. Dort auch FKK-Gelegenheit. Am Strand schützen Stein- und Sandburgen vor dem Wind. Schatten findet man keinen. Hier beginnt auch das Naturschutzgebiet El Jable mit der weltberühmten Dünenlandschaft.

Isla de los Lobos
Die kleine Insel nordöstlich von Corralejo wird morgens um 10 Uhr angefahren, um 16 Uhr schippert das Boot wieder zurück. Die meisten Gäste suchen den kleinen Sandstrand auf, die Playa de la Madera, etwa 1,5 km nordwestlich der Mole. Wer eine Rundwanderung unternimmt, findet unterwegs zur Erfrischung verschiedene Badestellen. Gern besucht wird die Insel auch von Schnorchlern und Tauchern.

Playa Blanca
Heller Sandstrand südlich der Inselhauptstadt Puerto del Rosario. Hier bleiben die Einheimischen meist noch unter sich.

Caleta de Fustes
Castillo de Fustes.
Etwa 12 km südlich von Puerto del Rosario.

Am Rand einer ausgedehnten Feriensiedlung liegt die künstlich geschaffene und vor dem Wind geschützte Sandbucht. Sie eignet sich hervorragend für Kinder. Allerdings gibt es keinen Schatten. Südlich des Festungsturms Tostón, der zur Ferienanlage gehört, finden sich ein paar stille Badebuchten.

Playa Pozo Negro
Wie es der Name schon sagt: dunkler Sand mit Kieseinlage.

Playa Gran Tarajal
Las Playitas
Großer, tiefer Stadtstrand mit dunklem Sand.

Playas de Sotavento
Von Punta de los Molinillos zieht sich ein 30 km langer, weißer Sandstrand in Richtung Südwesten – ein Paradies, in dem jeder sein Plätzchen findet. Die wundervollen großen Dünen im Norden der Playa de Sotavento de Jandía sind an manchen Tagen allerdings stark frequentiert. Kaum Vegetation und damit kein Schatten.

In den Urlaubskatalogen wird die lange Strandstrecke eingeteilt in Costa Calma, Playa Barca, Playa de Esquinzo und Playa de Jandía. Die jeweiligen Abgrenzungen, wo welcher Strand beginnt, sind sehr unterschiedlich, weil manche Strände erst nach dem Aufkommen des Tourismus einen Namen erhalten haben.

Costa Calma
Kilometerlanger Sandstrand entlang der Feriensiedlung Costa Calma. Flach abfallend, windig, deshalb bei Surfern sehr beliebt. Streckenweise kleine FKK-Badebuchten.

Sanddüne an der Playa de Sotavento auf der Jandía-Halbinsel.

Surfer vor Costa Calma.

Playa Barca

Dieser große Sandstrand-Abschnitt beginnt etwa 5 km südwestlich des Ferienortes Costa Calma. Flach ins Meer abfallend, bei Ebbe kann man im Watt wandern. Gute Windbedingungen für Surfer.

Playa de Esquinzo

Ungefähr 8 km nordöstlich von Playa de Jandía. Schöner Sandstrand, relativ wenig besucht. Unterhalb des „Robinson Club Esquinzo".

Playa de Butihondo

Nordöstlich vom Ferienort Playa de Jandía; großer, breiter Sandstrand gleich unterhalb des „Club Aldiana". Für Kinder sehr gut geeignet.

Playa de Jandía

Kilometerlanger, breiter Sandstrand entlang der Hotelstadt gleichen Namens. Flach abfallend, für Kinder gut geeignet. Er reicht bis zum früheren Fischerort Morro del Jable. Reichlich Sonnenschirme, sonst kein Schatten.

Playa de Ojos

Südwestlichster Strand der Insel am äußersten Ende der Jandía-Halbinsel. Der Strand ist allerdings nur ziemlich schwer zugänglich.

Playa de Cofete

Der Ort Cofete samt seinem Strand im Norden der Jandía-Halbinsel ist nur über schlechte Pisten erreichbar. Von Morro del Jable führt die Piste 5 km westwärts, dann nach Norden.
Wilder Sandstrand mit etwas Gebüsch und einigen Steinmauern gegen den starken Wind. Vorsicht: starke Unterströmung! Der Strand ist an manchen Stellen leider stark verschmutzt, weil zu viele Besucher ihren Müll liegen lassen. Ansonsten ein beliebter Platz bei FKK-Anhängern. Kein Schatten.

Playa de Barlovento

Kilometerlanger Strandabschnitt im Anschluss an die Playa de Cofete. Nur mit Jeep oder Landrover zu erreichen.

Playa del Viejo Rey

Schöne, kleine Sandbucht nordwestlich von La Pared an der Enge zur Jandía-Halbinsel. Heftige Brandung, günstig für Wellenreiter, oft menschenleer.

Playa de Ajuy

Schwarzer Sandstrand, teils Kies, von hohen Felsen eingebettet.

Playa de Janubio

Abgelegene, helle Sandbucht etwa 8 km südwestlich von Tindaya. An diesem schönsten Strand der Westküste bleiben die Insulaner meist unter sich. Vorsicht: gefährliche Unterströmungen!

Playa del Castillo

Schöner, kilometerlanger und -breiter Sandstrand südlich des Fischerortes Cotillo im Nordwesten der Insel. Starker Wind, vom Schwimmen ist wegen der Unterströmung abzuraten, Wellenreiter haben ihr Vergnügen. Es gibt viel Platz für Sonnenhungrige. In seiner südlichen Fortsetzung heißt der Strand Playa del Aljibe de la Cueva und Playa del Aguila. Kein Schatten.

Im Abendlicht leuchten die Felsen an der Playa de Barlovento in Rot.

Die Iglesia de Santa María wurde schon 1424 zur Kathedrale erhoben.

Speisekarte, gute Tapas und Lapas (Napfschnecken).

Einkaufen

Juana Maria
Carretera del Cotillo.
Töpferei im Norden außerhalb des Dorfes. Die Töpferwaren werden nach altkanarischer Art ohne Töpferscheibe hergestellt.

Ausflug

Poblado de Artesanía
Weit verstreutes, restauriertes Bauerndorf am Nordrand von Tefía, etwa 10 km südlich von Tindaya.
Die Gebäude des auch „La Algocida" genannten Freilichtmuseums wurden bis ins Detail wieder hergerichtet. Seit langem sollen hier Kunsthandwerker angesiedelt und eine Bar und ein Restaurant eingerichtet werden, doch bisher blieb es bei der Absicht. Trotzdem sehenswert.

Betancuria

Die frühere Inselhauptstadt gilt als schönster Ort der Insel, nicht zuletzt dank der Lage zwischen den Terrassenfeldern und den vielen Palmen. Gepflegte, weiß leuchtende Häuser reihen sich entlang der Straße. Der gesamte Ort steht seit 1988 unter Denkmalschutz.

Inselbarock pur: die Statue der Santa María de Buenaventura in der Marienkirche von Betancuria.

Vom Norden aus, vom Fährhafen Corralejo, ist Betancuria über La Oliva, Tefía und Llanos de la Concepción erreichbar (rund 50 km, durchgängig asphaltiert, aber teilweise sehr kurvig). Aus dem Süden, von Jandía, sind es auf einer im letzten Teil sehr kurvenreichen, aber guten Straße knapp 90 km.

Sehenswürdigkeiten

Iglesia de Santa María
Am nördlichen Ortsrand.
Hauptaltar im Stil des Inselbarock bzw. Indianerbarock. Statue der Santa María de Buenaventura. Hinten links (vom Eingang aus) der untere Teil des Glockenturms aus der Gründerzeit im normannisch-gotischen Stil. Davor eine blauweiße, gedrechselte Holztür in mozarabischem Stil. Rechts davon das Jüngste Gericht.
Mo – Sa 10 – 16.30 Uhr, Besichtigung zu jeder vollen Stunde.

Museo de Arte Sacro
Unterhalb der Iglesia de Santa María. Religiöse Kunst- und Kultgegenstände. Führungen nach Besichtigung der Kirche.

Casa Santa María
Gegenüber der Kirche.
Ausstellung und Vorführung von altem Kunsthandwerk (Weberei, Stickerei, Töpferei), alte landwirtschaftliche Geräte, Multivision.
Tgl. 11 – 15.30 Uhr.

Convento Franciscano de San Buenaventura
Nördlich des Ortes.
Die Ruine war Teil des ersten Klosters auf den Kanaren. Daneben steht die Wallfahrtskapelle San Diego mit einer Holzdecke im Mudéjar-Stil.
Frei zugänglich.

Museo de Arqueología
Calle Roberto Roldan s/n, in der Ortsmitte.

Didaktisch gute Ausstellung über die Kultur der Majos, der Ureinwohner von Lanzarote und Fuerteventura; mit Gebrauchsgegenständen für Feld, Hof und Küche.

Außerdem Einführung in Wohnkultur und Lebensweise, Schriftzeichen und Fruchtbarkeitssymbole aus Sandstein und Lava.

Di – Sa 10 – 17, So 11 – 14 Uhr.

Mirador de Morro Velosa

Nördlich von Betancuria, auf der Höhe in Richtung Antigua.
Einmaliger Blick über die Insel (siehe auch unter „Restaurants").

Casa Santa María

Gegenüber der Kirche
Tel. 928 87 82 82.
Stilvolles, gepflegtes Restaurant, verfeinerte kanarische Küche, beste Qualität, obere Preisklasse. Spezialität: eingelegtes Zicklein.

Bar Betancuria

Enrique Cerdeña Mendez
Calle Roberto Roldan s/n
Tel. 928 87 80 07.
Einfache, typische Dorfkneipe, viele Einheimische, gute, schlichte kanarische Küche.

Mirador de Morro Velosa

Nördlich von Betancuria, auf der Höhe in Richtung Antigua
Tel. 928 87 80 49.
Stimmungsvolles, großzügiges Restaurant mit schönem Ausblick auf den Norden der Insel, draußen auch in Richtung Süden. Preiswertes kanarisches Essen.
Tgl. 10 – 18 Uhr.

Ceramica Santa María

Gegenüber der Kirche.
Kunsthandwerk der Kanaren, teils auch vom spanischen Festland. Insel-produkte wie Marmelade, Honig und Eingelegtes.
Tgl. 10 – 17 Uhr.

Tienda de Betancuria

Calle Roberto Roldan.
Lokales Kunsthandwerk in kontrollierter Qualität: Webereien, Stickereien, Musikinstrumente, Keramik.
Mi – Fr 10 – 13 und 15.30 – 18 Uhr, Sa 10 – 14 Uhr.

Antigua

Das kleine Städtchen gilt als Zentrum des Brauchtums und des Kunsthandwerks. Dies wird vor allem in der Anlage „Los Molinos" dokumentiert. Der Ort liegt in der Inselmitte und ist über Asphaltstraßen gut zu erreichen. Von Puerto del Rosario sind es 23 km, von Morro Jable/Jandía Playa etwa 76 km.

Centro de Artesanía Molino de Antigua

Carretera de Antigua s/n, km 20.
Schöne Anlage mit markanter Windmühle, einem Garten mit allen für die Insel typischen Pflanzen, einem Kunsthandwerkszentrum mit Töpferei und Informationszentrum mit Konferenzraum, Gemäldeausstellungen und audiovisuellen Vorführungen. Vom Dach ein weiter Blick über die Insel. Mit Restaurant.
Tgl. 10 – 18 Uhr.

** La Flor de Antigua

Careterra General a Betancuria 42
Tel. 928 87 81 68.
Neue, gut eingerichtete Zimmer im Garten des Anwesens, ruhige Lage, mit Restaurant.

* El Artesano

Calle Real 15
Tel. 928 87 80 39.

Vorführung in der Casa Santa María.

Die Wallfahrt ist das wichtigste von zahlreichen religiösen Festen auf Fuerteventura. Am dritten Sonntag im September pilgern die Inselbewohner von überall her nach Vega de Río de las Palmas, um der Schutzpatronin Fuerteventuras, der Virgen de la Peña, ihre Ehre zu erweisen und um sie um ihren Segen zu bitten. Die Romería pendelt dabei zwischen der Dorfkirche von Vega de Río de las Palmas und der Ermita de la Virgen in dem gleichnamigen Barranco.

Ein kleiner, natürlicher Heiligenschrein am Strand von Ajuy.

Ajuy/Puerto de la Peña

Von Pájara führt eine gute Asphaltstraße nach Nordwesten in Richtung Meer. Am Ende der Schlucht liegen ein paar Fischerhäuser an einem schwarzen Sandstrand. Hier landete Jean de Béthencourt 1402. Ein erholsamer Flecken an der stürmischen See.
Im Ort sind zwei Restaurants zu empfehlen: die „Casa Pepín" am Dorfeingang (Tel. 928 16 15 29; auf deutsches Publikum eingestelltes Restaurant, aber auch kanarische Küche; es gibt nur volle Mahlzeiten, keine Tapas) und das „Cuevas de Ajuy" in der Calle Gallegada s/n (Tel. 928 16 17 20; hübsches Restaurant in Strandnähe, typische kanarische Gerichte, frischer Fisch).

Sehr einfache, saubere Zimmer, für einen kurzen Aufenthalt geeignet.

Restaurants

La Flor de Antigua
Carretera General a Betancuria 42
Tel. 928 87 81 68.
Für seine Fleisch- und Fischgerichte bekanntes Restaurant. Gehobene Preise.

El Molino de Antigua
Carretera de Antigua s/n, km 20
Tel. 928 87 82 20.
Rustikales Restaurant mit einheimischer Küche unter Aufsicht der Hotelfachschule.

Einkaufen

Centro de Artesanía Molino de Antigua
Carretera de Antigua s/n, km 20
Kunsthandwerk der Insel in kontrollierter Qualität im Zentrum des Kunsthandwerks: Webereien, Stickereien, Musikinstrumente, Keramik und vieles andere.
Tgl. 10 – 18 Uhr.

Sonntagsmarkt
In der Dorfmitte.
Jeden zweiten Sonntag im Monat 10 – 14 Uhr, Produkte der Landwirtschaft, Kunsthandwerk.

Aktivitäten

Drachensport/Buggysailing
Flugschule Michael Steinemer
Valles de Ortega, 4 km südlich von Antigua.
Mal etwas anderes: eine Schule für die Kunst, einen Sportlenkdrachen zu beherrschen; Werkstatt für Reparaturen vorhanden. Für den Sport „Buggysailing" gibt es Buggys und Zugdrachen.

Vega de Río de las Palmas

Der verstreute Ort liegt 5 km südwestlich von Betancuria in einem Palmental mit viel Landwirtschaft. Eines der wenigen Täler auf der Insel, das aus Brunnen ausreichend Wasser bekommt.

Sehenswürdigkeit

Virgen de la Peña
Am nördlichen Ortseingang an der Straße von Betancuria.
Dorfkirche mit kunstvoller Mudéjar-Holzdecke. Die schöne Virgen da la Peña aus Alabaster im Barockaltar wurde im Barranco nach Ajuy gefunden. In dem Barranco wurde zur Erinnerung die Kapelle Valle de Santa Inés errichtet. Sie ist zu Fuß leicht erreichbar.

Pájara

Verwaltungsgemeinde für den ganzen Süden der Insel, auch für die Touristensiedlungen auf der Peninsula de Jandía. Entsprechend reich ist das Städtchen, was sich in vielen restaurierten Häusern und Gartenanlagen zeigt.
Pájara liegt ungefähr 16 km südwestlich von Betancuria (Achtung: kurvenreiche Strecke!). Bequemer sind die Straßen von Puerto del Rosario über Antigua und Tuineje (47 km) oder von Jandía über Tarajelejo und Tuineje (73 km).

Nuestra Señora de la Regla

In der Mitte des Ortes gleich neben dem Rathaus.

Das linke Portal der Pfarrkirche ist mit aztekischen Motiven verziert, der Ursprung der ungewöhnlichen Kunstwerke ist allerdings unbekannt. Zwei kunstvoll geschnitzte Madonnen, darunter eine mit dem Jesuskind mit Kronen und Strahlenkranz aus Silber, stammen vermutlich ebenfalls aus Mexiko.

Täglich ganztags geöffnet, andernfalls kann man im benachbarten „Centro Cultural" nach dem Schlüssel fragen.

La Fonda

Calle Nuestra Señora de la Regla 23
Tel. 928 16 16 25.

Sehr urig eingerichtetes Restaurant, gemütliche Atmosphäre, gute kanarische Küche.

Auf dem Sonntagsmarkt von Antigua werden vor allem Töpferwaren angeboten.

Centro Cultural

Plaza la Regla
Tel. 928 16 16 95.

Treffpunkt der Einheimischen neben der Kirche, gute ländliche Küche zu günstigen Preisen.

Ajuy/Puerto de la Peña

Zum kleinen Ort und seinem Strand siehe Kasten auf S. 198.

Pozo Negro

Pozo Negro ist ein kleiner Fischerort an der Ostküste, etwa 11 km südlich von Caleta de Fustes.

Der Name – übersetzt etwa „Schwarzes Loch" – rührt von einem aus schwarzem Lavagestein gemauerten Brunnen am Ortseingang her. Schwarz ist auch der Strand aus Sand, Kies und Steinen, der bei den Einheimischen, vor allem bei der Jugend, äußerst beliebt ist. Bekannt wurde der Ort erst in den letzten Jahren aber durch das Guanchendorf La Atalayita. Mitten im Malpaís, im Lavagebiet, liegt diese Siedlung, die einstmals die Altkanarier bewohnten. Einige ihrer Hütten wurden restauriert. Bei einem Rundgang entdeckt man zahlreiche Grundmauern und kann so die ursprüngliche Ausdehnung der Siedlung ermessen. Im Zentrum des früheren Dorfes sieht man eine Conchera, einen teils unter Sand und Staub liegenden Muschelhaufen. Er besteht vorwiegend aus Schalen von Napfschnecken, die für die Guanchen einst ein wichtiges Nahrungsmittel darstellten.

Anfahrt: Von der Zufahrtsstraße nach Pozo Negro führt etwa 2,5 km vor dem Ort eine Piste nach Süden (Schild „Malpaís Grande"), dieser folgt man etwa 1,3 km.

Restaurants

Los Pescadores

Am Strand
Tel. 928 17 46 53.

Rustikales Fischrestaurant mit Plätzen am Strand. Gute Fischspezialitäten.

Los Caracoles

Am Strand
Tel. 928 17 46 17.

Schönes Restaurant mit Terrasse zum Meer, frischer Fisch. Spezialität: Viejas secas, an der Luft getrockneter Papageienfisch, der bei den Einheimischen „Tollo" heißt und vor der Zubereitung einen Tag eingeweicht wird.

Tuinejes Kirche beherbergt das Bild der Schlacht von Tamasite.

Windige Angelegenheit

Am nördlichen Ortsrand von Tiscamanita, 4 km nördlich von Tuineje, liegt ein altes Landgut mit einer Windmühle, das in den letzten Jahren sorgfältig restauriert worden ist.

In den Räumen des Anwesens lernt man alles über kanarische Mühlen, angefangen von einfachen Guanchen-Handmühlen bis zur Molino für Gofio, die auch zu Demonstrationszwecken immer wieder in Betrieb genommen wird. Centro Interpretación de los Molinos Tiscamanita Di – So 10 – 18 Uhr.

Tuineje

Landwirtschaftliches Zentrum, im Westen des Malpaís Grande und umgeben von alten Vulkanbergen.

Sehenswürdigkeit

Iglesia San Miguel
In der Dorfmitte.
Zweischiffige Kirche, im Altar der Erzengel Michael. Eine Seltenheit: Naive Darstellungen der Schlacht von Tamasite unten links und rechts des Altaraufsatzes.
Schlüssel im Haus gegenüber dem Westportal.

Ausflug

Centro Interpretación de los Molinos
Siehe Insider News auf dieser Seite.

Agua de Bueyes
7 km nördlich von Tuineje.
Wallfahrtsort, in dem die Regenmadonna verehrt wird (siehe Kasten auf S. 193).

Puerto del Rosario

Das frühere Puerto de Cabras (Ziegenhafen) wurde 1957 in Puerto del Rosario (Hafen zum Rosenkranz) umgetauft. Viel Sehenswertes bietet die Hauptstadt nicht, außerdem hat sie immer noch mit dem Ruf zu kämpfen, als Standort der Fremdenlegion unsicher zu ein. Diese ist jedoch nach massivem Protest der Bevölkerung bereits 1995 abgezogen. Die Hafengegend wird seit Jahren umgebaut und verspricht dank eines schönen Boulevards eine attraktive Mischung zu werden aus modernen Gebäuden und sanierten Fischerhäusern. Dort etablieren sich allmählich auch gemütliche Restaurants. In dieser Meile fühlen sich Touristen jetzt schon wohl.

Die Hauptstadt liegt 42 km südlich vom Fährhafen Corralejo, wenn man die gut ausgebaute Hauptstrecke über La Oliva wählt.

Sehenswürdigkeit

Casa Museo Unamuno
Calle Rosario 11
Im ehemaligen „Hotel Fuerteventura" lebte der Philosph und Schriftsteller Miguel de Unamuno während seiner Verbannung im Jahre 1924. Aus dieser Zeit stammt die Möblierung der Räume, Fotos und Dokumente informieren über den Schriftsteller.
Di – Fr 10 – 13 und 17 – 19 Uhr, Sa/So 10 – 13 Uhr.

Unterkunft

*** Parador de Fuerteventura
Playa Blanca 45
Tel. 982 85 11 50
Fax 982 85 11 58.
Parador-Anlage 2 km südlich der Hauptstadt. Gepflegte Einrichtung, ordentlich ausgestattete Zimmer. Im Restaurant hervorragende Inselküche. Allerdings stört der Lärm des nahen Flughafens etwas.

** Tamasite
Calle León y Castillo 9
Tel. 982 85 02 80.
In der Nähe des Hafens, einfach, ordentlich – hier kann man auch länger bleiben.

** Hotel Valerón
Calle Candelaria del Castillo 10
Tel. 982 85 06 18.
Einfaches, sauberes Stadthotel, gut
eignet für einen Kurzaufenthalt.

Restaurants

La Tasca
Avenida Negrín s/n, am Hafen gegenüber der Hauptmole
Tel. 928 85 90 85.
Stimmungsvolles Restaurant mit ge-
schmackvollen Räumen und einer netten Terrasse. Gute kanarische Küche,
die auch kleine Gerichte serviert.

Marquesinas
Calle Pizarro 62
Tel. 928 53 00 30.
Beliebtes Restaurant, das vornehm-
lich frischen Fisch im Angebot hat.

Casino Club Náutico
Calle La Cruz 2
Tel. 928 53 15 84.
Feines Restaurant mit
Atmosphäre, große
Auswahl an kanari-
schen Gerichten.

Benjamin
Calle León y Castillo
139
Tel. 982 85 17 48.
Bei Einheimischen, vor
allem Geschäftsleuten
beliebtes Restaurant,
sehr gute Qualität, ent-
sprechend gehobene
Preise. An Sonn- und
Feiertagen geschlossen.

El Granero
Calle Alonso Patallo 8
Tel. 982 85 14 53.
Bei den Einheimischen
beliebtes und preiswer-
tes Restaurant, auf-
merksamer Service,
vorwiegend gibt es
Fleischgerichte.

Casa Gregorio II
Puerto de Lajas, 3,5 km nördlich der
Stadt an der Straße nach Corralejo .
Tel. 982 83 01 08.
Sehr gutes kanarisches Restaurant
mit offener Küche, reiche Fisch- und
Fleischtheke, große Tapas-Auswahl.

*Die Iglesia Nuestra
Señora del Rosario in
Puerto del Rosario.*

El Jable

Das Gebiet El Jable, eine Landschaft am Eingang der Halbinsel Jandía nordwestlich von Costa Calma, steht unter striktem Naturschutz. Der zum Meer hin steil abfallende Wüstenstrich wurde im Erdzeitalter des Quartärs aus dem Meer gehoben. Aus dem Boden schmirgelt nun der Wind die erstaunlichsten Fossilien: Meeresschnecken, Napfschnecken, Muscheln, dazu Korallen und Knochen von Meerestieren. Im El Jable ist das Autofahren streng verboten, die Strafe bei Nichtbeachtung beträgt bis zu 50.000 Pts.

Einkaufen

Tagoror
Calle Virgen de la Peña 19
Bestens sortierter Buchladen, große Auswahl an Literatur und Reiseführer über Fuerteventura und die anderen Kanarischen Inseln.

Ausflug

Iglesia Santa Ana
Sehenswerte Kirche in dem Dorf Casillas del Angel, 12 km westlich von Puerto del Rosario. Die Fassade aus Lavagestein ist im Neokolonialstil gehalten. Im Inneren eine schön geschnitzte Holzdecke und ein Altar im Inselbarock sowie ein interessantes Gemälde des „Jüngsten Gerichts". Schlüssel in einem der Nachbarhäuser einfach erfragen.

Peninsula de Jandía

Die Jandía-Halbinsel ganz im Süden Fuerteventuras ist quasi die Badewanne der Insel. Hier konzentriert sich der Tourismus, hier dominieren Urlaubsstimmung und Strandleben. Wer die Sonne sucht, der findet an den weiten Stränden genug Gelegenheit dazu. Hauptorte sind Jandía Playa, Morro Jable und Costa Calma am Istmo de la Pared, der schmalsten Stelle der Halbinsel.

Endlose sandige Weite an der Playa de Cofete.

Unterkunft

Die Unterkünfte werden meist im Rahmen von Pauschalangeboten gebucht, bei einer persönlichen Buchung vor Ort zahlt man in der Regel mehr. Dennoch nachfolgend einige Tips zur Orientierung. Bei der Auswahl wurde Wert auf das Sportangebot und die Kinderfreundlichkeit gelegt – ein Bereich, in dem die Clubs oft das beste Angebot aufweisen.

**** Robinson Club Esquinzo
Calle Barranco de Esquinzo
Butihondo
Tel. 928 54 00 33
Tel. 928 54 09 01.
Großzügige Clubanlage nördlich von Jandía, oberhalb des kilometerlangen Sandstrandes. 2 Pools und 1 Kinderbecken. Im Sportprogramm, den Tagestouren, der Animation und der Kinderbetreuung mit dem Club „Robinson Club Jandía Playa" (siehe unten) weitgehend vergleichbar. Im Club Esquinzo treffen sich allerdings mehr Familien – für einen gewissen Lautstärke-Pegel ist also gesorgt. Abwechslungsreiches Buffet von bester Qualität.

**** RIU Palace Jandía
Carretera General de Morro Jable s/n
Tel. 928 54 03 70
Fax 928 54 06 20.
Elegantes Hotel, 201 komfortabel eingerichtete Zimmer, moderne Architektur mit viel Glas und Marmor, direkt über dem Sandstrand von Jandía. Geschmackvoll gestalteter Poolbereich. Tennisplatz, Volleyball, Gymnastik, Boccia, Tischtennis. Kinderclub für 4- bis 12-Jährige. Jeden Abend Tanz mit Orchester.

**** RIU Ventura/RIU Maxorata
Carretera General de Jandía
Solana Matorral
Tel. 928 54 00 25
Fax 928 54 03 21.
Zwei direkt nebeneinander liegende,

großzügige Anlagen am Rand der Ferienstadt Jandía, nur durch die Uferstraße (Fußgängertunnel!) von dem großen Sandstrand getrennt. 146 bzw. 240 gut eingerichtete Zimmer. Für beide Hotels Pool mit Kinderteil. Tennis und Tischtennis, Volleyball. Unterhaltungsprogramm für 2- bis 4-jährige Kinder.

**** Robinson Club Jandía Playa
Calle Jandía Playa
Tel. 928 54 13 75
Fax 928 54 11 00.
Bewährter Sport- und Animationsclub am langen und breiten Sandstrand. Pool und Kinderbecken, Zentrum für Windsurfen, Segeln, Tauchen und Tennis. Abwechslungsreiches Programmangebot mit Jeep-Touren und Picknickfahrten. Kinderclubs für 4- bis 6-Jährige, während der Schulferien auch für ältere Kinder. Gute Küche.

**** Club Aldiana
Valle de Butihondo
Solana Matorral
Tel. 928 16 98 70
Fax 928 54 10 93.
Große Clubanlage außerhalb von Jandía oberhalb des Sandstrandes. Großer Pool und Kinderbecken, Sport- und Animationsangebot auch für Kinder. Tischtennis, Bogenschießen, Kurse für Tennis, Squash, Golf, Segeln, Surfen, Tauchen. Club für Kinder ab 3 Jahren.

*** Sol Elite Gorriones
Playa Barca
Tel. 928 54 70 25
Fax 928 54 70 00
E-mail: sol.elite.gorriones(a)solmelia.es
Ruhig und einsam am kilometerlangen Sandstrand gelegenes Sporthotel, 431 Zimmer, 2 Pools und Kinderbecken. Surfkurse im F2-Windsurfcenter, Tennis und Tischtennis, Volleyball, Mountainbike-Verleih. Miniclub für 5- bis 12-jährige Kinder.

*** Stella Canaris
Carretera General de Jandía
Solana Matorral
Tel. 928 54 14 00
Fax 928 54 10 73.
Großzügige Ferienanlage, 670 gut eingerichtete Zimmer, mitten in einer 300.000 m² großen Palmenanlage mit Papageien und anderen Tieren. Etwa 400 m vom Strand entfernt, im Garten 4 Pools. Volleyball, Gymnastik, Tennis und Tischtennis, Squash, Fitnesscenter. Reitschule ab 14 Jahren; für Kinder ein beispielhaftes Kreativ-Zentrum mit Shows, Minitheater und Schlafbereich für die ganz Kleinen. Miniclub von 4 – 10 Jahren.

Aktivitäten

Alle Arten von Sport, vor allem die Wassersportarten wie Windsurfen, Wasserski und Tauchen, aber auch Radtouren, Wanderungen etc. werden im Programm der diversen Clubs auf der Jandía-Halbinsel besonders berücksichtigt. Zu nennen sind in diesem Zusammenhang besonders der „Robinson Club Jandía Playa", der „Robinson Club Esquinzo" und der „Club Aldiana". Auch größere Hotels bieten einige Sportarten an, die oben unter den entsprechenden Anlagen aufgeführt sind.
Clubs und größere Hotels unterhalten außerdem einen Counter, an dem man Autos und Motorräder mieten kann. Ausflugsprogramme, auch Wanderungen, bieten alle deutschen Veranstalter an, das entsprechende Programm ist in jedem Hotel ausgehängt.

Information

Oficina de Turismo
Centro Comercial Jandía Beach
Local 88 (Untergeschoss)
gegenüber dem Centro Médico
Tel. 928 54 07 76
Fax 928 54 50 44.

Wander-Tipps

Pico de Jandía
Der mit 807 m höchste Berg der Insel, auch „Pico de Zarza" genannt, lässt sich von Jandía aus in etwa 1,5 Stunden erwandern. Die Wegstrecke beträgt hin und zurück etwa 16 km. Man geht nach dem Hotel „RIU Ventura" am nördlichen Ende einen Trampelpfad am Hang hoch und folgt dann der Piste immer in nördlicher Richtung. Der Blick vom Gipfel ist herrlich, zumindest wenn keine Passatwolken in die Quere kommen ...!

Von Morro Jable nach Cofete
Die Wanderung von Morro Jable nach Cofete führt den alten Verbindungsweg entlang, quer über die Halbinsel Jandía. Man verlässt Morro Jable auf der Piste in westlicher Richtung. Nach 4 km zweigt ein Weg rechts in das Gran Valle ab und geht in einen Pfad über. Der Pfad windet sich weiter hinauf bis zu dem 350 m hohen Pass. Danach muss man sich seinen Weg hinunter nach Cofete selbst suchen. Der einfache Weg dauert etwa 1,5 Std. In Cofete gibt es ein Restaurant.

Lanzarote von A-Z

Die Montaña Corona dominiert über dem „Tal der Tausend Palmen" mit dem Hauptort Haría.

A

Anreise

Fast alle Besucher Lanzarotes kommen mit dem Flugzeug. Der Flughafen der Insel liegt zwischen Arrecife und Puerto del Carmen. Er wird das ganze Jahr über von allen wichtigen Chartergesellschaften (LTU, Condor, Hapag Lloyd, Aero Lloyd, Air Berlin etc.) direkt angeflogen. Die Entfernung von Frankfurt am Main beträgt 3228 km, der Flug dauert rund vier Stunden.

Große Chartergesellschaften fliegen Lanzarote direkt an.

Mit einem Zwischenstopp in Madrid bzw. Barcelona fliegt die Iberia täglich ab Frankfurt, Düsseldorf und Hamburg nach Lanzarote, ab Berlin und München nur am Montag, Mittwoch, Freitag und am Sonntag. Der Tarif „Flieg & Spar" kostet je nach Saison 1015 bis 1180 DM, „Super-Flieg & Spar" 750 bis 850 DM für Hin- und Rückflug. Noch etwas günstiger fliegt man mit dem sogenannten Paso-doble-Tarif.

Urlaubsreisen mit dem Schiff nach Lanzarote, noch dazu mit dem eigenen Pkw, sind ebenfalls möglich. Wer die lange Überfahrt von Cádiz aus plant, wendet sich am besten an die Vertretung der Linie Transmediterranea:

Deutsches Reisebüro (DER)
Emil-von-Behring-Straße 6
60439 Frankfurt/M.
Tel. 069/95 88 17 60
Fax 069/95 88 17 15
E-Mail:
webmaster@dertour.de

Ärztliche Versorgung

Für eine ausreichende medizinische Versorgung, deutsche oder Deutsch sprechende Ärzte aller Fachrichtungen, in einigen Fällen auch mit Hausbesuchen, ist in den Urlaubszentren bestens gesorgt.

Wichtige Adressen:

Praxis Dr. Mager
Sprechstunden Mo – Fr 10 – 20, Sa 11 – 13 Uhr.
Allgemeinmedizin, innere Medizin, Allergien, kleine Chirurgie, Laboranalysen, EKG und Ultraschalldiagnostik.
Avenida de las Playas 37
Puerto del Carmen
Tel. 928 51 26 11.

Medical Center Dr. Marin
24-Stunden-Dienst und Hausbesuche; Fachrichtungen: Allgemeinmedizin, Internist, Kinderarzt, Herz- und Lungenfacharzt, Zahnarzt.
Avenida de las Playas 5
Puerto del Carmen
Tel. 928 51 03 70.

Euro-Klinik
Avenida de las Playas 52
Puerto del Carmen
Tel. 928 51 55 49.

Deutsch-Britische Klinik
Plaza Tandarena
Costa Teguise
Tel. 928 59 21 25.

Salus
Apartamentos Lanzarote
Gardens
Costa Teguise
Tel. 928 59 20 26.

Praxis Dr. Mager
Sprechstunden: Mo – Fr 10 – 13 und 18 – 20, Sa 11 – 13 Uhr.
Avenida de la Llegada 1
Playa Blanca
Tel. 928 51 79 38.

Salus
Centro Comercial
Hotel Lanzarote Park
Playa Blanca
Tel. 928 51 76 43.

Apotheken (Farmacia) sind am roten oder grünen Malteserkreuz zu erkennen. Öffnungszeiten: 9 – 13 und 16 – 20 Uhr, samstags nur 9 – 13 Uhr. An der Tür der Apotheken findet sich eine Tafel mit den Adressen der Notdienste (siehe auch Stichwort „Notruf" auf Seite 214). Wer auf ein bestimmtes Medikament angewiesen ist, sollte den Beipackzettel mit der Beschreibung der Zusammensetzung bei sich haben, weil die Medikamente in Spanien oft unter anderen Namen angeboten werden.

Ausflüge

Inseltouren

Ein Lanzarote-Aufenthalt ohne Ausflüge wäre ein verschenkter Urlaub. In allen größeren Urlaubszentren werden ähnliche Touren über die Insel angeboten. Nachfolgende Liste bezieht sich auf Puerto del Carmen als Ausgangsort, es handelt sich um Zirkapreise (Preisvergleiche bei den einzelnen Agenturen lohnen sich):
Inselrundfahrt inklusive Mittagessen: 90 DM.
Nordtour mit Haría und Jameos del Agua sowie Cueva de los Verdes inklusive Mittagessen: 65 DM.
Süd- und Kratertour inklusive Kamelritt und Mittagessen: 65 DM.
Jeep-Safari abseits der großen Straßen inklusive Mittagessen: 70 DM.
Fuerteventura (Tagesausflug mit Mittagessen): 100 DM.
Segeltörn zu den Playas de Papagayo inklusive Mittagessen: 60 DM.

Isla Graciosa
siehe S. 173.

Fuerteventura

Fast alle Agenturen bieten Tagesausflüge nach Fuerteventura mit Schiff und Bus an. Zu individuellen Ausflügen nach Fuerteventura siehe S. 186.

Zum Schiffs- und Flugverkehr zu den anderen Kanareninseln siehe auch unter dem Stichwort „Transport und Verkehr" auf Seite 215.

B Banken

Die Banken auf Lanzarote sind normalerweise Mo – Fr vormittags von 9 – 13 Uhr geöffnet, in Puerto del Carmen auch von 17 – 19 Uhr. Die meisten großen Geldinstitute haben Geldautomaten, an denen mit der Euroscheckkarte und der persönlichen Kennziffer Geld abgehoben werden kann.
Euroschecks können in Banken, Hotels und Wechselstuben mit Scheckkarte und Personalausweis eingelöst werden. Ein Vergleich der Wechselgebühren lohnt sich: Sie liegen zwischen 1 und 15 Prozent.

Behinderte

Das Angebot für Behinderte ist noch wie so häufig sehr beschränkt, behindertengerechte Einrichtungen (wie etwa Rampen) findet man nur in sehr wenigen Hotels.

Beschwerdeblätter

Bei Unkorrektheiten in Bars und Restaurants, bei schlechtem Service in Geschäften oder Hotels, bei Nepp von Taxifahrern oder in Lokalen haben die kanarischen Behörden Beschwerdeblätter vorgesehen, die „Hojas de Reclamación". Sie müssen in allen touristischen Betrieben auf Verlangen vorgelegt werden. Auf die Ausrede hin, sie seien eben ausgegangen, kann man bei einem gravierenden Fall durchaus die Polizei verständigen.
Um Manipulationen vorzubeugen, sind die Blätter nummeriert. Kunden, die eine Beschwerde haben, erhalten eine Kopie, die dann an die Oficina de Turismo Interior, Parque Municipal, Arrecife, geschickt werden muss. Eine Kontrolle durch Inspektoren ist innerhalb von 48 Stunden zugesagt.

C Camping

Zelten ist auf Lanzarote und dem Nachbarinselchen La Graciosa offiziell verboten. Trotzdem schert sich niemand um einzelne Camper, die beispielsweise an den Playas de Papagayo oder anderen Stellen campen. Weil das Verbot keine Wirkung zeigt und um der Verschmutzung vorzubeugen, installierte die Verwaltung des

Jeep-Safaris abseits der großen Straßen werden ab 70 DM angeboten.

Hafens Caleta del Sebo auf der Isla Graciosa sogar Dusche und WC im Gelände hinter dem Ort.

Diebstähle

Lanzarote gilt noch als sichere Insel, Langfinger sind hier selten. Wenn auch von den Einheimischen keine Gefahr ausgeht, ist wegen der vielen Urlauber aus aller Herren Länder trotzdem Vorsicht geboten. Die Polizei warnt davor, Handtaschen leichtsinnig offen zu tragen und Wertsachen im Auto oder am Strand unbeaufsichtigt zu lassen. Wertgegenstände, die Geldreserve und Dokumente gehören – wie überall – in den Hotelsafe. Die Polizei gibt sich bei Kontrollen mit einer Ausweiskopie zufrieden.

Dipl. Vertretungen

● **in Deutschland**
Spanische Botschaft
Schlossstraße 4
53115 Bonn
Tel. 0228/91 17 90.

● **in Österreich**
Argentinierstraße 34
1040 Wien
Tel. 01/505 57 80.

● **in der Schweiz**
Kalcheggweg 24
3006 Bern
Tel. 031/352 04 12.

● **auf den Kanaren**
Konsulat der Bundesrepublik Deutschland
Calle José Franchy y Roca
5. Stock
Las Palmas de Gran Canaria
Tel. 928 27 57 00.

Österreichisches Konsulat:
Avenida de Gran Canaria
Playa del Inglés
Gran Canaria
Tel. 928 76 25 00.

Schweizer Konsulat
Calle Domingo Ribero/
Juan XXIII.
Las Palmas de Gran Canaria
Tel. 928 29 34 50.

Einreise

Zur Einreise auf die kanarischen Inseln genügt für Deutsche, Österreicher und Schweizer bei einem Aufenthalt von nicht mehr als drei Monaten der gültige Personalausweis oder Reisepass.
Bei einem längeren Aufenthalt ist ein Visum (Visado de Residencia) nötig, das vom zuständigen Konsulat ausgestellt wird. Es berechtigt zu einem Aufenthalt von 90 Tagen.
Kinder bis zu 16 Jahren müssen einen Kinderausweis haben oder im Familienpass eingetragen sein.

Essen und Trinken

In Puerto del Carmen, Costa Teguise und Playa Blanca sind Bars und Restaurants auf die Bedürfnisse und Essgewohnheiten deutscher Gäste eingestellt. Neben einheimischer Küche bieten viele Restaurants Eisbein, Sauerkraut und Leberkäs sowie Wurst vom deutschen Metzger.
Dem Geschmack des Publikums entsprechend, herrscht auch in den Restaurants der Urlauberhotels die internationale Küche vor. Außer in Luxushäusern holen sich die Gäs-

te inzwischen in fast jedem Hotel das Essen vom warmen Büffet. Feinschmecker hingegen fühlen sich mit stets warm gehaltenem Essen nicht gut bedient. Restaurants mit kanarischer Küche sind in der Inselhauptstadt Arrecife und auf dem Land häufig zu finden.
Wie überall in Spanien bildet die Bar in jedem Ort den wichtigsten Treffpunkt. Dabei handelt es sich aber nicht wie in Deutschland um eine Nachtbar. Eine spanische Bar besucht man vielmehr zum Frühstück oder man trinkt während des Tages dort ein Bier, einen Wein oder einen Café solo. Die Canarios genießen auch schon morgens gern einen Whisky oder Cognac.
Beliebt bei Einheimischen wie bei Gästen sind Bars, die Tapas anbieten, kleine Gerichte für den Hunger zwischendurch, Fleischbällchen, Gulasch, Leber, Meeresfrüchtesalat usw. Mit einem Tapa, einem Deckel, schützte früher der Kellner das Trinkglas gegen lästige Fliegen. Dazu nahm er ein kleines Tellerchen und legte gleich ein paar kleine Happen darauf. So entstand allmählich die Tapa-Kultur, die durch den Tourismus wieder zu neuem Leben erweckt wurde.
Die Lanzaroteños gehen meistens erst nach 13 Uhr zum Mittagessen und nach 21 Uhr zum Abendessen.
In den großen Urlaubsorten werden viele Apartments mit kleinen Küchen angeboten. Selbstversorger finden eine reiche Auswahl an Supermärkten mit breitem Angebot. Ein Preisvergleich lohnt sich. Stark frequentierte Supermärkte in den Urlaubszentren sind manchmal doppelt so teuer wie

Aus den Inselmenüs nicht wegzudenken: Fisch und Meeresfrüchte.

Geschäfte auf dem Land. Mineralwasser wird von Gran Canaria oder Teneriffa gebracht. Auch das auf Lanzarote aus entsalztem Meerwasser gewonnene Tafelwasser der Marke „Chafari" ist durchaus empfehlenswert. Deutsches Bier vom Fass ist üblich, es sind fast alle gängigen Marken auf der Insel vertreten.

Preisgünstig und in großer Auswahl wird in Restaurants und Geschäften gern der „Rioja" vom spanischen Festland angeboten. Wein aus Lanzarote ist etwas teurer, aber qualitativ hervorragend. Auf Tradition bedachte Restaurants bieten ausschließlich Inselwein auf ihrer Getränkekarte an.

Zu inseltypischen Gerichten und empfehlenswerten Restaurants siehe S. 42 – 45. Zum Thema „Wein" siehe auch S. 85 und 89.

F
Fernsehen und Radio

Bei 4-Sterne-Hotels auf Lanzarote ist Satellitenfernsehen üblich. Deutsche Programme werden von RTL, SAT 1, 3-SAT und Deutsche Welle gesendet. Deutsche Rundfunknachrichten senden:

Radio Cadena Española
Las Palmas de Gran Canaria
Mittelwelle 747 kHz
Mo – Sa um 8.30 Uhr.

Radio Maritim
Mittelwelle 720 kHz
täglich 17 – 18 Uhr.

Deutsche Welle
Kurzwelle

ab 19 Uhr vier Stunden Programm.

Feste und Feiertage

Zu den gesetzlichen Feiertagen siehe Kasten auf dieser Seite. Zu den Festen und Veranstaltungen auf Lanzarote siehe S. 46 – 51.

FKK

Nacktbaden ist bei den Einheimischen verpönt. An allen größeren Stränden sollte man dies beachten. FKK sollte also tabu sein, vor allem an Strandabschnitten wie den Playas de Papagayo, wo Familien am Wochenende ihre Fiesta halten. Wer's dennoch nicht lassen kann: In den abgelegeneren Buchten sind die Anhänger nahtloser Bräune meist unter sich, ohne Anstoß zu erregen. Ein spezielles Nudistenzentrum gibt es an der Bucht Charco del Palo bei Mala, südwestlich von Haría. Arrangements für Charco del Palo

Gesetzliche Feiertage

Januar
1. Januar: Neujahr.
5./6. Januar:
Heilige Drei Könige (Los Reyes Magos), Umzüge der Heiligen Drei Könige auf Kamelen in Arrecife, Reiterumzüge in Teguise.

März/April
Die Semana Santa, die Heilige Woche, beginnt eine Woche vor Ostern mit der Palmenweihe (Palmsonntag). Höhepunkt der Festlichkeiten ist die Karfreitags-Prozession.

Mai
1. Mai: Mai-Feiertag.
25. Juli: Tag des Schutzheiligen von Spanien, des heiligen Jakob (auf Spanisch: Santiago).

August
15. August: Mariä Himmelfahrt.

Oktober
12. Oktober: Am Nationalfeiertag, dem Dia de la Hispanidad, feiern die Spanier die Entdeckung Amerikas.

November
1. November: Allerheiligen.

Dezember
6. Dezember: Tag der Verfassung.
8. Dezember: Mariä Empfängnis.
24./25. Dezember: Weihnachten. In Teguise findet die „Fiesta de Rancho de Pascua" – mit Folklore, Prozession, einer feierlichen Mitternachtsmette und anschließender Fiesta bis zum frühen Morgen – statt.

bucht man über den Spezial-
veranstalter Oböna Reisen (siehe auch Kasten auf S. 159).

Fotografieren

Filmmaterial und Entwick-
lungslabors mit Quick-Service
gibt es in allen Urlaubszentren.
Die Preise sind vergleichbar
mit denen in Deutschland.
Lanzaroteños sind zurückhaltend, stolz, vor allem auf dem
Land. Entsprechend respektvoll möchten sie von den foto-
grafierenden Gästen behandelt
werden. Wer mit den Bauern,
Hirten, strickenden Frauen, Fischern etc. ein Gespräch beginnt und dann um Fotogra-
fiererlaubnis bittet, wird wunderbare Schnappschüsse mit
nach Hause bringen.

Nur in wirklich stillen Buchten sollte man die Hüllen fallen lassen.

Fundbüro

Ein Fundbüro als Institution
existiert nicht. Im Fall eines
Verlusts, vor allem von Wertsachen, hat man bei der zuständigen Polizeiwache noch die
besten Chancen.

 Geld

Die spanische Währung ist die
Peseta (Pta), Mehrzahl: Pesetas. Es sind Münzen zu 1, 5,
10, 25, 50, 100, 200 und 500
Peseten und Scheine zu 200,
500, 1000, 2000, 5000 und
10.000 Peseten im Umlauf.
Aktueller Wechselkurs:
1 DM entspricht ca. 85,07 Ptas.
100 Ptas. sind ca. 1.20 DM,
bzw. 0,60 Euro
(Stand Sommer 1999)
Grundsätzlich sollte man für
die ersten Stunden auf Lanzarote schon zu Hause ein paar

Peseten eingetauscht haben.
Euroschecks werden gegen
Vorlage der Scheckkarte und
des Ausweises von Banken
und Hotels bis maximal 25.000
Pesetas eingelöst. Die Wechselgebühren liegen zwischen 1
und 15 Prozent.
Kreditkarten akzeptieren fast
alle Hotels, Restaurants und
Geschäfte. Die Euroscheckkarte mit direkter Abbuchung
hat sich durchgesetzt. Mit diesem Zahlungsmittel kann man
auch an beinahe allen Geld-
instituten per Automat Geld
abheben. So lässt sich auch
das Bargeld auf ein Minimum
reduzieren.

Gesundheit

Zwischen Spanien und
Deutschland sowie Österreich
(nicht mit der Schweiz) besteht
ein Abkommen, nach dem Urlauber das Recht haben, sich
im Krankheitsfall in den staat-
lichen Kliniken und Ambulato-
rien auf Krankenschein behan-
deln zu lassen. Mitglieder einer
gesetzlichen Kranken- oder Er-
satzkasse benötigen dafür von
ihrer Versicherung den An-
spruchschein E 111. Er wird

dem Arzt vorgelegt, ein Um-
tausch in spanische Kranken-
scheinhefte erübrigt sich.
Wer auf freie Arztwahl großen
Wert legt, sollte zusätzlich eine
Auslands-Krankenversiche-
rung abschließen. Der behan-
delnde Arzt muss eine detaillierte Rechnung ausstellen, damit man die Kosten zu Hause
erstattet bekommt.
Wichtiger Hinweis für Sonnenhungrige: Lanzarote ist eine
windige Insel. Die Brise am
Meer verleitet dazu, sich zu
lange in der Sonne aufzuhalten. In kurzer Zeit kommt es
zum Sonnenbrand. Deshalb am
ersten Tag nur im Schatten sitzen, bei den ersten Sonnenbä-
dern Sonnenschutzmittel mit
hohem Lichtschutzfaktor ver-
wenden und den Körper langsam an die hohe Sonnenein-
strahlung gewöhnen.

Information

**Büros des Spanischen
Fremdenverkehrsamts**

● **in Deutschland**
Myliusstraße 14

60323 Frankfurt/Main
Tel. 069/72 50 33
Fax 069/72 53 13.

Postfach 151940
80051 München
Tel. 089/53 01 58
Fax 089/532 86 80.

Grafenberger Allee 100
40237 Düsseldorf
Tel. 0211/680 39 80
Fax 0211/680 39 85.

Kurfürstendamm 180
10707 Berlin
Tel. 030/882 65 41
Fax 030/882 66 61.

● **in Österreich**
Walfischgasse 8
1010 Wien
Tel. 0222/512 95 80
Fax 0222/512 95 81.

● **in der Schweiz**
Seefeldstraße 19
8008 Zürich
Tel. 01/ 252 79 30
Fax 01/252 62 04.

Ami Levrier 15
1201 Genève
Tel. 022/731 11 33
Fax 022/731 13 66.

Fremdenverkehrsämter auf Lanzarote
Parque Municipal
Arrecife
Tel. 928 80 15 17.
Geöffnet: Mo – Fr 9 – 14 und
17 – 19 Uhr, Sa 9 – 12 Uhr.

Avenida de las Playas
(Pavillon gegenüber der Calle
Anzelo)
Puerto del Carmen
Tel. 928 51 53 37.
Geöffnet: Mo – Fr 9 – 13 und
17 – 19 Uhr, Sa 9 – 10 Uhr (im
Winter eine Stunde länger).

Muelle de Playa Blanca
Playa Blanca
Tel. 928 51 77 94.
Geöffnet: Mo – Fr 9 – 13 Uhr.

 Kinder

Für Kinder gibt es ein reichhaltiges Angebot. Alle großen Hotels haben Kinderbecken und Spielplätze, viele bieten Kinderclubs und -betreuung. Für Kinder geeignete Strände, die flach ins Meer abfallen, liegen vor allem um Playa Blanca und Puerto del Carmen. Dies gilt auch für Costa Teguise, allerdings ist der ständige Wind dort lästig. Des weiteren sind für Kinder natürlich Reiten (siehe S. 145) und die Freizeitparks (siehe S. 75) eine beliebte Attraktion.

Kleidung

Lanzarote ist windig, ein Pullover oder eine Windjacke sollte deshalb immer dabei sein, im Winter wegen plötzlicher Regenfälle auch ein Regencape. Für Ausflüge, die oft über Lava und Lapilli führen, ist gutes Schuhwerk wichtig –

Informationen aus dem Internet

Auch im Internet kann man sich unter diversen Adressen einstimmen und vorab informieren. Hier eine kleine Auswahl von Internet-Adressen:

www.cabildo.com/cact:
Sieben touristische Highligths auf Lanzarote werden in Bild und Wort (spanisch und englisch) vorgestellt.
www.infocanarias.com:
Seite der gleichnamigen deutschsprachigen Zeitung; in der Spalte „Inhalt" kann man unter „Die Ausflugsberichte" Berichte zu allen möglichen Themen zu Lanzarote und Fuerteventura (und zu den anderen Kanaren!) abrufen; dabei hilft eine Suchfunktion. Allerdings keine Links, dafür gut zum Blättern! Mit Hotelführer.
http://members.tripod.com/~Lanzarote:
Breit gestreutes Angebot an Informationen zu diversen Themen, allerdings ohne konkrete Adressen!
www.canarias2000.de:
Mit Suche für einzelne Inseln unter verschiedenen Stichwörtern; vor allem Überblickskarten, auch zu Naturschutzgebieten und Sportregionen.
www.lanzarote-guide.com/gui-eng/english.htm:
Viele Hintergrundinfos zu Lanzarote (alles auf Englisch).
http://members.aol.com/canconsult/deu.htm:
Aktuelle Informationen, auch zu Spezialthemen wie Rauchen/Zigarren, Umwelt und Weine; die Seite ist für die gesamten Kanaren angelegt und bezieht sich vor allem auf Gran Canaria und Teneriffa, allerdings wird auch viel zu Lanzarote gesagt. Mit ausführlichem Sprachführer!
www.red2000.com/spain/canarias/lanzarot/index.html:
Kleiner Reiseführer mit Bildern und grundlegender Information.

und in manchen Fällen ein Pflegemittel für das strapazierte Material.

Klima

Lanzarote ist ein Ganzjahresziel, die Temperaturen sind immer frühlingshaft, doch am Abend kann es kühl werden. Die Durchschnittstemperatur liegt bei 20° C.

Zwischen Oktober und März, vor allem aber in den Monaten Januar und Februar, muss mit kurzen, aber heftigen Regenschauern gerechnet werden. Die ausgeglichensten Urlaubsmonate sind März bis Juli. Rund um Puerto del Carmen scheint die Sonne statistisch am häufigsten.

Die Wassertemperatur beträgt von Januar bis Mai zwischen 18 und 19° C, sie steigt dann monatlich um jeweils ein Grad an und erreicht im September und Oktober 23 Grad, um im November und Dezember langsam wieder auf 21/22 Grad abzusinken.

L Literatur

Humboldt, Alexander von
Südamerikanische Reise –
Ideen über Ansichten der Natur,
Berlin (1967).

Ortega, J. Perez
Die Kanarischen Inseln, ihre Ureinwohner und die Eroberer,
Santa Cruz (1987).

Moeller, Hubert
Kanarische Pflanzenwelt,
Santa Cruz (1985).

Schwidetzki, Ilse
Die vorspanische Bevölkerung

der Kanarischen Inseln,
Göttingen (1963).

Wolfgang Isenberg (Hrsg.)
Kunstwerk Lanzarote, Tourismus im Biosphärenreservat,
Thomas-Morus-Akademie
Bensberg (1996).

Schönfelder, Ingrid und Peter
Mittelmeer- und Kanarenflora,
Kosmos-Atlas im Großformat,
Stuttgart (1994).

Hohenester, A./Welss, W.
Exkursionsflora für die Kanarischen Inseln,
Stuttgart (1993).

Lancelot International,
César Manrique
Jährlich aktualisierte Zeit-

schrift (auch in Deutsch) zu César Manrique.
Im Inselbuchhandel erhältlich oder über
Islapress
León y Castillo 109
Arrecife
Tel. 928 81 58 93
Fax 928 81 46 18.

M Mietwagen

Um ein Auto zu mieten, muss man älter als 21 Jahre sein und länger als ein Jahr einen Führerschein besitzen.
Das Angebot an Mietwagen reicht vom Fiat Cinquecento bis zum schweren Opel Omega. Für einen Kleinwagen

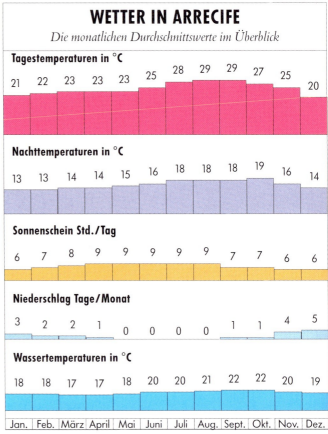

WETTER IN ARRECIFE
Die monatlichen Durchschnittswerte im Überblick

Tagestemperaturen in °C

Jan.	Feb.	März	April	Mai	Juni	Juli	Aug.	Sept.	Okt.	Nov.	Dez.
21	22	23	23	23	25	28	29	29	27	25	20

Nachttemperaturen in °C

Jan.	Feb.	März	April	Mai	Juni	Juli	Aug.	Sept.	Okt.	Nov.	Dez.
13	13	14	14	15	16	18	18	18	19	16	14

Sonnenschein Std./Tag

Jan.	Feb.	März	April	Mai	Juni	Juli	Aug.	Sept.	Okt.	Nov.	Dez.
6	7	8	9	9	9	9	9	7	7	6	6

Niederschlag Tage/Monat

Jan.	Feb.	März	April	Mai	Juni	Juli	Aug.	Sept.	Okt.	Nov.	Dez.
3	2	2	1	0	0	0	0	1	1	4	5

Wassertemperaturen in °C

Jan.	Feb.	März	April	Mai	Juni	Juli	Aug.	Sept.	Okt.	Nov.	Dez.
18	18	17	17	18	20	20	21	22	22	20	19

Auf Schotterpisten besteht nur eingeschränkter Versicherungsschutz.

Auskunft und Buchung:
Cabildo Insular
Area de Educación y Cultura
Calle José Betancort 33
35500 Arrecife
Tel./Fax 928 80 40 95.

N Nachtleben

Puerto del Carmen gilt als Zentrum des Nachtlebens auf Lanzarote (siehe S. 142/143). Hier wird jede Art von Unterhaltung geboten. Diskotheken, Spielhöllen, Bars und Clubs sind meist bis 3 Uhr geöffnet. In den Diskos ist erst nach Mitternacht Hochbetrieb.

Vor allem die einheimische Jugend besucht gern die Inselhauptstadt Arrecife, wo sich parallel zur Uferpromenade, vor allem in der Calle José Antonio, einige Treffs für Nachtschwärmer etabliert haben. Allerdings muss man bedenken, dass die Besitzer der Bars und Clubs relativ häufig wechseln – und damit die Qualität der Clubs. Deshalb ist es fast un-

(Corsa oder Fiesta) darf man inklusive unbegrenzter Kilometerzahl und Vollkasko, abhängig von der Mietdauer, mit 50 – 60 DM rechnen, größere Modelle wie ein Renault Laguna kosten 95 – 110 DM pro Tag.

Für den Preisvergleich sollte man sich in jedem Fall Zeit lassen. Manche Anbieter haben auf den ersten Blick einen sehr hohen Tagespreis, doch ist dann die Haftpflichtversicherung und die teure Vollkasko sowie Insassenversicherung und Mehrwertsteuer eingeschlossen. Andere nennen in ihren Listen dagegen einen um 50 Prozent niedrigeren Preis, bei Vertragsabschluss kommen aber die Zuschläge hinzu.

Die Verträge werden ohne Kilometerbegrenzung angeboten. Internationale Verleihfirmen sind etwas teurer, doch die Autos werden allgemein besser gewartet als bei manchen lokalen Anbietern. Grundsätzlich sollte vor Übernahme das Reifenprofil geprüft werden. Wer ganz sicher gehen will, macht eine kurze Probefahrt, um Bremsen, Kupplung und Lenkung zu testen.

Oft ist der Tank bei der Über-nahme fast leer, man muss also zuerst eine Tankstelle suchen. Wichtig: Lassen Sie sich den Stand der Tankanzeige auf dem Vertrag vermerken, sonst bezahlen Sie hinterher das Volltanken zusätzlich. Mit diesem Vermerk haben Sie das Recht, das Auto mit dem gleichen Tankstand wie bei Vertragsabschluss zurückzugeben.

Das dichteste Netz an Büros auf Lanzarote betreibt Europcar/Interrent, eingeführte einheimische Vermieter sind Cabrera Medina und Faycan.

Musik

Die Akustik der Lavahöhlen Jameos del Agua und der Cueva de los Verdes eignet sich hervorragend für Konzerte. Deshalb findet in den Wintermonaten im „Auditorio Jameos del Agua" regelmäßig das bei Musikfreunden beliebte „Festival de Música Visual" statt. Geleitet und organisiert wird es von dem bekannten lanzaroteñischen Künstler Ildefonso Aguilar. Im Lava-Auditorium werden außerdem Sinfoniekonzerte, klassische Musikabende und Gitarrenkonzerte gegeben.

Männershows sind en vogue.

möglich, dauerhaft gültige Empfehlungen auszusprechen. Auch der eigene Spürsinn ist hier also gefordert!

Notruf/Polizei

Polizei

Die Guardia Civil mit ihren dunkelgrünen Uniformen ist zuständig bei Verkehrsunfällen und Kriminaldelikten. Sie unterhält Büros an folgenden Orten:

Arrecife 928 81 18 86
Puerto del Carmen/Tías
928 51 03 36
Playa Blanca/Yaiza
928 83 01 17

Außerdem gibt es in jedem Ort die Policía Municipal mit blauen Uniformen.
Die Policía Nacional (Notruf: 091) mit hellblauem Hemd und dunkelblauer Hose ist zuständig für die Sicherheit und die Passkontrollen am Flughafen.
Das Rote Kreuz erreicht man unter Tel. 928 81 48 66.
Außerdem in Tías/Puerto del Carmen unter
Tel. 928 81 50 55
und in Yaiza/Playa Blanca unter Tel. 928 83 01 90.
Das Krankenhaus in Arrecife hat die Telefonnummern
928 80 16 36, 928 81 05 00.

O Öffnungszeiten

Die Banken öffnen 9 – 14 Uhr, samstags 9 – 14 Uhr, in Puerto del Carmen haben sie zusätzlich 17 – 19 Uhr geöffnet.
Die Ladenschlusszeiten wurden von der kanarischen Regierung freigegeben, deshalb können nur wenig verbindliche Angaben gemacht werden.

Die meisten Geschäfte öffnen aber 9 – 13 oder 14 Uhr, abends 17 – 20 Uhr. Große Supermärkte und Souvenirgeschäfte haben durchgehend, auch am Samstag und Sonntag, 9 – 13 Uhr geöffnet.

P Post und Telefon

Post

Postämter haben Mo – Fr 9 – 14.30, Sa 9.30 – 13 Uhr, in Arrecife Mo – Fr 9 – 20 Uhr, Sa 9.30 – 13 Uhr geöffnet.
Briefe (bis 20 Gramm) und Postkarten in europäische Länder kosten derzeit 70 Ptas.
Briefe und Postkarten nach Mitteleuropa sind meist länger als eine Woche unterwegs.
Briefmarken erhält man nicht nur auf der Post, sondern auch in Tabakläden (estancos).

Telefonieren

In den Urlaubsorten stehen viele hellblaue Fernsprecher mit ausführlichen Anleitungen in mehreren Sprachen. Wichtig ist, genügend Münzen à 100 Peseten bereitzuhalten oder ei-

Mit der Telefonkarte in alle Welt.

ne Telefonkarte in einer „Telefónica", einem Telefonladen, zu kaufen.
In Telefonläden wird das Gespräch am Schalter angemeldet und hinterher bezahlt. Sie haben 9 – 21 Uhr geöffnet. Gespräche vom Hotelzimmer aus sind ziemlich teuer.
Seit 1998 ist die Inselvorwahl fester Bestandteil jeder Telefonnummer und muss immer mitgewählt werden, also auch bei Anrufen innerhalb Lanzarotes.

Vorwahl für Spanien respektive Lanzarote aus dem Ausland: 0034
Vorwahlen von Lanzarote aus:
Deutschland: 0049
Österreich: 0043
Schweiz: 0041.
Anschließend folgt die Ortskennzahl ohne die Null und dann die Nummer des entsprechenden Teilnehmers.

S Souvenirs

Die Souvenirgeschäfte sind mit Angeboten aus aller Welt überladen. Wer echtes Kunsthandwerk aus Lanzarote sucht – Töpferwaren, auch Korbflechtarbeiten und Häkelarbeiten –, der sollte das Kunsthandwerkszentrum in Haría besuchen (siehe Seite 51). Beliebt ist auch Schmuck aus Olivin, ein gelbgrün glitzerndes Silikatmaterial, das in Magmagestein eingebettet wurde. Die Steine müssen allerdings aus Asien und Südamerika importiert werden, da Lanzarote-Olivin meist zu brüchig ist.
Viele Galerien bieten Zeichnungen, Aquarelle und Ölbilder an. In den Bodegas – die meisten

Bunte Kacheln sind als Souvenirs äußerst beliebt.

stehen an der Straße von Uga nach La Geria – werden Lanzarote-Weine angeboten, ebenfalls ein schönes Mitbringsel. Auch Ziegenkäse sowie Gofio und Mojo-Soße für zu Hause sind begehrt.

Schnäppchen lassen sich vor allem bei modischen Kleidern, Jeans und Lederschuhen machen. Zigaretten, Spirituosen und Parfüm kauft man im Supermarkt günstig, nicht am Flughafen, dort ist alles um ein Drittel teurer.

Sport

Auf Lanzarote finden Sportler ein reichhaltiges Angebot – von diversen Wassersportarten über Ausflüge hoch zu Ross und auf Schusters Rappen bis hin zum Tennis in allen größeren Hotels. Aber auch Golfer, Drachenflieger und Radfahrer finden hier ihr Glück.

Für allgemeine Informationen zu den sportlichen Betätigungen siehe das Kapitel „Aktivitäten" auf S. 52 – 57. Detaillierte Informationen und nützliche Adressen finden sich in den entsprechenden Regionalkapiteln.

Sprache

Auf S. 216/217 finden Sie Hinweise zur Sprache sowie einen kleinen Spanisch-Sprachführer.

Strom

Die Stromspannung beträgt 220 Volt, die Steckdosen entsprechen meist dem üblichen Standard. Notfalls findet man in den Supermärkten die passenden Adapter.

T
Transport und Verkehr

Busse

Die Urlaubsorte sind gut an die Inselhauptstadt angebunden, besonders ab Costa Teguise und Puerto del Carmen besteht ein dichter Fahrplan. Von Arrecife aus führen gute Verbindungen nach Yaiza, Tinajo und Haría. In anderen Orten sind Busse nur auf den Berufsverkehr (morgens und abends) eingestellt. Die Haltestellen, „Paradas de Autobuses", sind schlecht zu erkennen: BUS ist in weißer Schrift auf den Asphalt gemalt.

Taxis

Wenn Taxis kein Taxameter haben, muss der Fahrer eine Preistabelle vorzeigen. Jedenfalls sollte vor der Fahrt der Preis vereinbart werden. Beispiele: Puerto del Carmen – Arrecife 1800, Costa Teguise – Arrecife 1000 Ptas. Bei längeren Fahrten sollte man vor dem Start eine Pauschale aushandeln. Eine Inseltour von neun Stunden kostet rund 200 DM.

Entfernungen
(ab Arrecife)

Puerto del Carmen	15 km
Costa Teguise	8 km
Playa Blanca	40 km
Arrieta	34 km
Tinajo	18 km
Yaiza	23 km
Orzola	47 km
Montaña Blanca	6 km

Tías – Puerto del Carmen	5 km
Tinajo – Puerto del Carmen	15 km
Yaiza – Tinajo	14 km

Verkehrsvorschriften

Regeln und Verkehrsschilder sind den EU-Bestimmungen angepasst.

Höchstgeschwindigkeiten: in geschlossenen Ortschaften 50, manchmal 60 km/h, auf Landstraßen 90 km/h, auf Schnellstraßen 100 km/h. Es herrscht außerdem Anschnallpflicht, und wer bei einer Kontrolle ertappt wird, zahlt rund 200 DM Strafe.

Die Einheimischen erkennen die Mietwagen am Nummernschild und nehmen entsprechend Rücksicht. Da die Insulaner gern schnell fahren, die Urlauber aber eher gemächlich die Landschaft genießen möchten, sollte man gelegentlich rechts ranfahren und sich überholen lassen.

Die Hand weit aus dem Fenster gestreckt bedeutet, dass der Fahrer Fußgänger über die Straße lässt. Also bremsen und nicht überholen!

● Verbindungen zu den anderen Inseln

Regelmäßige Flugverbindungen existieren zu allen großen Kanarischen Inseln, für einen Flug zu den kleineren Inseln im Westen ist ein Umsteigen auf Gran Canaria oder Teneriffa erforderlich. Den Airport der Provinzhauptstadt Las Palmas de Gran Canaria steuern täglich 7 Flüge von Arrecife aus an (Flugdauer: ca. 40 Min), nach Teneriffa Nord gehen täglich 3 Flüge (Flugdauer: 50 Min).

Fährverbindungen von Arrecife aus: Vom Hafen Puerto de Marmoles, am Nordstrand von Arrecife, fahren von Montag bis Samstag Fähren der Compañia Trasmediterránea zweimal in der Woche zu den größten kanarischen Inseln Gran Canaria und Teneriffa sowie zur Nachbarinsel Fuerteventu-

ra. Zusätzlich fährt „Naviera Armas" dreimal in der Woche nach Las Palmas de Gran Canaria und nach Sant Cruz de Tenerife.

Das Buchungsbüro ist in der Avenida José Antonio 90
Tel. 928 81 11 88
Fax 928 81 23 63.

Trinkgeld

In Bars und Restaurants wird die Rechnung inklusive Trinkgeld (propina) ausgestellt, bei Zufriedenheit rundet man bis 10 Prozent auf. Bei Taxifahrten auf einen runden Betrag aufrunden.

Vorschläge für das Trinkgeld im Hotel: für ein Zimmermädchen 10 DM pro Woche, für den Gepäckträger 100 Peseten pro Stück. Dem Oberkellner gibt man zu Beginn und am Ende des Urlaubs ein angemessenes Trinkgeld.

U
Unterkunft

Das Gros der Urlauber bucht die Reise nach Lanzarote als

Pauschalurlaub über einen Veranstalter. Dies ist in der Regel wesentlich billiger, als auf eigene Faust eine Unterkunft zu buchen, da die Reiseveranstalter mit den Hotels enorme Rabatte aushandeln können. Bei Einzelbuchungen vor Ort ist mit deutlich höheren Preisen zu rechnen.

Das kanarische Spanisch ist dem lateinamerikanischen ähnlich und spricht sich einfacher aus als das der Iberischen Halbinsel.
Hier einige wesentliche Regeln:

c – vor a, o, u wie „k"
c – vor e, i scharf wie „ss" in „Masse"
ch – wie „tsch"
g – vor a, o, u wie „g"
g – vor e, i wie „ch" in „Buch"
h – ist stumm
j – wie „ch" in „Buch"
ll – wie „j"
ñ – wie „nj" in „Cognac"
qu – wie „k"
rr – stark gerollt
s – immer scharf
z – wie „ss" in „Masse"

Zahlen

0	– cero
1	– uno, una
2	– dos
3	– tres
4	– cuatro
5	– cinco
6	– seis
7	– siete
8	– ocho
9	– nueve
10	– diez
11	– once
12	– doce
13	– trece
14	– catorce
15	– quince
16	– dieciséis
17	– diecisiete

Viele Hotels in Costa Teguise sprechen Manriques Ideen Hohn.

Dementsprechend stellt sich das Hotelangebot dar: Vor allem in den Touristenzentren Puerto del Carmen, Costa Teguise und Playa Blanca dominieren Apartment- und Bungalowanlagen und große Hotelbauten. Pensionen gibt es nur wenige, Privatzimmer findet man beinahe überhaupt nicht.

Die offiziellen Sterne geben nur einen groben Anhaltspunkt zu Komfort und Service des Hotels, da mit dieser Klassifizierung technische Werte (Ausstattung, Größe etc.) gemessen werden. Eher kann man sich auf die Symbole der verschiedenen Veranstalter verlassen, da sie im eigenen Interesse die

Leistung regelmäßig überprüfen und auch Service und Verpflegung sowie Ansprüche und Zufriedenheit ihrer Kunden miteinbeziehen.

Kategorisierung in diesem Buch

Wie gesagt, fast alle Reisenden kommen im Rahmen eines

Sprachführer

18	– dieciocho
19	– diecinueve
20	– veinte
21	– veintiuno
30	– treinta
31	– treinta y uno
40	– cuarenta
50	– cincuenta
60	– sesenta
70	– setenta
80	– ochenta
90	– noventa
100	– cien
101	– ciento uno
200	– doscientos/as
500	– quinientos/as
1000	– mil
2000	– dos mil

Tage
Montag – lunes
Dienstag – martes
Mittwoch – miércoles
Donnerstag – jueves
Freitag – viernes
Samstag – sábado
Sonntag – domingo

Monate
Januar – enero
Februar – febrero
März – marzo
April – abril
Mai – mayo
Juni – junio
Juli – julio
August – agosto
September – septiembre
Oktober – octubre
November – noviembre
Dezember – diciembre

Wichtige Begriffe
wo/wohin/woher – dónde/adónde/de dónde
wie/wann/warum – cómo/ cuándo/por qué
heute/morgen/gestern – hoy/mañana/ayer
spät/früh/jetzt/später – tarde/temprano/ahora/más tarde
immer/nie – siempre/nunca
Minute/Stunde/Sekunde – minuto/hora/segundo
Tag/Woche/Monat/Jahr – día/semana/mes/año
morgens/abends/nachts – por la mañana/por la tarde/por la noche
ja/nein – sí/no
bitte/danke – por favor/gracias
Herr/Frau – señor/señora
offen/geschlossen – abierto/cerrado
rechts/links/geradeaus – a la derecha/a la izquierda/todo recto
oben/unten – arriba/abajo
auf/über/unter – sobre/sobre/bajo
erster/nächster/letzter – primero/próximo/último
billig/teuer/zu teuer – barato/caro/demasiado caro
Haus/Zimmer/Tür – casa/habitación/puerta
Bett/Tisch/Stuhl – cama/mesa/silla
Messer/Gabel/Löffel/Teller – cuchillo/tenedor/cuchara/plato
Geld/Preis – dinero/precio
Auto/Taxi/Bus/Fahrrad/Schiff – coche/taxi/guagua/bicicleta/barco
Benzin/Tankstelle – gasolina/gasolinera
Guten Morgen/Guten Tag/Abend – Buenos días/Buenas tardes
Gute Nacht! – Buenas noches
Auf Wiedersehen! – Adiós
Entschuldigung! – ¡Perdón!
Sprechen Sie deutsch? – ¿Habla (usted) alemán?
Ich verstehe nicht. – No entiendo.
Wie heißen Sie? – ¿Cómo se llama (usted)?
Mein Name ist … – Me llamo…
Wie geht´s? – ¿Qué tal/Cómo está?
Wie spät ist es? – ¿Qué hora es?
Es ist 10 Uhr. – Son las diez.
Wo ist …/Wo gibt es …? – ¿Dónde está/dónde hay?
Wie weit …? – ¿A qué distancia?
Haben Sie …/gibt es …? – ¿Tiene (usted)/hay?
Ich brauche …/Ich möchte …/ Ich suche … – Necesito/quiero/busquo
Wieviel kostet …? – ¿Cuánto vale?
Ich möchte bezahlen. – La cuenta, por favor.

Pauschalurlaubs nach Lanzarote. Die nachfolgend aufgeführten Preise verstehen sich also bestenfalls als grobe Orientierungswerte, die bei einer Package-Buchung durchaus unterschritten werden können. Die Angaben beziehen sich auf zwei Personen im Doppelzimmer ohne Frühstück:

***** Luxusklasse mit perfektem Service, Feinschmecker-Restaurant, Pool-Landschaft und Garten. Ab 20.000 Ptas.

**** Komfort, gut ausgestattete Zimmer und Aufenthaltsräume, gepflegter Service, Unterhaltung an mehreren Tagen, Pool. Ab 15.000 Ptas.

*** Ordentliche Einrichtung, in der Katalogsprache meist als „zweckmäßig" bezeichnet; fast immer mit Pool. Ab 5000 Ptas.

** Einfache Häuser, meistens von Familien geführt; persönliche Atmosphäre und freundlicher Service. Ab 3000 Ptas.

Ferienhäuser, Landurlaub
Urlaub auf dem Land ist auf Lanzarote nicht weit entwickelt, das Gros der Gäste sucht Strandnähe. Zwei Häuser sind allerdings erwähnenswert: die „Finca las Salinas" bei Yaiza (siehe S. 133) und die „Finca de la Florida" in El Islote bei San Bartolomé (siehe S. 90).

Z Zeit

Für die Kanarischen Inseln gilt die Westeuropäische Zeit (WEZ), die eine Stunde hinter der Mitteleuropäischen Zeit (MEZ) liegt. Das gilt für das ganze Jahr, da Spanien die Uhr im März ebenfalls um eine Stunde vorstellt. Wenn es also bei uns 12 Uhr ist, zeigen die Uhren auf Lanzarote 11 Uhr.

Zeitungen

In größeren Hotels und in Zeitungsgeschäften gibt es deutsche Tageszeitungen meist am nächsten Tag. Die Stände führen alle gängigen Zeitschriften.

Zoll

Zwar sind die Kanarischen Inseln seit 1992 in die EU integriert, jedoch haben sie einen Sonderstatus. Deshalb gelten bei der Rückreise folgende Bestimmungen:
Reisende, die älter als 17 Jahre sind, dürfen nach Deutschland einführen: 200 Zigaretten oder 50 Zigarren oder 250 Gramm Rauchtabak; 1 Liter Spirituosen über 22 % oder 2 Liter Spirituosen unter 22 % oder 2 Liter Schaumwein oder Likörwein, zusätzlich 2 Liter anderen Wein. Ferner dürfen Personen ab 15 Jahren einführen: 500 Gramm Kaffee oder 200 Gramm Pulverkaffee und 100 Gramm Tee; 50 Gramm Parfüm und 0,25 Liter Parfüm. Geschenke sind im Gesamtwert von 115 DM zugelassen.
Für Österreich sind 100 Zigaretten oder 20 Zigarren oder 100 Gramm Tabak, 1 Liter Wein und 0,75 Liter Spirituosen, Geschenke im Wert bis zu 650 öS erlaubt.
Für die Schweiz gelten die folgenden Bestimmungen: 200 Zigaretten oder 50 Zigarren oder 250 Gramm Tabak, 1 Liter Wein und 0,75 Liter Spirituosen, Geschenke im Wert bis zu 200 sfr.

Register von A–Z

Folgenden Abkürzungen wurden im Register verwendet:
A für Arrecife, T für Teguise und F für Fuerteventura.

Der Autor

Gottfried Aigners Liebe zu Lanzarote begann bereits zu einer Zeit, als die Insel wirtschaftlich fast vor dem Aus stand, als der Tourismus noch in den Kinderschuhen steckte, alle Strände noch schwarz waren und der Inselarchitekt César Manrique noch lebte. Seitdem hat der in München wohnhafte Reisejournalist den Kontakt zu dieser Insel nicht mehr abreißen lassen und immer wieder über sie geschrieben. Für das vorliegende Buch hat er die bizarrste der „Inseln der Seligen", wie man die Kanaren in der Antike nannte, in all ihrer Vielseitigkeit neu entdeckt.
In der vorliegenden Reihe sind vom selben Autor außerdem die Reiseführerbände „Ägypten", „Teneriffa" und „Zypern" erschienen.

IMPRESSUM

© Mairs Geographischer Verlag.
Herausgeber: Wolfgang C. Ehrnsperger
„abenteuer und reisen",
WDV Wirtschaftsdienst OHG
Tegernseer Landstraße 98,
81539 München
Lektorat: Ulrich Mayer (Leitung),
Dr. Heinz Vestner, Markus Stein,
Hannelore Schulze
Bildredaktion: Barbara Renner
(verantw.), Anuschka Dresel
Gestaltung: Studio Klaus von Seggern,
München
Lithografie: Lanarepro GmbH, Lana
Alle Rechte vorbehalten
Printed in Germany,
2., völlig überarbeitete Neuauflage
2000.

BILDNACHWEIS

Alle Fotos: Gottfried Aigner,
außer

Martin Siepmann: Titel, 2/3, 9m,
9u,12u, 13u, 14/15, 17or, 18u, 31,41,
46/47, 56, 60, 75, 90u, 97, 102/103,
107, 121, 124/125, 127, 129, 136u,
140,145, 152, 159, 166o, 204, 210,
215.

Michael Peuckert: 6/7, 8ol, 10/11,
12o, 18/19m, 19u, 137, 178, 179,
189, 191, 194, 195u, 198, 202.

Thomas Kanzler: 13o, 17u, 19m, 42,
61m, 64, 82u, 92/93, 108o, 132,
148, 205.

Hubert Stadler: Buchrücken, 76/77,
82o, 83, 94, 98, 112/113, 123, 150,
160, 162, 213o.

U. Seer/Look: 52m

H. Endler/Look: 52u

Veno: 34/35

Paul Trummer: 109

a + r Archiv: 52o.

KARTOGRAFIE

© Baedeker: S. 62, 72, 86, 95, 99,
116, 142, 188, 201, 222 – 224 und
Cover-Kartografie.

© abenteuer und reisen: S. 21, 40,
57, 168, 187 sowie alle Karten am
Kapitelanfang (Kartografie Fischer).

Lieber Leser!

Wir hoffen, dass unser Reiseführer „Lanzarote" für Sie eine anregende Lektüre und eine große Hilfe während Ihrer Lanzarote-Reise war.
Sollten Sie selbst Neues entdeckt, Verbesserungsvorschläge oder Kritikpunkte zu äußern haben, freuen wir uns über Zuschriften und werden uns bemühen, sie in der nächsten Auflage zu berücksichtigen.
Schreiben Sie doch einfach an:
WDV-Verlag
Lektorat Edition
Tegernseer Landstraße 98
81539 München
lektorat_edition@csi.com

@ **www.abenteuer-reisen.de: Storys & Features, News & Service sowie Insider Tips weltweit. Mit interaktiver Suche.**

Punta de las Carrera

Monta

Punta del Pobre
Playa de la Coc
Punta Ma

P

P

Punta Guerra

LAS BAJAS

El Rebolaje Machin

Play
de Famar

Punta Prieta

Ermita
de San Juan

Playa de
San Juán

LA ISLETA

Bajamar

Club
La Santa

Galeta
de Caballo

La Caleta

os Risquetes

1.5

La Costa

Caldera Trasera

1

Urbanización
Famara

293

6

La Santa

6

Casa del Molino

Sóo

2

de
El Melián

Urbanización
Vista Graciosa

7

6

Club
Famara

Las Laderas

Casa de
la Caldera

3

LZ401

El Jable

LZ67

7

El Cuchillo

de San Jo

2

Muñique

7

LZ402

6

Ermita

Tinajo

Ermita de
San Rafael

Tequise

(198)

Palacio
N.S. de Guadalupe

(305)

Cast. de
Sta. Bari

452

2.5

LZ20

4,5

339

Yuco

2

uiguan

Guanapa

1,5